METAVERSO

CÓMO LA WEB3

IMPULSA UN NUEVO MUNDO DIGITAL

JIANING YU y CIARA SUN

PRÓLOGO DE DON TAPSCOTT

METAVERSO

CÓMO LA WEB3 IMPULSA UN NUEVO MUNDO DIGITAL

MADRID | CIUDAD DE MÉXICO | BUENOS AIRES | BOGOTÁ
LONDRES | SHANGHÁI

Colección Acción Empresarial
LID Editorial Mexicana S. A. de C. V.
Homero 109, 1404, Colonia Chapultepec Morales, México, Ciudad de México, 11570
Tel. +52 (55) 5255-4883
mexico@lidbusinessmedia.com – LIDbusinessmedia.com – LIDeditorial.com

A member of:

businesspublishersroundtable.com

Traducido de la edición en inglés: *The Rise of the Metaverse: How Web3 is Enabling Our New Digital World.*

ISBN libro impreso: 978-607-8704-73-6
ISBN *e-book*: 978-607-8704-72-9
Traducción: TXT Language Workshop
Editora de la colección: Claudia Herrán Monedero
Corrección de estilo y de pruebas: Norma Ramos
Diseño original de portada e interiores: Caroline Li
Maquetación: produccioneditorial.com

Primera edición: julio de 2023

CITAS ELOGIOSAS

«Dos términos centrados en la tecnología *blockchain* han aparecido al mismo tiempo: la web3 y el metaverso. En este último podemos vivir, jugar, trabajar, socializar y experimentar diferentes vidas, y se abre la posibilidad de una gran transformación para la humanidad. Este libro ofrece explicaciones y orientaciones para poder comprender mejor las tecnologías inmersivas relevantes para este mundo digital. Después de leerlo, el lector tendrá una buena noción de lo que es el metaverso».

PROF. DAVID LEE KUO CHUEN
Universidad de Ciencias Sociales de Singapur

«Llegó la era del metaverso. Debemos aprovechar las oportunidades que brinda consigo, mantenernos al día sobre sus avances y adopción, promover su crecimiento y contribuir al desarrollo de la economía digital. Me parece que este libro es una obra maestra que vale la pena leer, tanto para los lectores ajenos a la industria que apenas escucharon algo acerca del metaverso como para los veteranos de este campo por igual».

DR. ZHONGZE WU
Exviceministro, Ministerio de Ciencia
y Tecnología de China

«*Metaverso: cómo la web3 impulsa un nuevo mundo digital* presenta una descripción detallada de lo que es el metaverso y analiza la aplicación de tecnologías clave que contribuirán a generarlo paso a paso. Estamos en los albores de una nueva era. Para todos aquellos a quienes les importa el futuro, vale la pena leer con detenimiento este libro».

PROF. WEIMIN ZHENG
Miembro de la Academia China de Ingeniería
y profesor en la Universidad de Tsinghua

«Para poder evolucionar y desarrollarse, los seres humanos deben mantener un ciclo constante de romper con lo viejo y adoptar lo nuevo. La era del metaverso trae consigo nuevas oportunidades de crecimiento para la economía digital. Este libro presenta esta novedosa etapa desde la perspectiva de todas las industrias, y lo hace de manera detallada, sistemática y objetiva».

JIANZHONG NI
Presidente ejecutivo, Asociación de Comunicaciones
Móviles de China

«El concepto y los experimentos del metaverso han desatado una oleada global de fuerza, rapidez y amplitud sin precedentes, por lo que es urgente interpretar y compartir conocimientos sobre este espacio virtual. En comparación con otros artículos y libros recientes, *Metaverso: cómo la web3 impulsa un nuevo mundo digital*, del doctor Jianing Yu y Ciara Sun, explica con gran detalle su desarrollo histórico, los principios técnicos, las situaciones de aplicación y su importancia humanística, además de crear un retrato creativo que describe sus tendencias a futuro».

PROF. JIAMING ZHU
Instituto Chino de Activos Digitales

«El metaverso acelerará la transformación y actualización del sistema económico global y lo llevará a la digitalización y la intelectualización; en consecuencia, facilitará cambios en la tecnología, las formas de organización y la eficiencia. Con una serie de casos prácticos vívidos, los autores de este libro analizan a profundidad la energía que el metaverso podría producir. El resultado será un cambio extenso en la productividad y en las relaciones de producción, lo que constituye una tendencia de gran importancia».

XINJUN LIANG

Cofundador, The Fosun Group

«El metaverso marca el inicio de la era de la web3. El *blockchain*, un importante descubrimiento de innovación independiente, es su tecnología subyacente y fuente de un gran valor potencial. Este libro analiza a detalle y predice el uso de tecnología de punta en el metaverso, por lo que constituye una referencia valiosa para acelerar su mejora y aplicación».

BO SHEN

Socio, Fenbushi Capital

CONTENIDO

Prólogo 1

Introducción I 7

Introducción II 9

Introducción III 13

Prefacio I 17

Prefacio II 25

CAPÍTULO 1
METAVERSO,
LA SIGUIENTE GENERACIÓN DE INTERNET
28

El origen del metaverso 32

¿Por qué los gigantes tecnológicos tienen un interés estratégico en el metaverso? 36

El metaverso es el internet de tercera generación 41

La esencia del metaverso son cinco integraciones 44

Un día en el metaverso en la década de 2030 56

CAPÍTULO 2
CÓMO LOS PIONEROS CREARON EL METAVERSO

60

Roblox: la empresa superunicornio del metaverso 63

Decentraland: un espacio descentralizado del metaverso 67

Trabajo, estudio, socialización y diversión en el metaverso 71

Hacia nuevos retos en el metaverso 75

CAPÍTULO 3
SE CREARÁ RIQUEZA DIGITAL EN EL METAVERSO

80

La riqueza digital es una nueva forma de riqueza 83

La tecnología *blockchain* actualiza todavía más la riqueza digital 89

Los gigantes tecnológicos y Wall Street dan la bienvenida a los activos digitales 96

El metaverso ha detonado una era dorada para la riqueza digital 100

CAPÍTULO 4
TENDENCIA 1: INTEGRACIÓN PROFUNDA DE LA ECONOMÍA DIGITAL Y LA REAL

106

La revolución industrial en la era del metaverso 109

Integración de activos digitales y físicos 118

La tokenización de los activos empodera la economía real 121

COLUMNA

¿Cómo pueden las empresas aprovechar las enormes oportunidades del metaverso? 125

CAPÍTULO 5
TENDENCIA 2: LOS DATOS SERÁN EL ACTIVO CENTRAL

128

Tus datos son tus activos 131

Controversias por los datos de los usuarios 139

COLUMNA
¿Cómo proteger nuestros derechos sobre los datos en la era del metaverso? 146

Las empresas que mejor comprenden los datos se están volviendo más valiosas 148

CAPÍTULO 6
TENDENCIA 3: CRECIMIENTO DE LA COMUNIDAD ECONÓMICA

152

La comunidad económica reemplaza a la empresa como la forma de organización convencional 155

La contribución digital requiere una revolución en la distribución del valor 161

El cultivo de rendimientos crea un nuevo modelo para la distribución de valor en las plataformas 165

La DAO se convertirá en un modelo importante de gobernanza para la comunidad económica 170

CAPÍTULO 7
TENDENCIA 4: RECONFIGURAR LA IDENTIDAD DIGITAL

176

Vender fotos de perfil en el metaverso puede ser un excelente negocio 179

Los avatares digitales son nuestra identidad en el metaverso 184

La identidad digital conecta identidad, datos, crédito y activos 188

CAPÍTULO 8
TENDENCIA 5: AUGE DE LA CULTURA DIGITAL

196

El surgimiento de la era del arte digital 199

La PI será la esencia de todas las industrias 204

Los NFT son los portadores de valor en la creación cultural digital 208

CAPÍTULO 9
TENDENCIA 6: EMERGEN LAS FINANZAS DIGITALES INCLUSIVAS

216

Hacer la transferencia global de dinero tan fácil como chatear 219

Permitir que los servicios financieros cubran las necesidades de desarrollo de una economía digital 224

¿Cómo puede una docena de personas manejar grandes proyectos con un valor de mercado de 10 000 millones de dólares? 231

COLUMNA

Análisis del principio del creador de mercado automatizado 235

Las DeFi guían a la industria financiera hacia la transformación digital 238

CAPÍTULO 10
LA INNOVACIÓN TECNOLÓGICA IMPULSA EL GRAN FUTURO DEL METAVERSO

246

Cuatro pilares técnicos del metaverso 249

Las tecnologías de construcción hacen posible un espacio digital sostenible 253

Las tecnologías de mapeo conectan el mundo digital y el físico en ambas direcciones 257

Las tecnologías de acceso permiten el ingreso de las personas en el metaverso a gran escala 260

Las tecnologías de aplicación permiten al metaverso crear nuevo valor continuamente 266

CAPÍTULO 11
CÓMO APROVECHAR LAS OPORTUNIDADES DE LA ERA DEL METAVERSO

272

Oportunidades de trabajo en la era del metaverso 275

COLUMNA
¿Cómo responder ante los nuevos retos profesionales del metaverso? 280

Únete a la oleada empresarial en la era del metaverso 284

Trabajar juntos para crear una gran civilización digital 287

ANEXO: EL METAVERSO DESDE LA PERSPECTIVA DEL CAMINO DEL *BLOCKCHAIN* 293

Espacio virtual 293

Juegos 294

Plataformas de intercambio 294

El *blockchain* público 296

Plataformas de contenido 297

Finanzas sociales 297

Deportes 298

Avatares 299

Derivados de los NFT 299

NOTAS Y REFERENCIAS 301

Fuente: Visual China Group

PRÓLOGO

EL METAVERSO YA LLEGÓ

DON TAPSCOTT

El metaverso es una idea a la que ya le llegó su hora. Citi predice que alcanzará un valor de 13 billones de dólares para 2030[1] (como referencia, esa cantidad es cercana al PIB actual de China).

Los metaversos se aproximan a un momento crítico. Aunque el concepto ya tiene décadas, los primeros mundos virtuales batallaron para alcanzar la escala de otras plataformas digitales. Sin embargo, tecnologías, sistemas de incentivos y promesas de valor recientes han estimulado su experimentación, adopción y uso regular.

Son experiencias compartidas centradas en las personas. La conexión con otros es central en todo lo que hacemos, ya sea en la escuela, el trabajo o al jugar. Son espacios que pueden enriquecer nuestros vínculos y complementar las vivencias del mundo real. Enriquecer es la palabra clave, ya que para que un ambiente tenga éxito, no debe reemplazar nuestras conexiones con los demás, sino enriquecerlas.

Ahora hablemos un poco de historia. Neal Stephenson acuñó el término metaverso en su novela de 1992, *Snow Crash*. Se emplea para hacer referencia a (1) experiencias virtuales hechas posibles por una computadora,

(2) centradas en el usuario, (3) compartidas con otras personas y (4) muy inmersivas, es decir, tridimensionales y que involucran todos los sentidos.

La puesta en práctica del concepto tampoco es nueva. Aunque Second Life se fundó en 2003, cuando las tecnologías digitales no eran tan avanzadas como hoy en día, abrió las puertas al comercio real y a las actividades entre pares en universos alternativos; de hecho, en 2007 organicé un evento para un libro en Second Life. Actualmente, el PIB de esa plataforma equivale a 600 millones de dólares, poco más que el de la isla caribeña de Dominica.[2] En este periodo los videojuegos también se hicieron más sofisticados, y ahora los usuarios participan en mundos virtuales bien construidos.

Hoy el metaverso tiene una «segunda vida» (ustedes perdonarán el juego de palabras) por dos razones. La pandemia global desdibujó el límite entre nuestra vida virtual y el mundo real, con lo que aceleró un cambio en línea. En solo unos meses experimentamos una transformación digital que habría tardado décadas. Muchos de nosotros ahora somos expertos en videoconferencias, herramientas de colaboración remota y compras por internet. La transición fue decisiva para muchas empresas, pero nos vimos forzados a hacerla. Hoy, no son pocos los trabajadores que ya no quieren regresar a las oficinas.

La segunda razón es la tecnología. Cada día contamos con mejores equipos, internet a velocidades más rápidas, dispositivos más baratos, *softwares* más avanzados y tecnologías como la realidad virtual (RV), el *blockchain* y las criptomonedas que permiten crear mundos digitales que antes no eran posibles. Es la ley de Moore en acción. Así que una demanda *pull* de los consumidores y un empuje tecnológico empresarial *push* están impulsando el avance del metaverso.

No obstante, este nuevo impulso enfrenta un camino difícil, en parte porque el promotor más notorio es Facebook, que cambió su nombre a Meta y planea convertir su plataforma global en un mundo virtual. En vista de las inquietudes, recelos y franca hostilidad en torno a esta empresa tecnológica, muchos observadores tienen dudas sobre el futuro del metaverso.

Debido a ello, en el Blockchain Research Institute[3] tenemos varias preguntas importantes que responder y hemos investigado al respecto. Para empezar, ¿quién va a crear el metaverso? Además de Facebook, existen otros conglomerados digitales[4] que compiten para ofrecer entornos virtuales de juego, trabajo, aprendizaje, compras y, claro, vida en línea. Sin embargo, los críticos acusan a las redes sociales de alimentar espacios tóxicos (en especial para los jóvenes) por estar al servicio de modelos publicitarios que priorizan las tasas altas de participación por encima del bienestar de los usuarios.[5]

Hay actores de menor talla, y en épocas recientes también mundos virtuales descentralizados (sin un corporativo tradicional), donde los participantes son propietarios del valor que crean y pueden proteger su privacidad. ¿Cómo continuarán o deberán desarrollarse?

En mi opinión, un modelo corporativo centralizado como el de Meta de Facebook no es deseable. Necesitamos un esquema descentralizado de metaverso en el que las personas tengan control sobre su vida virtual, su identidad y sus datos.

Durante mucho tiempo los conglomerados digitales han rastreado nuestra conducta en línea, han capturado nuestros datos y los han vendido a terceros. También desarrollaron algoritmos de publicidad dirigida que nos exponen a más de lo mismo y, en cierta forma, nos colocan en cajas acústicas sin nuestro conocimiento. Por eso hay menos respuestas al discurso de odio –algo esencial para las democracias sanas– y menos libertad de asociación en el ámbito público.

Si estos conglomerados controlan la siguiente evolución de la experiencia de los usuarios terminaremos con distopías virtuales regidas por ellos.

Hay muchas barreras para los metaversos abiertos y escalables. Innovaciones como los campos de luz tridimensionales (3D), circuitos integrados auxiliares de gran capacidad y unidades de procesamiento gráfico (GPU, por sus siglas en inglés) podrían ofrecer experiencias realistas y dar la sensación de presencia. Por desgracia, los requisitos de ancho de banda y latencia limitan el número de participantes que pueden compartir espacios virtuales. Ya es difícil superar estos límites en plataformas de paga; en metaversos abiertos compartidos podría ser más complicado.

Aquí es donde el *blockchain* y la web3 podrían ayudar. Las plataformas que emplean este tipo de tecnologías, como Decentraland, dan el control a los usuarios de tres formas.

Para empezar, los participantes manejan criptomonedas. Pueden realizar transacciones entre sí, sin intermediarios. Así que las empresas de servicios financieros tradicionales tendrán que explorar nuevas opciones para añadir valor en estas comunidades virtuales.

En segundo lugar, pueden proteger sus activos digitales con la tokenización, es decir, con la emisión de tókenes no fungibles (NFT, por sus siglas en inglés) que representan activos digitales únicos. Los NFT permiten a las personas verificar que compran un original y no una copia, y que el vendedor tiene derecho a ofrecerlo.

La tercera forma, y quizá la más importante, es que en el mundo virtual se permite la creación y el control de una identidad digital. Gracias a las llamadas identidades soberanas, los usuarios pueden proteger su privacidad y utilizar un seudónimo, si lo desean, intercambiar mensajes encriptados sin que nadie los pueda monitorear o alterar y capturar y monetizar sus datos. Todas las anteriores son promesas de valor atractivas.

Consideremos lo que hizo Samsung en Decentraland. La empresa abrió una versión de su centro insignia en Nueva York dentro de la plataforma, es una experiencia totalmente inmersiva llamada Samsung 837X. Los usuarios pueden ir en misiones, ganar premios en NFT y asistir a presentaciones en vivo; comprar y vender activos digitales como terrenos y *wearables*. Es el futuro del *retail*, y creemos que del *engagement* de las personas, ya sean consumidores, empresas, inversionistas o aliados en la cadena de suministro.

Pero también hay otros retos. ¿Cómo será la vida en el metaverso? ¿Mejorará o deteriorará nuestras vivencias en el mundo real? Por ejemplo, ¿cómo tratarán a las mujeres en estos mundos virtuales? ¿Con apertura y aceptación o con dominio masculino como suele suceder en los videojuegos y la programación? La experiencia inicial no ha sido positiva, pues en muchos ambientes se ha permitido la discriminación, el acoso y situaciones peores. De manera alternativa, el metaverso podría crear espacios nuevos de combate contra la injusticia y construir un mundo más justo y equitativo.

Para minimizar la exposición a toxinas virtuales las personas, la seguridad y el civismo deben ser la prioridad; debe haber cortesía e igualdad de derechos en el metaverso y será necesario reexaminar los modelos de anuncios que agrandan los males sociales.

¿Cómo garantizar que nuestro futuro virtual sea mejor? ¿Qué pasos son lógicos? ¿Qué papel tendrán los proveedores, gobiernos, reguladores y grupos de mujeres, entre otros, en esta nueva experiencia?

Qué me lleva a este libro. En mi opinión, el futuro no debe predecirse, sino alcanzarse. El metaverso requiere estrategias efectivas, con tecnología sólida, para potenciar la condición humana, no para degradarla. Esta obra aporta perspectivas de gran ayuda para las personas interesadas. Lean, disfruten, aprendan y encárguense de que el futuro ocurra de la manera correcta.

DON TAPSCOTT es director ejecutivo de Tapscott Group, presidente ejecutivo del Blockchain Research Institute y una de las principales autoridades del mundo en el tema del impacto de la tecnología en las empresas y la sociedad. Ha escrito más de 18 libros, entre ellos *Wikinomics: la nueva economía de las multitudes inteligentes* (con Anthony D. Williams), traducido a más de 25 idiomas. Acuñó el término «economía digital» en el libro publicado en 1994 con ese título, y muchas de sus ideas forman parte del lenguaje empresarial actual.

En 2016 escribió, junto con Alex Tapscott, *La revolución blockchain: descubre cómo esta nueva tecnología transformará la economía global.* Su libro *Supply Chain Revolution: How Blockchain Technology Is Transforming the Global Flow of Assets,* debutó en la primera posición de las novedades en la categoría de comercio en Amazon (junio de 2020). Su libro más reciente, *Platform Revolution: Blockchain Technology as the Operating System of the Digital Age,* se lanzó en el #1 de las novedades de ciencias de la gestión (noviembre de 2021). En 2019, cuando se le clasificó #2 entre los pensadores más influyentes del ámbito empresarial, Tapscott ingresó en el Salón de la Fama Thinkers50. Es profesor adjunto en INSEAD y cumplió dos periodos como rector de la Universidad Trent, en Ontario.

1. Denton, J. (March 31, 2022). Metaverse May Be Worth $13 Trillion, Citi Says. What's Behind the Bullish Take on Web3. *Barron's.* https://www.barrons.com/articles/metaverse-web3-internet-virtual-reality-gaming-nvidia-51648744930

2. World Population Review. (2023). *Dominican Republic Population 2023 (Live).* https://worldpopulationreview.com/countries/dominica-population https://danielvoyager.wordpress.com/sl-stats/

3. Majer, A. & Tapscott, D. (March 31, 2022). *The Metaverse goes Mainstream.* Blockchain Research Institute. https://www.blockchainresearchinstitute.org/project/the-metaverse-goes-mainstream/

4. Inventamos el término «conglomerados digitales» en 2006. Como concepto es excelente, pero no se ha generalizado. Tapscott, D., Ticoll, D. & Herman, D. (October 2, 2006). *Digital Conglomerates: Setting the Agenda for Enterprise 2.0.* Big Idea. Competitive Advantage Program (IT&CA). https://dontapscott.com/wp-content/uploads/Don-Tapscott-Digital-Concolmerates.pdf

5. Wells, G., Horwitz, J. & Seetharaman, D. (September 14, 2021). Facebook Knows Instagram Is Toxic for Teen Girls, Company Documents Show. *Wall Street Journal. Dow Jones & Company.* https://www.wsj.com/articles/facebook-knows-instagram-is-toxic-for-teen-girls-company-documents-show-11631620739
Tracy, R. & McKinnon, J. D. (December 8, 2021). Instagram, Other Social-Media Apps Need Stricter Regulation, Senators Say. *Wall Street Journal. Dow Jones & Company.* https://www.wsj.com/articles/instagram-head-faces-senate-hearing-on-potential-dangers-for-young-people-11638959403

INTRODUCCIÓN I

PODEMOS EXPERIMENTAR VIDAS TOTALMENTE DISTINTAS EN EL METAVERSO

PROF. DAVID LEE KUO CHUEN
UNIVERSIDAD DE CIENCIAS SOCIALES DE SINGAPUR

En casi 50 años de evolución de internet hemos vivido las eras web1 y web2. Durante la primera fase, el contenido era generado profesionalmente -lo creaban las organizaciones-, por lo que se le nombró PGC (por sus siglas en inglés). Ejemplos típicos son las noticias publicadas por los medios informativos o el material de *branding* creado por una empresa. En la segunda etapa comenzamos a ver contenido generado por el usuario o UGC (por sus siglas en inglés) como blogs, *posts*, tuits y videos. Con el progreso de las plataformas digitales, surgieron dos términos asociados con la tecnología *blockchain*: web3 y metaverso.

La web3 es un mecanismo distribuido de diseminación de material y confirmación de contenido que emplea el *blockchain* para identificar al propietario de dicha información, esta no puede alterarse o borrarse, y cuestiona el manejo y control arbitrario del contenido de los usuarios en las plataformas centralizadas. El metaverso aprovecha esta tecnología de manera parecida para facilitar identidades, activos, monedas y transacciones digitales, con lo que crea todo un sistema económico. En el futuro, las personas tendrán acceso a un conjunto de información digital en constante expansión y realizarán sus operaciones con moneda virtual.

Con el apoyo de la web3 el metaverso comenzó a crecer, pero desde la perspectiva pública fue un maremoto para el que muchos no estaban listos. Los gobiernos del mundo no han diseñado una estrategia para su regulación, los investigadores no han definido su dirección académica, los emprendedores no han descubierto cómo arrancar un negocio en este espacio y los líderes espirituales no han dilucidado cómo considerar las implicaciones en sus comunidades. En síntesis, no sabemos cómo vivir en el metaverso.

Lo cierto es que ya llegó y debemos prepararnos. Este mundo alternativo le da una dimensión adicional de experiencia inmersiva al internet actual, introduce la noción de seres humanos virtuales y ofrece el *blockchain* como cimiento para construir una red confiable de valor y crédito que estructure un sistema económico global totalmente nuevo. Tecnologías como la computación en la nube y las redes 5G son las herramientas de infraestructura y el medio para que conectemos al mundo real con el metaverso; además, sistemas avanzados como la inteligencia artificial (IA) constituyen un mecanismo eficiente de generación de contenido: así es como nace un colorido ecosistema digital.

En este espacio sin fronteras podemos vivir, jugar, trabajar, socializar y experimentar vidas distintas, y se abre la posibilidad de una gran transformación para la humanidad. Promete ser un cambio global e interestelar dirigido por la ciencia y basado en la tecnología. En sus orígenes, las conversaciones sobre el tema han sido inciertas y opacas. ¿Qué es el metaverso y por qué es importante? ¿Cómo será cuando esté completo? ¿En cuánto tiempo llegaremos a ese punto?

Este libro explica las tecnologías inmersivas que conforman el metaverso. Después de leerlo, el lector tendrá una buena noción de todos estos factores, disparará su imaginación y también le ayudará a responder preguntas profundas, en especial sobre las necesidades espirituales de la humanidad conforme avanzamos en la comprensión de la existencia del creador del mundo físico. Es una publicación que abre la mente y deja florecer la creatividad.

INTRODUCCIÓN II

EL METAVERSO IMPULSARÁ LA ECONOMÍA DIGITAL HACIA UNA NUEVA ETAPA

DR. ZHONGZE WU
EXVICEMINISTRO, MINISTERIO DE CIENCIA
Y TECNOLOGÍA DE CHINA

Desde el nacimiento de internet, no ha cesado la exploración del espacio digital. Con el rápido desarrollo de nuevas tecnologías digitales como la red 5G, la IA, *big data*, el internet de las cosas (IdC), el industrial, el *blockchain*, la realidad virtual (RV) y la realidad aumentada (RA), en la era del metaverso se construirá un nuevo entorno que integra el mundo físico y el virtual. A su vez, se promoverá una profunda integración de la economía real y la digital, lo que moldeará una nueva forma de desarrollo económico virtual.

El concepto de metaverso que va emergiendo integra tecnologías de punta. La red 5G permite una transmisión de información estable a alta velocidad y el IdC y el internet industrial integran datos en línea y fuera de ella para lograr gemelos digitales. El *blockchain* convierte el contenido en un activo para crear un nuevo mecanismo de confianza y modo de cooperación, mientras que la RV y la RA cambian la manera en que las personas interactúan con el espacio digital y consiguen una simbiosis entre lo virtual y lo real. La IA es el cerebro inteligente de la red, y se encarga de llevar la economía digital hacia una nueva etapa de desarrollo en una economía inteligente.

En el metaverso, la tecnología y los posibles escenarios tienen prioridad. La diversificación de casos de aplicación ofrecerá más espacio de crecimiento, puntos clave de fortaleza y un respaldo importante para multiplicar las nuevas ventajas de la economía digital y ampliar las fuerzas impulsoras del desarrollo económico. Además de su uso en el teletrabajo, en la creación cultural, la interconexión social, la educación, los servicios médicos y la tecnología financiera, el metaverso puede tener un papel importante en las ciudades inteligentes, la interconexión industrial y la gestión de cadenas de suministro. Por ejemplo, al construir un modelo virtual basado en la arquitectura urbana en las empresas, la transportación y los servicios públicos urbanos, y generar su gemelo digital, contribuirá a una administración personalizada de las ciudades que haga posible una vida en línea más individualizada y cómoda.

Las principales empresas tecnológicas del mundo destinan muchos recursos al desarrollo del metaverso, es por ello que su construcción está en marcha, y se convertirá, sin duda, en un barómetro del desarrollo científico y tecnológico global en la próxima década, así como en un nuevo foco de competencia en la economía digital.

En este libro, los autores destacan que el metaverso es la siguiente generación de internet –la web3–, que está destinado a convertirse en el epicentro digital del entretenimiento, las interacciones sociales e incluso el trabajo. Somos testigos del nacimiento de un nuevo mundo en el que todos participarán.

El doctor Jianing Yu, coautor del libro, es un conocido experto en economía digital, con vasta experiencia en la aplicación de tecnología. Ha logrado gran influencia en el surgimiento del *blockchain*, el nuevo sistema financiero virtual y el modelo de negocios distribuido. Sin duda, aporta al diálogo un firme cimiento teórico y una amplia investigación práctica.

La obra ofrece una visión panorámica de la naciente era del metaverso, desde sus orígenes y desarrollo hasta su futuro. Examina su cosmovisión con lenguaje vívido y una perspectiva a largo plazo. Sus páginas contienen un profundo análisis de seis tendencias de desarrollo: industria, derechos digitales, organización, identidad, cultura y finanzas. Analiza las complejas aplicaciones de integración tecnológica y modelos económicos en el metaverso, e incluye casos prácticos globales con los que presenta nuevas perspectivas para el crecimiento de la economía digital.

Estamos en la era del metaverso y, si queremos aprovechar las oportunidades que brinda, debemos mantenernos al día sobre sus avances acelerados, promover el crecimiento del nuevo mundo virtual y contribuir al desarrollo de la economía digital global.

INTRODUCCIÓN III

LO QUE LOS PRIMEROS HOMÍNIDOS PUEDEN ENSEÑARNOS SOBRE EL METAVERSO

JASON BRINK
PRESIDENTE DE *BLOCKCHAIN*, GALA

Hace dos millones de años existían dos grupos distintos de homínidos en donde ahora se encuentra el lago Turkana, en el valle del Rift, en Kenia. Hacían herramientas de piedra con basalto, una roca volcánica muy común, y con cuarcita, mucho más escasa y de trabajo más refinado. Un grupo trabajaba de un modo el material escaso y de diferente manera el basalto; esta conducta no se observaba en el otro. Es este el primer ejemplo de pensamiento económico y diferenciación entre nuestros ancestros distantes. En palabras simples –quizá para el horror del doctor Reti, quien descubrió esta distinción–, un grupo fue capaz de reconocer algo bueno y cambió su conducta para aprovecharlo, el otro no.

El lector de este libro estaría en el primer grupo. Si bien mi opinión es que el metaverso se ha visto impulsado por el surgimiento del COVID-19 y el dominio que ha tenido la tecnología sobre el espacio cultural durante varios años, todo parece indicar que nuestro futuro está ligado inextricablemente al concepto de identidad digital en un espacio virtual. Aunque hasta ahora solo hemos visto lo que llamo «microversos», pues cada noción de metaverso es, en esencia, un jardín amurallado, se van conjuntando los bloques para construir un mañana verdaderamente interoperable y soberano. Al igual que en el mundo hay naciones con distintas costumbres, reglas y prácticas, con el paso del tiempo este creciente metaverso se ajustará mucho más a la visión que presenta Neal Stephenson en *Snow Crash* de una realidad propia y de expansión infinita.

En mi carácter de presidente de *Blockchain,* Gala, obviamente me interesa mucho este tema. Sin embargo, como a todos aquellos que crecieron en un mundo de escasez, limitación y conflicto, lo que más me da el concepto de metaverso es esperanza en el porvenir. Hablamos del primer universo compartido de la mente, en el que las únicas limitantes son la capacidad de procesamiento y la conectividad.

Nada es imposible en este entorno ilimitado. Su belleza radica en que, a través de nuevos sistemas, nuevas economías y formas de pensar, un niño nacido en tremenda pobreza en el barrio Dharavi, en India, puede estar en el espacio digital cara a cara con alguien de la lista *Forbes*, en total igualdad de circunstancias.

Conforme los teléfonos móviles y los datos se vuelvan omnipresentes, se romperán constantemente las barreras entre grupos de personas. Aunque lo más seguro es que en el metaverso haya algunos de los problemas de cámara de resonancia que existen en la web2, el hecho de que un grupo de usuarios pueda reunirse para crear una comunidad alternativa en la web3, según sus necesidades únicas y la traslade al metaverso, abre nuevas opciones de crecimiento y exploración.

En un principio, el *blockchain* me interesó porque me percaté de que podía crear igualdad de circunstancias para aquellos que están en lo que el autor Guy Standing designa «el precariado» (quienes viven al día o con ayuda financiera). El metaverso adopta las mismas filosofías que me atraen del *blockchain* y las hace realidad para que las personas puedan aplicarlas a su vida diaria. Al tomar lo que es inherentemente inhumano y técnico y agregarle una capa de «¿qué significa para mí?» a través del arte, las interacciones sociales, los juegos y la educación, el concepto de metaverso tiene el potencial de ser la puerta de entrada al *blockchain*, por lo que es un componente vital en la poderosa redefinición social que todo el espacio de la cadena de bloques representa.

La segunda mitad de 2022 fue un periodo difícil para este ecosistema; los proyectos relacionados con el metaverso han padecido al igual que el resto de la industria. Con todo y esas dificultades (que quizá persistan por algún tiempo), las acciones para crecer y construir no han cesado. El sueño está vivo y las comunidades heroicas que apoyan su desarrollo en el mundo no dejan de luchar para gozar de crecimiento, libertad e igualdad de oportunidades en el ámbito digital.

Los lectores de este libro forman parte de las multitudes que anhelan la liberación digital. Por mucho tiempo hemos sido un mundo de actores y espectadores desconectados y divididos. Hoy estamos ante el umbral de un cambio global propiciado por la tecnología, la comunicación y la verdadera propiedad virtual. No será un recorrido fácil, pero al igual que los homínidos tomaron conciencia de la escasez de la cuarcita y decidieron aventurarse en la sabana para encontrarla y hacer mejores herramientas, debemos estar listos para resistir la tormenta digital con tal de regresar con algo de gran valor.

PREFACIO I

LA SIGUIENTE DÉCADA ES LA ERA DE ORO DEL METAVERSO Y LA WEB3

DR. JIANING YU

Mi área de investigación es la economía digital, en especial el metaverso, la web3 y el *blockchain*. Son temas de gran interés a nivel global, por lo que con frecuencia recibo invitaciones para impartir conferencias internacionales y cátedras en universidades de diversos países. En 2019 viajé por cinco continentes y visité muchas ciudades hermosas como San Francisco, Londres, Tokio, Singapur, Melbourne y El Cairo. Durante ese año, casi siempre estaba en una reunión o me dirigía a una; pero a principios de 2020, cuando la pandemia originada por el COVID-19 cambió repentinamente la manera de hacer todo en el mundo, suspendí mis viajes.

No obstante, a finales de 2020, cuando me preparaba para mi discurso de Año Nuevo en el Teatro Hangzhou Grand, en China (figura 0-1), caí en la cuenta de que ese año había asistido a más conferencias y ofrecido más discursos que en 2019. La diferencia era que la mayoría habían sido en línea. Resulta que había viajado nuevamente por el mundo, pero ahora con mi «avatar digital».

En julio de 2020, la Universidad de Ciencias Sociales de Singapur me invitó a dar una ponencia sobre el *blockchain*. Aunque no estaba físicamente en dicho país, pude sostener conversaciones detalladas con cientos de estudiantes vía Zoom, la popular herramienta para teleconferencias. La fotografía de grupo que tomamos después era la captura de pantalla de todos los participantes. No es lo que hubiéramos querido, ya que solo era un montón de cuadros pequeños (tal y como nos veíamos en pantalla) y así es difícil recordar realmente a las personas. La forma en que se realizó la ponencia fue una excelente solución tecnológica en tiempos de necesidad, pero nos perdimos la experiencia de estar juntos de verdad.

FIGURA 0-1
DISCURSO EN EL TEATRO HANGZHOU GRAND
Fuente: Universidad Huobi

En marzo de 2021, un amigo de Silicon Valley me invitó a un desfile de modas virtual en Decentraland, organizado por la empresa de moda digital The Fabricant, Adidas y la modelo Karlie Kloss. Fue la primera vez que participé en un evento de ese tipo. Cuando tecleé en mi navegador las coordenadas para ingresar descubrí que ya había una enorme audiencia. Reconocí a mi amigo por su imagen animada (sí se parecía a él) y conversamos mientras «caminábamos» por el lugar. Tuve la sensación de estar a su lado.

La experiencia fue totalmente distinta de una sesión por Zoom, con los pequeños rostros en la pantalla tradicional para videoconferencias. En esta nueva versión del espacio de reuniones digital, todos tenían su propia imagen tridimensional, era posible aproximarse a otros y conversar. Fue como socializar de verdad, sensación que no tenía desde hacía mucho tiempo.

Esta interacción me dejó muy inspirado, porque aunque la pandemia imposibilitó la reunión de amigos y colegas en el mundo físico, todos tuvimos una conexión más cercana en el ámbito digital. El estilo de vida de las personas sufrió cambios drásticos durante la crisis sanitaria:

ahora estamos más acostumbrados a trabajar, estudiar, comprar y buscar entretenimiento en línea. No podemos regresar al pasado, y tampoco es necesario hacerlo. Más bien, sentimos la necesidad de encontrar un mejor espacio para continuar con nuestro floreciente estilo de vida digital. La pregunta es: ¿dónde está este lugar?

Desde esa reveladora experiencia, investigar el metaverso se ha convertido en mi obsesión. En particular, me intrigaron dos ensayos escritos por el inversionista estadounidense Matthew Ball: «Metaverse: What it is, Where to Find it, Who Will Build it» y «Fortnite is the Future». Estoy convencido de que las clases o reuniones a través de herramientas para conferencias en línea como Zoom o Tencent Meeting solo son parte de una etapa de transición, y de que el entorno digital abierto, libre y creable es el futuro. Una serie de tecnologías de punta integradas y aplicadas en este nuevo espacio ayudarán a construir un «nuevo mundo digital» en el que la gente se comunique, colabore, sea creativa, trabaje y viva; lo que ampliará tremendamente las fronteras de internet. Será el internet de la siguiente generación.

Me he dedicado a estudiar el metaverso con mi equipo, y este libro es el resultado de nuestra reflexión e investigación sistemática. Para escribirlo, mis colaboradores también adoptaron un método de trabajo basado en ese espacio virtual, con miembros ubicados en Singapur, Nueva York, Beijing, Shanghái, Zhengzhou y Lanzhou. Cuando se acababa el verano de 2021, varios brotes de COVID-19 hicieron imposible planear viajes de negocios. Algunos colegas, incluso, estuvieron en cuarentena porque se vieron en situaciones de alto riesgo; pero esto no entorpeció el trabajo. Nos reuníamos en línea casi todos los días y nos congregamos en distintos metaversos. Durante estos «viajes» hablábamos de los avances y proponíamos ideas para inspirarnos. Las siguientes páginas muestran algunas de las «fotos de viaje» que tomé en el ambiente digital durante ese proceso.

Entonces, ¿qué es exactamente el metaverso? Cada persona tiene su propia definición. El prefijo *meta* significa transcendencia y la raíz *verso* se deriva de universo, en referencia al mundo en general. *Wikipedia* define el metaverso como el concepto iterativo del internet del futuro, formado por un espacio virtual persistente, compartido y tridimensional, y un universo virtual perceptible. Por supuesto, esto es muy abstracto y difícil de entender.

En mi opinión, el metaverso, en términos sencillos, es un espacio digital de entretenimiento, interacción social y trabajo en el futuro. Será el principal medio de nuestro estilo de vida y un nuevo entorno virtual en el que todos participarán. Integra tecnologías de punta como el *blockchain*, 5G, RV, RA, IA, el IdC, *big data* y más, que permitirán liberarnos de las restricciones del mundo físico. En este novedoso espacio podremos ser mejores y maximizar nuestro propio valor.

Definimos el metaverso como el internet de siguiente generación, es decir, la tercera generación de la red. El primer año del metaverso fue en realidad 2021, y la siguiente iteración y actualización de la red está en progreso. En esta etapa se aplican tecnologías de punta de manera integrada. El *blockchain* creará activos digitales, los contratos inteligentes construirán un sistema económico inteligente y el IdC objetos reales del mundo físico que serán representados en el digital. La IA se convertirá en el cerebro inteligente de las redes globales y creará «humanos digitales», mientras que la RA se encargará de la superposición del mundo virtual y el físico. La red 5G, la computación en la nube y de borde, por su parte, edificarán un nuevo y extraordinario ecosistema digital.

Nuevamente, internet llegó a un punto clave de inflexión. Me parece que los próximos diez años serán un periodo de avances en el desarrollo del metaverso. La ventana de oportunidad para esta transición ya comenzó. Las siguientes rondas de actualización de internet verán una serie de nuevas «aplicaciones geniales» y el surgimiento de grandes organizaciones económicas. Novedosos horizontes para la innovación y el espíritu emprendedor están a la vuelta de la esquina. A medida que evolucione el concepto y las formas de riqueza personal, la digitalización del patrimonio será una tendencia prevaleciente. Además, la construcción y la popularización del metaverso promoverán una mayor integración de la economía digital y la tradicional que ayudará a transformar todas las industrias y profesiones, y abrirá nuevos espacios de crecimiento para distintos tipos de empresas.

El metaverso no es una utopía, sino un nuevo entorno digital, muy real, que ayudará a concretar las cinco integraciones principales ya mencionadas: el mundo digital y el físico, la economía digital y la real, la vida digital y la social, los activos digitales y los físicos y la identidad digital y la real. En mi opinión, este mundo alternativo mejorará el real.

La oleada del metaverso ya llegó, y trae consigo una serie de excelentes oportunidades de cambio social y económico que tendrán influencia en cada uno de nosotros. El libro aborda seis dimensiones (industria, derechos sobre los datos, organización, identidad, cultura y finanzas) que ayudarán al lector a comprender las tendencias generales de esta nueva era a través de los ejemplos globales más recientes (figura 0-2).

FIGURA 0-2
SEIS TENDENCIAS EN LA ERA DEL METAVERSO

En vista del rápido surgimiento del metaverso, muchas personas me han preguntado cómo aprovechar las oportunidades que ofrece. Me parece que cuando enfrentamos este tipo de transformaciones nuestro futuro depende de su comprensión. Conviene intentar entender, primero, la esencia del cambio y no actuar atropelladamente en pánico; dedicar tiempo a estudiar y a reflexionar para entenderlo verdaderamente. Así superaremos las barreras y dominaremos esta ecuación fundamental: «mentalidad de metaverso» = pensamiento técnico × pensamiento financiero × pensamiento comunitario × pensamiento industrial, y podremos lidiar con calma con los nuevos retos tecnológicos que traerá el futuro.

Además, este libro ofrece una serie de sugerencias específicas en columnas. Armados con estos recursos, esperamos ayudar a todos los lectores a alistarse, encontrar su posición y dirección y emprender la aventura de explorar el metaverso.

Esta descripción es mi concepción personal de metaverso. Como dijo el futurista y escritor de temas tecnológicos, William Gibson: «El futuro ya está aquí, pero su distribución no es uniforme». Espero que esta obra ayude a los lectores a tener una noción general de la era del metaverso, de tal forma que todos nos actualicemos, promovamos el avance del nuevo mundo digital y experimentemos lo mejor que pueda ofrecer la siguiente etapa.

Muchas personas colaboraron conmigo en la preparación de este libro: el doctor Zhongze Wu, exviceministro del Ministerio de Ciencia y Tecnología de China, el profesor Weimin Zheng, académico miembro de la Academia China de Ingeniería, el profesor David Lee Kuo Chuen de la Universidad de Ciencias Sociales de Singapur y Yuming Yuan, director ejecutivo de Huochain Technology. Chao He, secretario general del Comité para la Industria del Metaverso de la Asociación de Comunicaciones Móviles de China participó en la planeación de la edición en idioma chino. CITIC Press Group colaboró con la publicación de esa versión en China, en particular Hong Zhu, Hongjing Wang, Shiming Chen y Lulu Huang.

Jun Fang participó en casi todas las conversaciones sobre este trabajo y aportó una profunda guía en nuestra investigación sobre el metaverso y el proceso de escribir, grandes contribuciones al proyecto. Qihong Li ayudó a escribir los capítulos 1, 2, 4, 7, 8, 9 y 11. Fangge Zhou colaboró en los capítulos 1, 3, 4, 5, 6 y 10; mientras que Ruibin Zhang recopiló y organizó las ilustraciones y ayudó en la elaboración del anexo.

Quisiera expresarle mi sincero agradecimiento a Don Tapscott por escribir el prólogo, y a Jason Brink por la introducción (III). Mónica, Clare, Caroline y Martin, encargados de planeación, edición, diseño y publicación en LID Business Media por su gran esfuerzo para crear este libro. Gracias también a Chuan Ding, Kayun Cao, Yani Zhao y Yimin Xiao del Departamento de Derechos de Autor de CITIC Publishing Group por su incansable trabajo para lograr la publicación del libro en varios idiomas en todo el mundo. Así mismo, quisiera expresar mi gratitud al dedicado grupo que internacionalizó y reorganizó la edición en inglés: Ciara Sun, Echo Fang, Kai Zhang, Jiangtao Zhang, Norah Song, Chang Li, Pinyue Mao, Jie Wang y Oscar Peng. Por último, Changzheng Li, Jingquan Chen y Zhen Wang de Beijing Chinese-Foreign Translation & Information Service Co., Ltd., que participaron en la traducción de la versión en inglés.

Sin el apoyo y la ayuda de cada una de estas talentosas personas no habría sido posible publicar este libro. Les debo mucho a todas ellas.

PREFACIO II

¿QUÉ TAN CERCA ESTÁ EL FUTURO?

CIARA SUN

Preguntar qué tan cerca está «el futuro» me impulsa y motiva a comenzar cada nuevo día de trabajo, un espacio donde tengo experiencias que antes solo habría visto en obras de ciencia ficción. De hecho, parece que este género se convierte rápidamente en la realidad.

Debido a que soy una profesional y promotora de la industria, he tenido la fortuna de atestiguar incontables avances tecnológicos en unos cuantos años. Para cuando este libro vaya a prensa, no me sorprendería tener que empezar a planear un nuevo anexo para ponerlo al día con los trepidantes progresos.

Es un honor que el doctor Jianing Yu me haya invitado a ser coautora de este libro y presentarles a los lectores el metaverso. Intentamos no solo usar palabras de moda, sino ir más a fondo y examinar los numerosos tentáculos de la web3, su ecosistema más amplio y el tremendo potencial que representa. Conforme avanza y crece la siguiente generación de internet, a un ritmo de cambio cada vez más rápido, enfrentamos muchos retos y tenemos muchas oportunidades. Desde el prospecto de retratarnos en un universo virtual sin prejuicios, donde podemos adquirir más confianza en nosotros mismos y lograr una mayor plenitud personal, hasta el establecimiento de una nueva infraestructura financiera que ofrece más transparencia, necesitamos con urgencia herramientas capaces de ayudarnos a sortear estos extensos cambios.

Entonces, ¿qué tan cerca está el futuro? Espero que este libro sirva como un mapa de ruta y ofrezca cierto conocimiento. Es fundamental aprender sobre criptografía y adquirir destreza en el tema del *blockchain* para poder participar en la construcción de un mañana sostenible. Con interminables casos prácticos y perspectivas de crecimiento a largo plazo, sin duda el metaverso atraerá a muchos más talentos ambiciosos y a una nueva generación de inventores.

Fuente: Visual China Group

CAPÍTULO 1

METAVERSO, LA SIGUIENTE GENERACIÓN DE INTERNET

En abril de 2020, en plena pandemia ocasionada por el COVID-19, una audiencia de 12.3 millones de personas se reunió para un concierto. Debido a las cuarentenas y cierres de actividades, este evento obviamente no podía realizarse en persona. Incluso, si no hubiéramos estado en plena crisis de salud global, no existe ningún centro de espectáculos en el planeta capaz de albergar un público tan numeroso.

Así que este concierto, virtual por completo, se realizó en *Fortnite*, una plataforma a gran escala de videojuegos en línea desarrollada por Epic Games, la empresa de *software* con sede en Carolina del Norte.

Cuando arrancó el espectáculo con la voz de la estrella del hip-hop Travis Scott, enormes ráfagas púrpura surcaron el espacio por encima del escenario. De repente, los espectadores vieron un resplandor cegador de luz que dio paso a la entrada triunfal de una enorme imagen digital del rapero. Esta comenzó a bailar al ritmo de la música y en distintos momentos se teletransportó a otros escenarios. Su aparición fue tan impactante que avivó el entusiasmo de la audiencia. Los avatares digitales de varias personas se acercaron al artista con los puños levantados en el aire y moviéndose con la melodía.

El concierto, que solo duró quince minutos, estableció un nuevo récord de número de jugadores simultáneos en línea en la historia de la plataforma. Después de eso, *Fortnite* organizó muchos eventos similares que atrajeron a millones de personas de todo el mundo. Estas audiencias disfrutaron de una novedosa experiencia durante el periodo de aislamiento derivado de la pandemia.

FIGURA 1-1
LOS ÍDOLOS VIRTUALES Y EL ENTRETENIMIENTO DIGITAL SON MUY IMPORTANTES EN EL METAVERSO
Fuente: iStock

Ese concierto inicial fue de extraordinaria importancia histórica porque demostró que este espacio digital ya no se limitaba a los juegos, sino que era un ambiente fastuoso en el que las personas podían reunirse, comunicarse, colaborar, crear, trabajar y vivir. La siguiente generación de internet está en el horizonte, y el metaverso es el preludio.

EL ORIGEN DEL METAVERSO

La aparición repentina y apabullante de la pandemia causada por el COVID-19 en 2020, aisló a las personas en el mundo físico y suspendió muchas de sus actividades. Sin embargo, la gente se conectó más de cerca en el espacio digital.

En todo el mundo, nuevas formas de negocio como los videos cortos, la educación en línea y el *retail* digital se han propagado y evolucionado con rapidez, y la gente se está acostumbrando a trabajar, estudiar, comprar y divertirse a través de las pantallas. En las esquinas sociales inmersivas de un mundo virtual como *Fortnite*, los participantes tienen una experiencia muy distinta de la que suelen tener en el espacio físico.

Muchos se han percatado de que pueden resolver diversos aspectos de su vida diaria en dicho ecosistema, y ahora que se experimenta y se comprende más el metaverso, este ha capturado la atención de los medios noticiosos, los círculos científicos y tecnológicos, los inversionistas y las industrias de todo el planeta.

Para darnos una idea de cómo surgió el concepto de metaverso debemos comenzar con el libro *Snow Crash*, del autor de ciencia ficción estadounidense Neal Stephenson, publicado en 1992. En este, Hiro, el protagonista, ingresa a un mundo paralelo a través de una computadora especial. Aquí un pasaje del libro:

> En la parte superior lisa y plana de la computadora de Hiro sobresale un lente gran angular. Es un hemisferio de cristal pulido con un recubrimiento óptico color lavanda. Si se muestran dos imágenes un poco distintas frente a los ojos de una persona es posible crear

> un efecto tridimensional. Si se cambia esta imagen estereoscópica a una frecuencia de 72 veces por segundo puede crear movimiento. Cuando esta imagen dinámica tridimensional se presenta a una resolución de 2000 por 2000 pixeles, su claridad es como la de cualquier imagen observada a simple vista.
>
> En cuanto el sonido digital estéreo sale de los pequeños audífonos, una serie de imágenes tridimensionales en movimiento tienen un doblaje realista perfecto. Por lo tanto, Hiro no está ahí en persona sino, de hecho, en un mundo generado por computadora: la computadora presenta este mundo digital ante sus ojos y envía el sonido a sus audífonos.
>
> Hay todo tipo de información de contacto en la tarjeta de presentación de Hiro como su número telefónico, código de ubicación global de teléfono de voz, código postal, seis direcciones web en redes electrónicas de comunicación y también una dirección en el metaverso.

Stephenson dio el nombre de «metaverso» a este mundo virtual paralelo al físico. Según su descripción, quienes viven en el espacio real también tienen un avatar digital en el metaverso; por su luminosa calle principal puede pasar una procesión de millones de avatares de la red.

Snow Crash se publicó cuando internet estaba en pañales. Ese mismo año, Tim Berners-Lee, el inglés experto en computación que creó la World Wide Web, publicó una fotografía de cuatro mujeres de la Organización Europea para la Investigación Nuclear, la primera que apareció en línea. Fue un pequeño paso inicial, ya que la irrisoria velocidad de procesamiento y transmisión de red de las computadoras a principios de la década de 1990 no era suficiente para construir un metaverso en línea.

Sin embargo, estas limitadas técnicas no impidieron que la gente imaginara la promesa del espacio digital. Otras fantasías cinematográficas dejaron una huella profunda y perdurable como la película de aventuras de ciencia ficción *Ready Player One* (2018), de Steven Spielberg, que ofrece un vistazo al posible metaverso del futuro. En el año 2045, Wade Watt es un huérfano que vive en los deprimentes barrios pobres de The Stacks, en Ohio, donde los rascacielos son en realidad casas rodantes apiladas. A Wade no le importan las condiciones de vida en los grises andamios de su entorno físico, en cuanto llega a casa activa una diadema de RV y va a *Oasis,* un mundo virtual donde todo parece posible.

Con otro sistema socioeconómico y oportunidades infinitas de transformación personal, *Oasis* permite a los jugadores crear una versión digital única de sí mismos. Wade se convierte en un chico de piel azul y blanca llamado Parzival que escala el Everest, conduce un auto de la era espacial por Manhattan y busca tesoros. Wade y otros son adictos a *Oasis,* porque ahí viven una vida emocionante, como si el caos de su mundo físico no existiera. Todo esto ocurre en la historia que Spielberg presenta sobre el posible metaverso del futuro.

FIGURA 1-2
EN EL METAVERSO, CUALQUIER PERSONA PUEDE SER EL MEJOR PILOTO DE CARRERAS
Fuente: iStock

En la película, *Oasis* también es un museo enorme donde la gente tiene acceso a todos los libros, películas, programas de televisión, obras de teatro, canciones, piezas de arte y juegos existentes. La moneda que circula puede intercambiarse por dinero real en el mundo físico. Todos los días, miles de millones de personas juegan y viven en *Oasis,* un universo en constante expansión. Es ahí donde se conocen, forjan amistades cercanas e, incluso, se casan, aunque nunca se hayan visto en el mundo físico. Las personas «viven» más profundamente con su avatar digital de lo que están presentes en el espacio físico.

Snow Crash, *Ready Player One* y *Free Guy* (película de 2021 cuyo protagonista descubre que solo es un personaje más de un videojuego), presentan un entorno digital que hace volar la imaginación de los participantes y hace realidad sus sueños imposibles. Con estas situaciones, dichas historias han animado a miles de *geeks* y genios a construir realmente el metaverso. Su trabajo ha hecho posible que este mundo pase de la ciencia ficción a la realidad, pero ¿cuánto nos falta para terminar de completarlo?

¿POR QUÉ LOS GIGANTES TECNOLÓGICOS TIENEN UN INTERÉS ESTRATÉGICO EN EL METAVERSO?

Si siguen las últimas noticias sobre tecnología, deben saber del interés que tienen ahora en el metaverso las principales empresas de internet. Meta Platforms (antes Facebook) fue el primer gigante tecnológico en identificar dicho ecosistema como un objetivo estratégico prioritario, y muchos otros están listos para seguir su ejemplo (en adelante emplearemos el nombre original de la empresa, Facebook).

Mark Zuckerberg, su fundador y director ejecutivo, afirmó en una entrevista realizada en junio de 2021 que su empresa tenía la mira puesta más allá de las redes sociales, y mencionó sus planes de convertir la plataforma en una empresa del metaverso en unos cinco años (figura 1-3). Luego, en octubre del mismo año, anunció el cambio de nombre y de símbolo en la Bolsa de Nueva York (NYSE, por sus siglas en inglés), de FB a META. A futuro, prometió construir una plataforma de metaverso centrada en la gente y con mayor responsabilidad social.

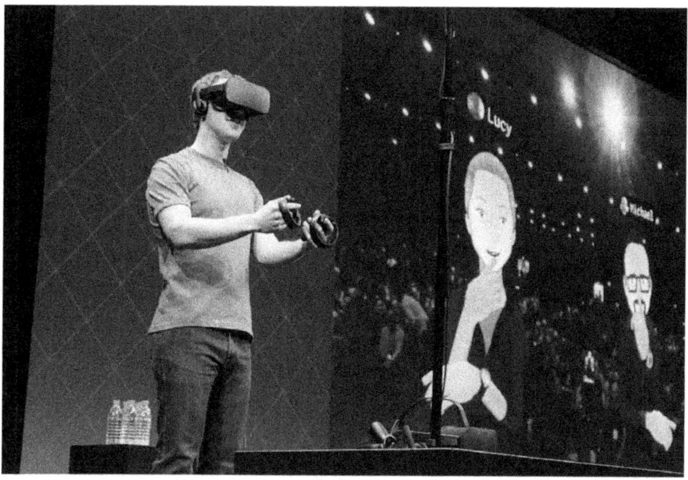

FIGURA 1-3
META, UNA EMPRESA COMPLETAMENTE DEL METAVERSO PARA 2026
Fuente: Getty Images

¿Por qué Facebook fue el primer titán digital en establecer como objetivo estratégico el metaverso? Para responder esta pregunta debemos comenzar con la visión que Zuckerberg tiene de internet. En alguna ocasión escribió que existía una «enorme demanda y una gran oportunidad para que todo el mundo se conecte, exprese sus opiniones y contribuya a la transformación del planeta». En retrospectiva, «conectar al mundo» fue su intención original con Facebook. «Espero que las personas puedan conectarse de verdad a través de internet», dijo, «que más personas encuentren amigos afines a través de internet y que amigos y familiares puedan estar más cerca».

Con la llegada de la era digital móvil Facebook creó un nuevo diseño. Según la visión de su fundador en ese momento, por la popularidad de dispositivos móviles como los teléfonos y las tabletas, funciones como la mensajería instantánea y las fotos compartidas serían el medio principal de interacción social de una nueva generación. En abril de 2012, Zuckerberg adquirió Instagram –que en ese entonces era una aplicación social novata con solo trece empleados– por 1000 millones de dólares. Luego, en febrero de 2014, compró la herramienta de mensajes instantáneos WhatsApp por 16 000 millones de dólares. Estas adquisiciones colocaron a Facebook en el centro del ámbito digital móvil.

En abril de 2022, la plataforma registró más de 2900 millones de usuarios activos al mes en todo el mundo. Es una cifra impresionante, un tercio de la población global.

Ahora, ¿cuál cree Zuckerberg que es la siguiente fase en la evolución de internet? No es ninguna sorpresa que haya identificado al metaverso como el lógico sucesor del internet móvil. «En la actualidad, con internet móvil ya tenemos todo lo que necesitamos desde que despertamos hasta que nos acostamos», explicó, «así que no creo que el punto principal sea un mayor uso de internet. Creo que se trata de usarlo con más naturalidad».

El empresario y programador también cree «que no se trata solo de videojuegos, sino de un ambiente constante y simultáneo en el que podamos convivir, que me parece que tal vez sea una especie de híbrido entre las plataformas sociales actuales o un ambiente en el que estés inmerso».

En enero de 2014 Zuckerberg visitó Oculus, una empresa de RV con oficinas en California fundada solo un año y medio antes. Después de usar por primera vez Oculus Rift, un dispositivo de RV que se sujeta a la cabeza, dijo: «Ven, esto es el futuro». Poco después, compró la compañía por 2300 millones de dólares y siguió invirtiendo en sus proyectos de investigación y desarrollo de RV.

En años recientes, su inversión anual en esas dos áreas llegó a 18 500 millones de dólares, lo que convirtió a Oculus en el líder global del campo. El precio del dispositivo de RV de la serie Quest, su principal producto de consumo, bajó de 399 a 299 dólares, y obtuvo una participación de mercado del 75 %. Más adelante, lanzó aplicaciones como Beat Saber, señal de que su nueva empresa es la expresión más importante del diseño de Facebook para el metaverso.

FIGURA 1-4
LOS JUEGOS INMERSIVOS DE RV OFRECEN A LOS USUARIOS EXPERIENCIAS EXCEPCIONALES
Fuente: Visual China Group

Las principales empresas chinas de internet también han comenzado a explorar ideas para el inminente metaverso. En el informe anual del conglomerado de tecnología y entretenimiento Tencent, dado a conocer en diciembre de 2020, su fundador, Pony Ma, describió el concepto de «internet verdadero». Señaló que es un reto que la empresa debe cumplir.

> Se ha abierto la puerta que conecta el mundo virtual con el real (...), ya sea del mundo virtual al real o del real al virtual, nuestro compromiso es ayudar a los usuarios a vivir una experiencia más real. Del internet de los consumidores al internet industrial, también se han abierto opciones de aplicación. La comunicación y la interacción social se realizan cada vez más mediante video; las videoconferencias y las transmisiones en vivo van en aumento; los juegos se basan más en la nube. Con la adopción masiva de la RV y otras tecnologías nuevas y nuevo *hardware* y *software* en distintas situaciones, creo que pronto habrá otra reconfiguración importante. Como ocurrió con la transformación de internet móvil, quienes no se sumen, poco a poco quedarán rezagados.

Es evidente que la idea de «internet verdadero» es muy similar a la del metaverso. No obstante, a diferencia de Facebook, que decidió explorar a fondo el equipo de RV, Tencent optó por los videojuegos.

En mayo de 2019, Tencent anunció una alianza estratégica con Roblox, empresa pionera de videojuegos con sede en California, para impulsar a la siguiente generación de desarrolladores chinos. En febrero de 2020, esta empresa recibió 150 millones de dólares de financiación con la participación de Tencent. En el capítulo 2 analizaremos con más detalle el trabajo de Roblox en el metaverso.

Tencent también es el principal accionista de Epic Games, otra compañía popular en el metaverso. En 2012, pagó 330 millones de dólares por una participación del 48.4 % en Epic Games. *Fortnite*, del que ya hablamos, es el producto de lujo de la empresa, un juego de combate de supervivencia en el que compiten más de cien jugadores de manera remota para lograr ser el último sobreviviente. Lanzado en 2017, se ha convertido en un mundo virtual donde no solo se juega con características del metaverso, sino que es un espacio donde los personajes clásicos de Marvel Comics y de Detective Comics pueden aparecer juntos; además de que ahí se estrenan los avances de las películas más recientes de *Star Wars*.

Incluso, Epic Games colaboró con la marca de ropa deportiva Nike para incluir una versión digital de su popular calzado atlético «Air Jordan» en el juego. Hoy en día, hay aproximadamente 350 millones de jugadores de *Fortnite* registrados en todo el mundo. Su evolución lo ha llevado a convertirse en una plataforma de contacto social entre los jugadores. En mayo de 2021, y como siguiente paso, la empresa anunció que había recaudado 1000 millones de dólares de Sony y de otros inversionistas para construir su negocio relacionado con el metaverso. Solo un año antes, había recaudado 1800 millones de dólares.

El negocio de esta compañía tiene dos ramas: ofrecer juegos como *Fortnite* y desarrollar Unreal Engine, una plataforma de creación tridimensional en tiempo real que se considera la más abierta y avanzada; ofrece efectos visuales realistas y una experiencia inmersiva, además de prestar servicios a industrias que necesitan producir imágenes digitales como empresas de videojuegos, televisión, cinematografía y arquitectura. Unreal Engine ofrece un marco general para la expansión continua de *Fortnite* e integra los juegos desarrollados por este motor y lanzados en la tienda de Epic Games.

Los avatares digitales diseñados por los jugadores en *Fortnite* pueden teletransportarse con total libertad en todo el espacio. Epic Games espera romper con el ambiente restringido del juego y apoyar a los desarrolladores para construir juntos un ecosistema nuevo. La empresa está creando un universo gigante en el que no solo será posible jugar, sino tener interacción social y estilos de vida virtuales.

Actualmente, Unreal Engine tiene muchos más usos que en sus inicios. Por ejemplo, en la grabación de la serie de televisión *The Mandalorian*, se eliminó la pantalla verde tradicional empleada para los efectos especiales. En su lugar, los productores adoptaron Stagecraft, una tecnología de proyección tridimensional en tiempo real desarrollada por Epic Games e Industrial Light & Magic. Esta técnica puede generar imágenes visuales muy reales y cautivadoras para cine y televisión. Así que ya no es necesario enviar a nadie a recorrer el mundo para encontrar locaciones, y los actores con escenas que requieren efectos especiales ya no tienen que usar solo su imaginación al actuar.

EL METAVERSO ES EL INTERNET DE TERCERA GENERACIÓN

Ya dimos algunas definiciones detalladas del metaverso y señalamos que *Wikipedia* lo describe de esta manera:

> El metaverso es un espacio colectivo virtual compartido que contiene todos los mundos virtuales e internet, y puede contener derivados del mundo real, pero diferentes de la realidad aumentada. El metaverso generalmente describía el concepto iterativo del internet del futuro, está compuesto de espacios virtuales persistentes, compartidos y tridimensionales y conectado con un universo virtual perceptible.

¿Una definición tan académica refleja realmente lo que la gente piensa del metaverso? Como el concepto todavía se encuentra en una etapa temprana, en general los expertos en ciencia y tecnología, comercio, inversiones y otros sectores tienen distintas ideas de él, según lo observan desde su propia perspectiva especializada.

Como ya se dijo, Zuckerberg cree que el metaverso es el sucesor del internet móvil, y que será un ambiente sostenible en tiempo real y sin restricciones en el que los usuarios tendrán acceso a muchos dispositivos diferentes. «En lugar de ver contenido, estás en él», fue su explicación.

David Baszucki, cofundador y director ejecutivo de Roblox, ve al metaverso como un espacio virtual en el que las personas pueden pasar mucho tiempo, pues ahí trabajan, estudian y se divierten. «En el futuro», comentó, «los usuarios de Roblox no solo podrán leer libros sobre la antigua Roma en la plataforma, sino también visitar y recorrer las ciudades históricas cuya reconstrucción realista se encuentre en el metaverso». Según Eric

Redmond, director global de Innovación Tecnológica en Nike, el metaverso ha superado la brecha física y digital entre la realidad y la RV.

Tom Allen, fundador de *The AI Journal*, describió el metaverso como un universo virtual de crecimiento exponencial, en el que las personas pueden crear su propio mundo y aplicar la experiencia y los conocimientos del entorno físico a discreción.

Nosotros pensamos que el metaverso es un nuevo espacio digital en el que la raza humana desarrollará su estilo de vida en el futuro. Abarca un lugar expansivo en el que todos podrán participar, olvidarse de las restricciones del mundo físico, ser mejores y maximizar su propio valor. Es una fusión integrada de tecnologías de punta como el *blockchain*, IA, 5G, RV, RA, IdC, *big data*, computación en la nube y de borde.

Inicialmente dijimos que una definición más sencilla podría ser «la siguiente generación de internet», la web3. Pensemos en el desarrollo de internet en los últimos 25 años como ondas expansivas en círculos concéntricos que avanzan en la superficie de un estanque. En cada paso evolutivo la innovación tecnológica se ha encargado de ampliar los casos de aplicación, con lo cual ha impulsado la economía social a otro nivel. Según está lógica, podemos expresar el crecimiento de internet con una gráfica de tres etapas (figura 1-5).

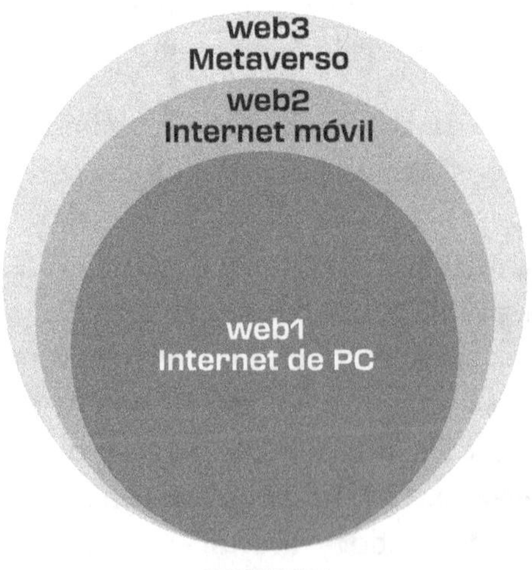

FIGURA 1-5
LAS TRES ETAPAS DE DESARROLLO DE INTERNET

El internet de primera generación (web1) fue la versión de la computadora personal que se desarrolló aproximadamente desde 1994. Su función destacada era la transmisión eficiente de información. Fue un catalizador para la adopción y el crecimiento de aplicaciones como las noticias en línea, los motores de búsqueda, el correo electrónico, los mensajes instantáneos, el comercio digital y los primeros juegos en la red. Permitió a los usuarios conectarse con rapidez, mejoró la transmisión de contenido en todo el mundo y facilitó la adquisición de información. Las empresas de internet que florecieron en esta etapa fueron Yahoo, AOL, Google, Amazon, SINA, Sohu, NetEase, Tencent, Baidu, Alibaba y JD.com, entre otras.

El internet de segunda generación (web2) fue la era móvil, que arrancó alrededor de 2008 y sigue en crecimiento hasta ahora. Los teléfonos inteligentes permitieron a las personas estar en línea todo el tiempo, desde cualquier lugar, por lo que el internet móvil se convirtió en una parte importante de la vida diaria. El concepto de navegar en la red desapareció gradualmente, pues en esencia, las personas siempre estaban conectadas. Se establecieron relaciones sociales digitales y estas crecieron gracias a que los teléfonos móviles ayudaron a popularizar todo tipo de sensores.

También aceleraron la creación de mapas del mundo físico e hicieron posibles una infinidad de servicios digitales, además de favorecer la intersección e interactividad de las actividades en línea y fuera de ella. Servicios móviles como las redes sociales, servicios O2O (*online-to-offline*), juegos móviles, videos cortos, *webcast*, servicios de flujo de información, distribución de aplicaciones y finanzas digitales ahora son convencionales. En esta etapa, empresas como Apple, Facebook, Twitter, Airbnb, Uber, Wish, Xiaomi, Grubhub, ByteDance, Didi, Meituan y Ant Financial surgieron y se convirtieron con rapidez en líderes de su respectivo campo.

Creemos que el internet de tercera generación es el metaverso. En 2021 ocurrió una nueva ronda de iteración y actualización de internet que sentó las bases para una serie de cambios transformativos drásticos.

El *blockchain* transforma datos en activos, los contratos inteligentes crean un sistema económico inteligente programable y la IA construye un cerebro inteligente global y crea «humanos digitales». El IdC reproduce objetos reales del mundo físico en el espacio digital, la RA ayuda a lograr una superposición del mundo digital y el físico, y la red 5G, la computación en la nube y de borde están construyendo y enriqueciendo un entorno virtual nuevo. En esta etapa de desarrollo veremos la introducción de una serie de novedosas aplicaciones geniales, así como nuevas organizaciones económicas más abiertas y democráticas que los monopolios gigantes de antaño.

LA ESENCIA DEL METAVERSO SON CINCO INTEGRACIONES

El metaverso no solo es un «espacio virtual», promete ser mucho más. Para su desarrollo, es esencial la integración de elementos tecnológicos y socioeconómicos clave. Todo se conjuntará gracias a la fusión del mundo digital y el físico, de la economía digital y la real, de la vida digital y la social, de los activos digitales y los reales y de la identidad digital con la real (figura 1-6).

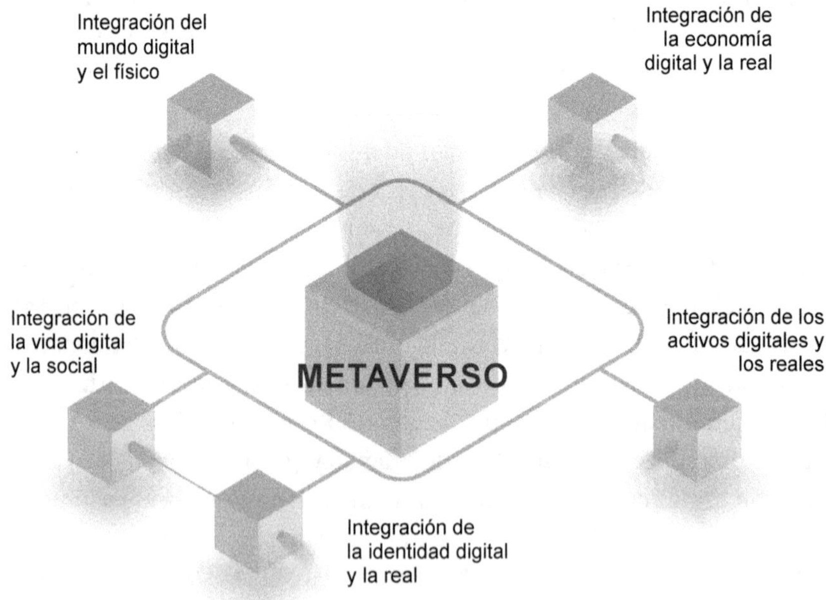

FIGURA 1-6
LAS CINCO INTEGRACIONES QUE CONFORMARÁN EL METAVERSO

INTEGRACIÓN DEL MUNDO DIGITAL Y EL FÍSICO

Los videojuegos de mundo abierto (donde los jugadores son libres para explorar un universo virtual y actuar sin estar limitados por estructuras rígidas que deben seguir de manera lineal) pueden considerarse la forma de vida embrionaria en el metaverso. En la década pasada, dichos juegos a gran escala se convirtieron poco a poco en el foco central de desarrollo de la industria del entretenimiento electrónico. Estos ofrecen características como tareas no lineales, grandes mapas que pueden explorarse a discreción y personajes no jugadores (NPC, por sus siglas en inglés) de gran inteligencia y fuerte interacción. Cada participante encuentra su propia manera de experimentar estos juegos.

En *The Legend of Zelda: Breath of the Wild*, muchos jugadores están dispuestos a explorar variantes en imágenes de avatares, enfrentar monstruos con distintas características, probar distintos métodos para cocinar con ingredientes diferentes e, incluso, salirse por completo de la trama principal de «rescatar a la princesa». *The Elder Scrolls V: Sky* y *The Witcher 3: Wild Hunt* también ofrecen experiencias de juego muy libres, pues los jugadores tienen papeles personalizados, oportunidades de colocación y múltiples opciones para concluir la misión. En los juegos de mundo abierto a gran escala observamos que el juego, por sí solo, sirve de fondo y los jugadores tienen total independencia para descubrir su propia experiencia única. En este sentido, son muy similares a la noción de metaverso como mundo alternativo.

A diferencia de estos juegos, una característica importante del espacio digital más amplio del metaverso es su permanencia. Este mundo virtual puede continuar su existencia, al igual que el mundo físico, y evolucionar gradualmente hacia una forma de orden superior. El metaverso no será un mundo centralizado, controlado por una o varias empresas, sino que se preservará, como los datos y activos de los usuarios en el espacio digital, en un sistema de almacenamiento distribuido, sin que sea posible modificarlo o borrarlo arbitrariamente.

El metaverso no es solo un lugar de juegos digital, sino que se caracteriza por una gran interacción y una profunda integración del mundo digital y el físico; lo que quiere decir que puede llevar al internet y a la economía social a un nivel superior. Si el universo virtual no pudiera darle el valor suficiente al mundo real, no tendría mucho potencial de crecimiento.

En 2020, Oculus lanzó una aplicación basada en RV llamada Horizon Worlds, un lugar donde los usuarios pueden crear una sala de conferencias para reunirse en la web. Con un Oculus Quest 2 –dispositivo que uso con mis colegas– hemos intentado construir una sala de juntas en este metaverso. La experiencia de comunicación interactiva en el mundo digital superó nuestras expectativas. En el mundo físico, cada participante estaba en una ciudad distinta, pero en la sala de reuniones del metaverso tuvimos un encuentro virtual que superó los límites de la realidad. Por ejemplo, en la junta, el avatar digital de un colega se sentó a la izquierda. Cuando habló, claramente escuchamos que el sonido provenía de ese lado, incluso identificamos variaciones sutiles en su lenguaje corporal. Aunque el entorno visual no era muy sofisticado (parecía que los avatares de los participantes estaban flotando en el aire), la reunión fue muy distinta de las versiones bidimensionales que ofrecen plataformas como Zoom o Google Meet.

La reunión con Oculus en Horizon Worlds dejó muy claro el punto de vista de todos, y nos dio una sensación de comunicación real y emocional entre los participantes. Aunque estaban lejos, sentimos que se encontraban justo a nuestro lado en el espacio digital. Esto es lo que puede lograr la integración efectiva del espacio digital y el físico.

Dicha integración puede ser de dos formas: del mundo físico al digital y de este al físico. La primera puede expresarse como crear gemelos digitales. Por ejemplo, dados los avances en la tecnología de escaneo 3D, es posible hacer con gran rapidez un modelo de objetos del mundo físico con todo detalle, tridimensional, para llevar a cabo esta transformación.

Incluso, con la función de percepción remota LiDAR (light detection and ranging) de los modelos 12 o 13 Pro de iPhone, es posible escanear y modelar con rapidez un espacio u objeto físico y generar una imagen digital en 3D. Este principio también puede aplicarse a ciudades y fábricas inteligentes. Imaginen crear la gemela digital de una ciudad y tener la opción de conectarla por completo al metaverso, de tal forma que las personas de todo el mundo puedan explorar y crear dentro de ella.

La conexión efectiva entre el mundo digital y el físico se ha convertido poco a poco en realidad. Gracias a los avances en la tecnología de RA, anteojos como Microsoft HoloLens, Google Project Glass, Magic Leap y DigiLens ya se aplican en muchas industrias. Con ayuda de estos dispositivos, el mundo digital puede integrarse al físico y permitir a los usuarios tener interacciones simultáneas en las que usen elementos de ambos universos (figura 1-7). Además, el desarrollo de equipo como vehículos aéreos no tripulados, robots inteligentes y exoesqueletos robóticos brinda respaldo técnico para una gran interacción del mundo digital y el físico. Por ejemplo, en caso de desastre, podemos realizar un análisis integral y rápido del lugar con base en gemelos digitales en el metaverso, además de movilizar todo tipo de drones y robots e incorporarlos en las actividades de rescate, ayuda en caso de catástrofes y reparaciones de emergencia a través de distintos programas.

FIGURA 1-7
LA RA PUEDE UNIR EL MUNDO DIGITAL CON EL REAL
Fuente: Visual China Group

Conforme maduren las tecnologías, pasar del mundo físico al digital y de este al físico será más fácil y permitirán una construcción conjunta y una simbiosis. Por ejemplo, la ingeniería concurrente digital en 3D -en la que los distintos aspectos de diseño y desarrollo de un proyecto suceden de manera simultánea y no en fases escalonadas en secuencia- fue adoptada en la construcción del área para la Exposición Cultural Internacional de la Ruta de la Seda que promueve la cultura china. Incluyó edificios prefabricados de diseño estandarizado, gestión de información y aplicación inteligente. Se crearon con antelación modelos de simulación de audio e iluminación en el espacio digital. Gracias a que el análisis acústico, los cálculos y simulaciones se realizaron en modelos, fue posible construir con rapidez enormes edificios públicos.

Aprovechar patrones similares y realizar modelos virtuales será lo normal en el metaverso. Así, la web3 pasará de ser una utopía digital a convertirse en un recurso práctico para mejorar a la sociedad real y empoderar a la economía real.

INTEGRACIÓN DE LA ECONOMÍA DIGITAL Y LA REAL

La empresa de investigación Bloomberg Intelligence predice que el mercado global del metaverso alcanzará los 800 000 millones de dólares en 2024.[1] Matthew Ball, inversionista que ha estudiado este universo desde hace tiempo, ha enfatizado la importancia de construir una economía totalmente madura dentro de este espacio. Además del intercambio básico de información, la intercomunicación económica entre el mundo digital y el físico constituirá un sistema inteligente, de circuito cerrado, capaz de conectar la economía real y la digital.

Esta economía del metaverso tendrá cuatro características principales. En primer lugar, será la expresión concreta de la economía inteligente, un nuevo paradigma financiero basado en el protocolo de colaboración y la red de pagos del *blockchain* y los contratos inteligentes. Gracias a estos, las personas (incluidas las digitales), incluso las «cosas», pueden participar con facilidad en actividades de cooperación económica automatizadas y creíbles. Además, el *blockchain* puede utilizar los llamados *atomic swaps* (intercambio de criptomonedas concretado por contratos inteligentes) para gestionar entregas contra pagos (DVP, por sus siglas en inglés) sin que un tercero ofrezca una garantía como intermediario de crédito. Ninguna de las partes tendrá un riesgo crediticio, lo que reducirá en gran medida los costos generales por transacción.

En segundo lugar, la economía del metaverso será inclusiva. El brote de COVID-19 provocó un cambio fundamental en la estructura económica del mundo, lo que causó una grave «involución» (una reducción generalizada en la riqueza per cápita). El metaverso tiene el potencial de ofrecer nuevas oportunidades a los jóvenes y así acelerar beneficios recíprocos, crecimiento común y prosperidad. Y no solo eso, también puede ayudar a las regiones y los países con economías menos desarrolladas a encontrar un nuevo espacio de expansión, y con ello promover el crecimiento de las comunidades y un mejor futuro para la humanidad. Por ejemplo, durante la pandemia muchos filipinos generaron ingresos a través del juego *Axie Infinity*, operado con tecnología *blockchain*, en el que los usuarios crían y venden mascotas digitales para ganar criptomonedas que pueden cambiar por dinero real en efectivo.

Las finanzas digitales serán lo usual en el metaverso. Personas de todo el mundo tendrán acceso a servicios financieros inteligentes con pocos requisitos de ingreso, de bajo costo y muy eficientes, lo que mejorará la disponibilidad y conveniencia de dichos servicios y promoverá un crecimiento económico inclusivo.

En tercer lugar, la economía del metaverso será creativa. El contenido digital es uno de los componentes importantes de este espacio, y quienes lo impulsan son los creadores. Los usuarios no solo son consumidores, sino también creadores y diseminadores de este contenido, por lo que forman un modelo de crecimiento basado en la llamada cultura comunitaria del «prosumidor» (productor + consumidor). Aquí, un consumidor compra un producto, lo usa y luego pasa la voz acerca del mismo, con lo que da brillo orgánico a la marca. El efecto puede observarse en el desempeño de los desarrolladores de la plataforma Roblox, cuyos ingresos totales en el primer trimestre de 2021 ascendieron a 120 millones de dólares, aproximadamente, que equivalen a un aumento interanual del 167 %.[2]

Con valor comercial y cultural, la creatividad puede estimular el crecimiento económico del metaverso y darle gran prosperidad a la cultura digital. Además, la sociedad reconocerá gradualmente el valor de esta cultura original en el mundo virtual. Los NFT, que simplifican la compra, venta y negociación de activos del mundo real y del digital, serán los portadores de valor de los bienes culturales y creativos en el metaverso. Un NFT es un conjunto de datos digitales documentados y guardados que no pueden duplicarse ni alterarse; tiene valor monetario y puede comprarse, venderse y negociarse.

En cuarto lugar, la economía del metaverso dependerá de los datos. La esencia de la economía de datos es transformar transacciones físicas del mundo real en flujos de información. Es posible crear activos digitales valiosos a partir de «terrenos digitales», utilería, equipo, modelos de algoritmo y recursos de datos que pueden circular en el mercado para formar un valor justo. Cuando la información se conecta y orienta al mercado en el metaverso, su valor puede maximizarse, por lo que es el activo y el factor de producción más importante de dicho universo.

En esta incipiente nueva era necesitamos combinar la economía digital con la real. La forma económica original en el metaverso es la economía digital, pero los logros de su desarrollo deben promover el desarrollo de la economía real. El escenario de aplicación más crítico en el entorno virtual es el industrial. En este espacio, gente de todo el mundo se comunicará y cooperará con efectividad, dispositivos inteligentes totalmente en red tendrán conexiones eficientes y la cooperación en cadena industrial será más transparente y eficiente.

Se espera que el *asset mapping token* (AMT, por sus siglas en inglés) se convierta en el modelo de negocio dominante por su capacidad de promover la creación integrada de gemelos de activos digitales y reales, y por mejorar la liquidez y el valor de los activos. El metaverso acelerará la transformación y actualización del sistema económico en su conjunto, llevándolo a la digitalización y la inteligencia, lo que impulsará cambios tecnológicos, de organización y eficiencia, además de ayudar a establecer un sistema económico digital totalmente nuevo.

INTEGRACIÓN DE LA VIDA DIGITAL Y LA SOCIAL

En el metaverso, el costo del proceso de prueba y error es muy bajo. Todas las personas pueden poner en práctica ideas creativas, libres de las limitaciones del «aquí y ahora», lo que les permite vivir la vida de sus sueños. El universo virtual es una puerta a un fantástico mundo alternativo abierto para todos; podemos aprovecharlo al máximo, darle vuelo a nuestra imaginación y explorar sus posibilidades infinitas. Será una alternativa importante de cumplir los sueños de los usuarios de tener una vida mejor, más interesante y francamente excelente. Imaginen incluso poder montar un dragón y volar (figura 1-8).

FIGURA 1-8
DRAGON RUSH, UN POPULAR JUEGO DE FANTASÍA EN DECENTRALAND
Fuente: Decentraland

En años recientes, los juegos de simulación (imitan actividades que observaríamos en el mundo real) y los juegos *sandbox* (permiten a los jugadores deambular por mundos virtuales y cambiarlos a voluntad) se han vuelto muy populares. Ofrecen a los jugadores un vasto espacio para dejar volar su creatividad e imaginación. Un ejemplo es *SimCity*, donde los jugadores participan en una experiencia realista de gestión urbana; pueden ingresar datos sobre la configuración real, los sistemas de transporte y la red eléctrica de una ciudad del mundo físico en el sistema del juego, realizar pruebas de optimización a bajo costo y luego incluir los resultados en documentos de análisis de planeación para ciudades reales.

El juego es popular entre los profesionistas dedicados a la planeación urbana. Otro ejemplo son los jugadores de *The Sims*, que crecen paso a paso desde la infancia y pueden experimentar por completo este proceso en distintas etapas de la vida. Los arquitectos también pueden usar la función de editor de construcción del juego para diseñar casas de forma rápida y verificar edificios imaginarios.

La principal característica de los juegos *sandbox* es que son creativos y dan a los usuarios gran libertad para explorar, así que pueden crear un mundo maravilloso basado en sus ideas. En *Minecraft*, los jugadores pueden elegir entre distintos modos como supervivencia, creativo, aventura, extremo o espectador, según prefieran. Pueden optar por emprender aventuras o construir edificios grandiosos. Aunque sus imágenes estilo pixel lucen burdas, este videojuego se ha convertido en uno de los más populares del mundo. Hasta julio de 2022, sus cifras reflejaban ventas de más de 238 millones de unidades en el mundo y más de 140 millones de usuarios activos mensuales. Fue el juego más visto en YouTube en 2020, con más de 200 000 millones de reproducciones.[3]

Estos juegos dan a los jugadores la autonomía de una experiencia de vida digital que captura el espíritu de un estilo de vida en línea y una forma embrionaria de vida en el metaverso. Sin embargo, interactuar con el entorno virtual usando un teclado, *mouse* o pantalla táctil no es suficiente, y la vida digital no puede limitarse a solo unos juegos. En la era del metaverso, el uso de dispositivos de RV, RA, RM (realidad mixta) y somatosensoriales (con efectos para el tacto, el olfato y el gusto, a fin de estimular los cinco sentidos y lograr una experiencia verdaderamente inmersiva que involucre todo el cuerpo y sea interactiva) es indispensable para tener una vida digital.

TeamLab, un colectivo internacional de arte, ha organizado algunas exposiciones digitales de luz y sombra realmente fantásticas. Estos eventos presenciales incluyeron efectos digitales avanzados que rompen con los límites. En una ocasión, organizamos una visita de grupo a uno de ellos, en Tokio, y experimentamos un maravilloso mundo con todos nuestros sentidos (vista, oído, olfato, gusto y tacto). Un ejemplo de ello fue la función *Graffiti Nature*, donde los visitantes podían sentir cómo se abrían las flores a su alrededor y apreciar la magia del cambio de estación. En otra producción, *A Table Where Little People Live*, los asistentes podían interactuar con pequeños seres digitales y colocar diferentes objetos para hacerlos saltar o deslizarse. Si se dirigían al sol que estaba al centro de la mesa, aparecían muchas estrellas titilantes. El colectivo produjo exposiciones prolongadas en distintas ciudades como Beijing, Shanghái, Macao, Taipéi, Tokio, Singapur, Nueva York y San Francisco.

A pesar de la belleza de la vida digital, por supuesto que vivir por completo en el ciberespacio parece irreal y quizá, incluso, a muchos les evoque una gran soledad. Un joven bloguero chino se propuso vivir cinco días seguidos con el dispositivo de RV en la cabeza y grabó su experiencia en video. En el mundo virtual jugó videojuegos, asistió a clases en línea, escribió artículos, socializó e, incluso, hizo un viaje de ensueño a la luna. Sin embargo, mientras más tiempo pasaba en el ciberespacio más experimentaba efectos secundarios desagradables. Se volvió letárgico durante el día, extrañaba la luz del sol, las flores y el pasto del mundo externo, y no podía conciliar el sueño por la noche. En cuanto concluyó el experimento se quitó el dispositivo, corrió a un parque cercano al amanecer y estiró los brazos, deleitado por el calor de la alborada. «La ciencia y la tecnología siempre nos hacen sentir que no hay nada que no pueda copiarse e imitarse», afirmó en su último mensaje de video, «pero en este momento, por fin he comprendido que hay algunas cosas que nunca podrán ser reemplazadas».

La tecnología puede traer novedades a la vida, y la vida digital puede darnos nuevas experiencias inimaginables, pero nunca reemplazarán por completo las vivencias reales, la interacción humana física y los sentimientos. Solo si se consigue una integración efectiva de ambas vidas, las personas tendrán la oportunidad de experimentar lo mejor de dos mundos.

INTEGRACIÓN DE LOS ACTIVOS DIGITALES Y LOS REALES

La capacidad de transferir valor con eficiencia y confianza es central para las finanzas modernas. En el metaverso, la tecnología *blockchain* posibilita la circulación de los activos digitales y la confirmación de su propiedad, lo que garantiza la seguridad de estos. También puede facilitar actividades de la economía digital y ayudar a crear riqueza digital significativa. En el *blockchain*, el token se convertirá en el activo puente que conecte el mundo real y el digital; combinar estos activos con DeFi podría mejorar muchísimo su liquidez y así activar su valor.

Los NFT se convertirán en una clase importante de activo, pues son perfectos para el modelo de economía del metaverso. Cada NFT es único e indivisible. Los emitidos en el *blockchain* indican con claridad la propiedad, su cantidad es transparente y su transmisión queda documentada (figura 1-9). Estos activos comenzaron a hacerse populares a principios de 2021. Ese año, LVMH, conglomerado de 75 marcas de lujo, lanzó un juego para teléfono móvil con un NFT digital coleccionable de edición limitada.

FIGURA 1-9
LOS NFT SON UNA «MÁQUINA DE VALOR» EN EL METAVERSO
Fuente: Visual China Group

Con gran rapidez, los NFT se convierten en una «máquina de valor» que será una nueva operadora del *blockchain* industrial. En el futuro, todo podrá tener NFT insertados. Además, muchos activos se trasladarán al metaverso en forma de tókenes de seguridad (ST, por sus siglas en inglés). Usar el AMT y concretar la valorización y circulación de valor en el universo digital puede mejorar en gran medida la liquidez y el rango de transacciones de los activos, reducir los costos y barreras de las transacciones y extender el espacio de valor para los activos.

INTEGRACIÓN DE LA IDENTIDAD DIGITAL Y LA REAL

Para vivir en el metaverso necesitamos una identidad digital. Esta se integrará poco a poco con la del mundo real y formarán un nuevo sistema unificado de identificación como medio para acumular crédito digital en el metaverso.

Muchos sitios web ahora permiten la autorización de inicio de sesiones con cuentas de Google, Facebook, Apple, WeChat o Alipay, que son el rudimento de la identidad digital. Estos sistemas son centralizados, lo que significa que ganamos cierta conveniencia a cambio de perder control sobre nuestra identidad.

Desde el comienzo de la crisis causada por el COVID-19, muchos países han utilizado «códigos de salud» escaneables que se han convertido en una etiqueta dinámica de identidad digital. En comparación con las tarjetas de identidad tradicionales, estos códigos QR proporcionan mucha más información, como el historial de viajes y el estado de salud actualizado.

Las provincias de China ya tienen sistemas propios de este tipo; el de Guangdong es un ejemplo especialmente robusto. Aunque la legislación de protección de la privacidad prohíbe la transmisión directa de datos personales entre China continental y las regiones de administración especial de Macao, por ejemplo, puede hacerse con el *blockchain* y tecnología informática que refuerce la privacidad. El Código de Salud de Guangdong contiene una estipulación transfronteriza de reconocimiento recíproco con el Código de Salud de Macao, lo que hace posible la «aplicación transfronteriza sin datos transfronterizos». Abundaremos en el tema más adelante.

Este es un excelente ejemplo de un nuevo modelo universal de verificación de identidad digital. Muestra que en el metaverso sí es posible que las identidades digitales faciliten la intercomunicación entre plataformas y el reconocimiento mutuo. Se construirá en el *blockchain* y podrá integrarse y unificarse con la identidad real. Característica que no solo garantiza el control absoluto del propietario, sino también su seguridad. Esto da mucha más credibilidad, lo que ayuda a evitar falsificaciones, usos fraudulentos y robo de identidad; también protege efectivamente la privacidad y asegura que la identidad sea verificable, pero invisible.

La privacidad informática desempeña un papel vital en el sistema de identidad digital, ya que puede mejorar la protección de datos personales de uso múltiple al minimizar su divulgación, y porque permite su uso sin que deje de ser invisible. En el ecosistema construido con un modelo de privacidad informática y el *blockchain*, las personas controlan los derechos sobre sus datos personales mediante su identidad digital, cuyo valor puede aprovecharse sin dejar de proteger su privacidad.

En Zug, Suiza, los ciudadanos ya utilizan uPort, una herramienta de registro de identidad en Ethereum *blockchain* para gestionar y verificar su identidad digital personal. Los residentes pueden descargar la aplicación y crear una identidad, guardar la clave privada en su dispositivo móvil y operar dos contratos inteligentes (el de identidad y el de control) en el *blockchain*. Pueden seleccionar qué información compartir con empresas o dependencias gubernamentales específicas y, si pierden el dispositivo móvil con la clave privada, pueden recuperar su identidad gracias al contrato de control en Ethereum.

En el mundo físico, muchas personas muestran su buen gusto, estilo e identidad personal a través de atuendos, relojes, autos y otros objetos materiales. En el digital, utilizaremos obras de arte y coleccionables en NFT para expresarnos. Por ejemplo, aunque algunos avatares NFT parecen fotos electrónicas, son herramientas para que sus propietarios muestren cómo se ven a sí mismos. En la era del metaverso tendremos una imagen digital y una etiqueta de identidad en el *blockchain*, y las usaremos para participar en actividades virtuales. Con base en ellas, podremos unificar nuestra identidad, activos y datos en la cadena de bloques. Los activos digitales se basan en la gestión de la identidad virtual, por lo que se garantiza efectivamente su seguridad.

UN DÍA EN EL METAVERSO EN LA DÉCADA DE 2030

Hiro Protagonist vive en el año 2031. Después de desayunar va a trabajar, pero no necesita salir de casa. Se conecta a su oficina en el metaverso con equipo de RV y comienza sus labores. Aunque Hiro trabaja desde casa, puede comunicarse cara a cara con sus colegas, sin problema alguno y de manera efectiva (figura 1-10). Hoy, su tarea es inspeccionar una fábrica en el extranjero y firmar un contrato de compra de patente con un socio comercial.

FIGURA 1-10
LA COMUNICACIÓN A DISTANCIA, PERO «CARA A CARA», PUEDE SER UNA EXPERIENCIA INTENSA EN EL METAVERSO
Fuente: iStock

A las 9 a. m., después de concluir la reunión de equipo, Hiro se coloca un dispositivo de RV en la cabeza y se dispone a inspeccionar a la gemela digital de la fábrica lejana. Durante la supervisión, descubre que hay una falla. Comienza una revisión detallada, documenta su plan de acción y se prepara para arreglar las partes defectuosas. Gracias a la RV en red, son robots quienes realizan –al mismo tiempo– las reparaciones necesarias en la fábrica física, a miles de kilómetros de distancia, siguiendo con exactitud los movimientos de Hiro. Sensores y activadores capturan datos en tiempo real para verificar que el estado de la fábrica real coincida en todo momento con el de su gemela digital en el metaverso (figura 1-11). Hiro realiza otra inspección de seguimiento y determina que ahora todo funciona a la perfección.

FIGURA 1-11
DURANTE LAS REPARACIONES Y ACTUALIZACIONES, EL ESTADO DE LA FÁBRICA FÍSICA ESTÁ EN PERFECTA SINCRONIZACIÓN CON SU GEMELA DIGITAL
Fuente: iStock

A las 10:30 a. m., tras completar los ajustes a larga distancia, Hiro regresa a su oficina en el metaverso y se prepara para firmar el contrato de compra de patente. El documento es un contrato inteligente. Revisa con detenimiento el código y emplea distintas herramientas para verificarlo y examinarlo.

A las 11 a. m., Hiro ingresa las coordenadas de la empresa de su socio comercial en el metaverso y va a su oficina a firmar el contrato. Después de que ambas partes confirman que no hay ningún problema con el código del acuerdo, la transacción se registra en el *blockchain*. Hiro deposita la cantidad de moneda digital del banco central (CBDC, por sus siglas en inglés) convenida y el socio comercial presenta el certificado de autorización de patente en forma de un NFT. Luego de que Hiro verifica dicho certificado, el contrato inteligente se suscribe automáticamente y programa el primer pago según lo acordado. Al mismo tiempo, el certificado de patente en NFT se envía a la dirección en el metaverso de la empresa de Hiro. La suscripción automatizada del contrato inteligente (intercambio atómico para activar el pago) evita el riesgo de incumplimiento, y guardar los datos en la cadena garantiza que no se hará ningún cambio unilateral.

A las 12 m., Hiro va a la cocina del metaverso y elige una serie de ingredientes para preparar su almuerzo. Esta cocina es la gemela digital de una real que queda cerca y, mientras Hiro corta rebanadas y cubos en el universo virtual, un robot en la misma calle sigue los pasos para preparar el almuerzo físico en tiempo real. Cuando termina, un dron inteligente le entrega los alimentos en su casa. Unos minutos después, Hiro disfruta de una comida caliente, recién hecha, preparada con excelencia, saludable y deliciosa.

A las 2 p. m., Hiro toma un taxi no tripulado para ir al salón de la Universidad de Huobi. Se pone en la cabeza un dispositivo de RA y comienza su clase. Es un curso avanzado sobre creación artística con NFT, impartido por una artista virtual de fama mundial. En unas semanas, ha logrado dominar los fundamentos del arte digital, ha creado varias obras, incluso, vendió un par por moneda digital del banco central.

La clase de hoy se imparte simultáneamente en los salones de la escuela en diez ciudades asiáticas. La maestra no está físicamente en ninguno, sino que se encuentra en un estudio de pintura digital en el metaverso. Todos los estudiantes la pueden ver gracias a sus anteojos de RA. En la etapa de ejercicios prácticos, cada uno tiene un asistente «humano digital» que les ayuda a completar las tareas. Hiro puede hablar fuera de línea con sus compañeros o hacer preguntas e intercambiar ideas con la maestra y el asistente.

A las 7 p. m., Hiro se pone de acuerdo con amigos para ir a escalar y volar con trajes alados en el metaverso. Se coloca el equipo somatosensorial (que comunica sensaciones físicas como calor, frío, posición, movimiento, presión y vibración) y comienza el ascenso virtual por la ladera de un peñasco. Con ayuda de la RV y de su equipo especializado, Hiro puede experimentar la emoción de escalar una ladera con sus propias manos, ponerse un traje alado en la cima y bajar lentamente mientras cae el atardecer (figura 1-12).

FIGURA 1-12
EN EL METAVERSO SE PUEDEN EXPERIMENTAR DEPORTES EXTREMOS (DE MANERA SEGURA)
Fuente: iStock

CAPÍTULO 2

CÓMO LOS PIONEROS CREARON EL METAVERSO

El ecosistema del metaverso todavía se encuentra en etapa embrionaria, pero algunos proyectos y empresas innovadoras intentan convertir la visión en realidad. Dos de ellas, Roblox y Decentraland, son aplicaciones particularmente vanguardistas. Analicemos con detalle a estas pioneras y veamos cómo están ayudando a crear el metaverso.

ROBLOX: LA EMPRESA SUPERUNICORNIO DEL METAVERSO

En marzo de 2021, Roblox debutó en la NYSE. En apariencia, la empresa era una pequeña plataforma de juegos con solo un producto en su cartera. Para sorpresa de todos, su valor de mercado superó los 40 000 millones de dólares el primer día de cotización. Esa cifra era equivalente a seis veces el valor de Ubisoft, desarrollador del popular *Assassin's Creed*, y al 60 % del valor de Nintendo, la segunda mayor empresa de videojuegos del planeta.

¿Por qué esta compañía poco conocida despertó tanto interés entre los inversionistas de Wall Street? ¿Cómo puede explicarse esa impresionante valuación? De hecho, Roblox no solo era una empresa de videojuegos desconocida, sino una compañía visionaria cuyo objetivo era construir el metaverso a su modo, uno muy especial. Según la visión de su fundador, David Baszucki, «el metaverso es un mundo virtual en 3D que conecta a todas las personas. Los usuarios que tienen su propia identidad digital en el metaverso, pueden interactuar con toda libertad en este mundo y crear lo que quieran».

La empresa no solo veía a sus clientes como jugadores de juegos digitales, sino como verdaderos creadores del metaverso. Podían construir sus propias aplicaciones para el juego (también conocidas como «experiencias») y obtener ingresos (figura 2-1) que podían invertir en otras aplicaciones en la plataforma o retirar para beneficio personal. Si un usuario crea un avatar, puede participar en todos los juegos de Roblox. En su folleto de emisión, la compañía sintetizó las siguientes características del metaverso en el diseño de su plataforma: identidad, amigos, inmersiva, en cualquier parte, baja fricción, variedad de contenido, economía y seguridad.

FIGURA 2-1
EN EL METAVERSO, LOS JUGADORES PUEDEN CONSTRUIR ESPACIOS DIGITALES ÚNICOS
Fuente: Visual China Group

CARACTERÍSTICAS	DESCRIPCIÓN
IDENTIDAD	Los usuarios tienen su propia identidad en forma de avatar digital, y pueden expresarse a través de él y convertirse en lo que quieran ser.
AMIGOS	Los participantes pueden interactuar con amigos, ya sean conocidos del mundo real o nuevas personas que conozcan en Roblox.
INMERSIVA	Ofrece experiencias 3D e inmersivas cada vez más atractivas e integradas con el mundo real.
EN CUALQUIER PARTE	Los usuarios, desarrolladores y creadores de Roblox provienen de todo el mundo. La aplicación del lado del cliente está disponible en iOS, Android, PC, Mac y Xbox, y también distintos dispositivos de RV para la cabeza.
BAJA FRICCIÓN	Los participantes pueden utilizar gratuitamente los proyectos de la plataforma y teletransportarse con rapidez entre distintas experiencias. Los desarrolladores pueden construir y publicar con facilidad nuevos proyectos a los que todos los usuarios tienen acceso. Roblox ofrece servicios básicos clave para desarrolladores y creadores.
VARIEDAD DE CONTENIDO	Es un universo de rápida evolución que los desarrolladores y creadores reconstruyen constantemente. Sus proyectos incluyen simular la creación y operación de parques temáticos, adoptar mascotas, bucear, construir, actuar como superhéroes y mucho más. Millones de creadores producen bienes digitales (contenido generado por usuarios).
SEGURIDAD	Roblox se integra sin contratiempos en múltiples sistemas, a fin de garantizar un ambiente de juego avanzado y la seguridad de los usuarios. Cumple los requisitos legales y regulatorios establecidos en el mundo real.

TABLA 2-1
CARACTERÍSTICAS DEL METAVERSO EMERGENTE DESCRITAS POR ROBLOX
Fuente: Folleto de emisión de Roblox

A finales de los años ochenta, Baszucki y su hermano Greg fundaron una empresa llamada Knowledge Revolution y crearon un *software* educativo con el nombre de Interactive Physics. Se diseñó para ayudar a los estudiantes a simular experimentos bidimensionales con palancas, pendientes, poleas y proyectiles virtuales. A los usuarios, la herramienta no solo les pareció útil, sino también divertida. En 1998, MSC Software, una empresa de simulación de ingeniería establecida en California, adquirió Knowledge Revolution por 20 millones de dólares. Más adelante, Baszucki invirtió en una de las primeras empresas de redes sociales llamada Friendster. Así, un *sandbox* con potentes herramientas creativas y el concepto de red social se convirtieron en dos componentes clave de Roblox.

Esta empresa se lanzó en 2004 bajo el nombre Dynablox. Tras el estreno de su versión beta, el número de usuarios se mantuvo muy bajo, con solo unos 50 jugadores en línea en los periodos más activos. Más adelante, la compañía lanzó *Roblox Studio*, que permitía a los jugadores crear sus propias aplicaciones. Para 2018, Roblox contaba con 4 millones de creadores y más de 12 millones de usuarios activos diarios. Los ingresos anuales de los mejores creadores llegaron a 3 millones de dólares, y las ventas totales de la terminal móvil alcanzaron los 486 millones de dólares, lo que convirtió a *Roblox Studio* en el juego *sandbox* con mayores ingresos en ese momento. El número de usuarios activos diarios de Roblox aumentó a 18 millones en 2019, y a 33 millones en 2020.

Vale la pena mencionar que esta empresa tiene una demografía de usuarios muy bien definida. Es popular entre jugadores de la generación Z (nacidos entre 1995 y 2009) en Norteamérica, donde unos 36.2 millones de ellos, en promedio, ingresan a diario.

Ahora, Roblox es una plataforma de creación a gran escala que reúne a múltiples personas en línea. No solo incluye aplicaciones como experiencia de juego, desarrollo de juegos y enseñanza de programación, sino también un ecosistema económico completo. Conecta a los consumidores y los creadores a través de Robux (la moneda del juego), por lo que forma un ecosistema digital completo de circuito cerrado. En muchos sentidos, la plataforma puede considerarse una forma temprana del metaverso. Los usuarios pueden experimentar muchos entornos digitales como operación simulada, reto de supervivencia, mundo abierto, *parkour* y juego de roles para obtener vivencias únicas, y además establecer y mantener relaciones sociales.

DECENTRALAND: UN ESPACIO DESCENTRALIZADO DEL METAVERSO

Ahora hablemos de Decentraland, un metaverso construido con tecno logía *blockchain* (figura 2-2). Es un mundo abierto digital en 3D construido en el *blockchain* Ethereum, fundado por los ingenieros de *software* argentinos Ari Meilich y Esteban Ordano en 2015. Algo interesante es que Meilich comentó que su primera inspiración vino del libro *Snow Crash*, del que ya hemos hablado, y pudo darle vida gracias al *blockchain* de Ethereum.

FIGURA 2-2
DECENTRALAND, METAVERSO DESCENTRALIZADO BASADO EN EL *BLOCKCHAIN*
Fuente: Decentraland

Como es una plataforma basada en la cadena de bloques, Decentraland es muy distinta a otros proyectos de videojuegos. En diciembre de 2017, organizó una subasta para el primer lote de «tierra digital». Se vendieron en total 34 356 parcelas por aproximadamente 30 millones de dólares, y las transacciones se concretaron con tókenes MANA.[4] Después de la subasta, en lugar de redistribuirse, estos MANA se quemaron, lo que redujo su circulación y aumentó el valor de los tókenes restantes. En diciembre de 2018, Decentraland celebró una segunda subasta y los jugadores compraron los terrenos digitales restantes con MANA equivalentes a 6.6 millones de dólares. Al igual que los terrenos físicos, los propietarios pueden venderlos en el mercado secundario en cualquier momento.

El lanzamiento formal de Decentraland ocurrió en febrero de 2020; en solo una semana, ya tenía más de 12 000 jugadores activos. Decentraland DAO (siglas de una organización autónoma descentralizada, la versión web3 de una empresa) y su plataforma de gobierno se lanzaron en septiembre de 2020. Los tenedores de MANA y propietarios de parcelas tienen derecho a participar en votaciones relacionadas con la DAO, ejecutar y actualizar contratos inteligentes y modificar distintas configuraciones por consenso. Los residentes de este mundo digital son titulares de los derechos de gobierno de Decentraland y también pueden determinar la dirección actual de su crecimiento.

Decentraland amplió los entornos de aplicación a muchos campos como estudio, conferencia, subasta y exposición, y construyó un mundo más realista. En su ciudad, llamada Génesis, hay 90 000 parcelas de tierra digital, cada una con una superficie de cien metros cuadrados. Están representadas por una ubicación identificada por coordenadas, donde los propietarios pueden construir edificios virtuales y organizar actividades digitales.

En abril de 2020, el confinamiento originado por la pandemia obligó a celebrar virtualmente la asamblea anual de Decentraland, que por lo regular era en persona (figura 2-3). Además de asistir a la sesión, los participantes pudieron divertirse en el parque digital, ganar MANA jugando o visitar el museo de arte y luego volver al recinto principal con solo un clic.

Como sus gráficos son sencillos y la movilidad de los participantes es primitiva, Decentraland no permite a los usuarios tener una experiencia de total inmersión en el espacio virtual. Con todo y lo que ya ofrece esta versión temprana del metaverso, todavía hay mucho por hacer.

FIGURA 2-3
CONFERENCIA CELEBRADA EN DECENTRALAND
Fuente: Decentraland

Poco a poco, las empresas van migrando del espacio físico al metaverso. En junio de 2021, Sotheby's, una de las mayores casas de subasta del mundo, abrió su nueva Galería Bond Street, en Decentraland. Está formada por cinco espacios en los que se exhiben obras de arte en NFT, y el encargado de darles la bienvenida a los visitantes es un avatar de Hans Lomulder, el portero de la subastadora en Londres, en la vida real. Es posible consultar la información de la puja con solo dar clic sobre las obras expuestas o ir directamente a la página de subastas de Sotheby's.

El 10 de junio de 2021, la casa realizó una exposición y una subasta en línea de NFT titulada «Natively Digital». Casi todas las obras promovidas eran NFT coleccionables en el *blockchain* de Ethereum, y el evento se transmitió en simultáneo en la galería digital de Sotheby's. Para sorpresa de todos, la imagen de una cabeza con pixeles desdibujados se vendió por 11.7 millones de dólares, cantidad récord para un no fungible.

A medida que todo avance en este espacio, esperamos que la generación Z sea la población predominante entre los nativos del metaverso. Roblox es el primer paso a este futuro y Decentraland ha construido una «sala modelo» (figura 2-4). Por supuesto, ya sea que hablemos de la experiencia inmersiva o del sistema económico, estos proyectos todavía se encuentran en etapas muy tempranas, con mucho camino por delante.

FIGURA 2-4
LA GENERACIÓN Z SERÁ LA CONSTRUCTORA Y POBLADORA DEL METAVERSO
Fuente: Visual China Group

TRABAJO, ESTUDIO, SOCIALIZACIÓN Y DIVERSIÓN EN EL METAVERSO

En el futuro, todos tendremos actividades de trabajo, estudio, socialización y recreación en el metaverso. Podremos producir nuevas cosas maravillosas, vivir felices, darle rienda suelta a nuestra creatividad y transferir este valor de vuelta a la realidad. El universo virtual ofrecerá una experiencia de vida capaz de abarcar y trascender el mundo físico y el digital.

TRABAJAR Y ESTUDIAR EN EL METAVERSO

Durante la pandemia derivada del COVID-19, muchos de nosotros trabajamos desde casa, y la mayoría de los eventos y reuniones se realizaron en línea. No es una experiencia efectiva, y mucho menos satisfactoria. Mark Zuckerberg se quejó en estos términos: «Algunas veces es difícil recordar qué dijo alguien en las reuniones (por videoconferencia) porque todos se ven iguales y están mezclados. Me parece que, en parte, es porque no tenemos una sensación de presencia en el espacio. Lo que puede hacer la realidad virtual y la realidad aumentada, y lo que va a hacer el metaverso, es ayudarnos a experimentar una sensación de presencia, que me parece mucho más natural porque estamos hechos para interactuar».

Muchas escuelas no solo han desplazado los salones de clases al espacio en línea, sino que han trasladado sus ceremonias de graduación al metaverso. En 2020, más de cien estudiantes y egresados de la

Universidad de California, en Berkeley, construyeron el edificio principal del campus en *Minecraft* y celebraron una ceremonia de graduación en línea. Los docentes y estudiantes de la Escuela de Ingeniería y Ciencias Aplicadas de la Fundación Fu, en la Universidad de Columbia, también prepararon un campus digital en este juego y tuvieron una experiencia inmersiva de graduación virtual.

SOCIALIZAR EN EL METAVERSO

Socializar es un área clave de aplicación en el metaverso. La mayoría de las formas de intercambio social en el mundo físico van migrando poco a poco al espacio virtual como conversar con otros, invitar a los amigos a ir de compras, asistir a fiestas, ver películas y viajar. Como hemos mencionado, hay todo tipo de exposiciones y eventos en Decentraland (cada mes se celebran decenas de actividades de música, juegos y arte, entre otras cosas). Los usuarios solo tienen que enviar las coordenadas a sus amigos para que puedan unirse.

VRChat, un videojuego gratuito de RV que ha sido una de las máximas atracciones en las tiendas de SteamVR y Oculus, es una plataforma de redes sociales en línea a gran escala (figura 2-5). Los jugadores pueden personalizar sus avatares, teletransportarse libremente a múltiples entornos, juegos y actividades, y socializar y explorar con usuarios de todo el mundo. Con dispositivos de RV o computadoras, pueden comunicarse entre sí con voz y movimiento, incluso tocarse y abrazarse con ayuda de aparatos somatosensoriales.

FIGURA 2-5
LAS REDES SOCIALES DE RV HAN GANADO POPULARIDAD
Fuente: Visual China Group

En noviembre de 2020, *VRChat* tenía 24 000 usuarios simultáneos en línea, de los cuales el 43 % utilizaba dispositivos RV. Los usuarios generan la mayoría de sus entornos virtuales, con un ambiente muy libre para socializar y crear, lleno de distintas culturas y subculturas populares que le dan una gran atmósfera de generación Z. Hay un calendario oficial en su sitio web con información sobre las distintas actividades organizadas en cada sala virtual. Algunas de estas son noches de micrófono abierto, cursos de japonés, sesiones de meditación y presentaciones espontáneas.

ENTRETENIMIENTO EN EL METAVERSO

En la actualidad, el entretenimiento es el entorno más activo y con experiencias más convincentes en el metaverso. Además de juegos, muchos centros comerciales en línea cuentan con lugares que ofrecen una experiencia con RV. Sentadas en una cabina simulada y con dispositivos en la cabeza, las personas pueden experimentar la sensación de ir en una montaña rusa, un barco pirata y una misión de exploración espacial (figura 2-6). Pero solo es una experiencia de juego con RV, no una verdadera inmersión en un entorno de entretenimiento. Los participantes pueden ser jugadores y creadores, con libertad para construir los entornos lúdicos que quieran. En Roblox, hay un minijuego llamado *Water Park* que los propios usuarios van creando sobre la marcha. Pueden elegir su ropa favorita, sombreros y anteojos para vestir a sus avatares; después, también es posible experimentar todo tipo de juegos y deportes acuáticos, como si fueran atletas profesionales.

FIGURA 2-6
LOS DISPOSITIVOS DE RV OFRECEN UNA EXPERIENCIA DE ENTRETENIMIENTO NOVEDOSA EN EL METAVERSO
Fuente: iStock

Los entornos de entretenimiento dentro del metaverso también son muy importantes para el desarrollo social. Según la teoría de jerarquía de necesidades del psicólogo Abraham Maslow, las de los seres humanos se pueden clasificar en fisiológicas (alimento y vestido), de seguridad (laboral y de hábitat), sociales (amistad), de respeto y de autorrealización. Esta última (poder cumplir las posibilidades del carácter y la personalidad) es la del nivel más alto. Sin embargo, en el mundo físico la autorrealización es tan difícil que solo unas cuantas personas la consiguen. El metaverso nos da esa oportunidad. La gente puede tener un universo digital vasto, abundante e interesante como cualquiera, sin importar su sexo, edad, ocupación, raza, creencias o condición física. Incluso, una persona mayor que está en un asilo puede viajar por todo el mundo en el metaverso. De igual forma, quienes tienen discapacidades podrán hacer lo que quieran, desde volar por el cielo hasta sumergirse en el océano.

En los juegos de la serie *Echo*, basados en la plataforma desarrollada por el estudio Ready At Dawn, de California, los usuarios emplean dispositivos de RV para tener acceso a un mundo en el que pueden volar con toda libertad, explorar y competir en un ambiente de gravedad cero.

Roger Wild, de 51 años, residente de Reino Unido, sufre de un Parkinson grave que ha afectado su memoria, trabajo y vida en general. Con todo y estas limitaciones, varias veces ha utilizado dispositivos de RV para jugar *Echo Arena*, y afirma que le ha ayudado a mejorar muchísimo su calidad de vida. «Mientras más tiempo pasas en *Echo Arena*, conoces a más personas», explicó. «Si te sientes solo en el mundo real por problemas como la enfermedad de Parkinson, entonces la RV te da la oportunidad de comunicarte con todo el mundo». En estos entornos de entretenimiento en el metaverso, incluso los usuarios que sufren discapacidades físicas pueden alcanzar un nivel satisfactorio de autorrealización. Por ejemplo, Ryan Green, paciente que sufre espondilitis anquilosante (padecimiento que causa la curvatura y fusión de la espina dorsal, y que lo dejó confinado a una silla de ruedas) llegó a la final del juego *Space Junkies*.

HACIA NUEVOS RETOS EN EL METAVERSO

En 2020, Amazon produjo un interesante programa de ciencia ficción con una mezcla de humor y drama llamado *Upload*. Situado en el año 2033, presenta un mundo completamente digitalizado e inteligente. Antes de morir, las personas cargan su conciencia a un mundo digital llamado Horizen Lakeview para tener «vida eterna». Al principio de la serie, Nathan, el héroe, se encuentra al borde de la muerte tras un grave accidente automovilístico. Persuadido por su novia de firmar una orden médica de no resucitar, sube su conciencia a Horizen Lakeview antes de morir físicamente.

Es un lugar donde las personas viven una vida casi idéntica a la del mundo real. Por ejemplo, Nathan tiene la misma apariencia, siente hambre y frío, puede participar en distintas actividades y tener experiencias ajenas a la realidad como ajustar el paisaje y la estación del año que ve en su ventana (por un precio). Horizen Lakeview también puede interactuar con el mundo físico.

Aunque Nathan vive aparentemente feliz ahí, todos los días enfrenta problemas. Un ejemplo es que las personas del mundo real deben cubrir todos los costos de los habitantes, y los usuarios no tienen voz ni voto en cuanto a la gestión y operación de este mundo alternativo. La empresa desarrolladora y los administradores del proyecto en el mundo físico controlan todo. Otras personas pueden comprar y vender arbitrariamente los datos de privacidad de los usuarios y ver videos de los residentes para entretenerse. Debido a una serie de problemas con el servidor, los datos de muchos habitantes se degradan y se convierten en «personas mosaico», llamadas así por su apariencia extraña con pocos pixeles.

Aunque los problemas con el ecosistema económico y los derechos sobre datos en Horizen Lakeview son imaginarios (después de todo, es solo una serie de televisión), ayudan a ilustrar posibles inconvenientes de la vida en el metaverso. Si queremos ir a este espacio y vivir y prosperar ahí, debemos aprovechar las aplicaciones técnicas para encontrar soluciones a estos problemas.

ECONOMÍA

En el mundo de Horizen Lakeview, los servicios comprados por los usuarios se calculan en dólares estadounidenses. Por ejemplo, el usuario debe pagar 1.99 dólares si quiere comprar la experiencia de estornudar. Los habitantes dependen de que sus parientes en el mundo real paguen los elevados costos. Nathan depende de su novia en la vida real, quien realiza pagos regulares para mantenerlo en este lugar de vida después de la muerte.

FIGURA 2-7
EL METAVERSO PUEDE Y DEBE CREAR UN VERDADERO ECOSISTEMA ECONÓMICO DIGITAL DE CIRCUITO CERRADO
Fuente: Visual China Group

En otras palabras, no existe una economía interna en Horizen Lakeview, lo que complica todo. Puesto que es un mundo digital compuesto de datos, los pagos se hacen con dinero en efectivo. Sin la posibilidad de formar un circuito cerrado de creación y consumo de riqueza, Horizen Lakeview queda reducido a una escena de consumo virtual, en el mejor de los casos. Con esta enorme dependencia del ingreso de valor externo, su supervivencia a largo plazo queda en duda. Por lo tanto, no se trata de un verdadero metaverso, ya que para ser sostenible requiere tanto de un sistema económico interno de circuito cerrado como de un flujo de valor de activos hacia el mundo físico.

Como es un entorno virtual, el metaverso necesita que los cimientos del sistema económico también lo sean. Una economía inteligente basada en tecnología *blockchain* puede cubrir con eficiencia las necesidades del sistema económico del metaverso. Por ejemplo, DeFi (tecnología emergente basada en registros distribuidos seguros) puede programar la liquidación automática de todas las actividades financieras mediante contratos inteligentes, los NFT pueden capitalizar el contenido digital y los AMT pueden integrar activos físicos y digitales. Estamos convencidos de que, con la tecnología *blockchain*, el metaverso podrá crear un verdadero sistema económico digital de circuito cerrado (figura 2-7).

PROTECCIÓN DE DATOS

Como ya mencionamos, la empresa creadora del mundo ficticio después de la muerte también lo gestiona, y los usuarios no tienen ningún tipo de derecho que les permita ser propietarios de sus datos. Los administradores, incluso, pueden usar equipo de *hardware* para entrar a Horizen Lakeview y comunicarse «cara a cara» con los usuarios. Esto significa, en esencia, que son los seres supremos en ese mundo y pueden hacer lo que les plazca.

Aunque Horizen Lakeview prohíbe explícitamente la modificación no autorizada de la apariencia de los usuarios, los administradores pueden hacerlo con toda facilidad. A su llegada, Nathan causa muchos problemas porque aprovecha errores del programa que le permiten montarse en la espalda de un mesero y nadar en la alberca sin pagar. Un administrador se enoja tanto que modifica los datos del amigo de Nathan a través del sistema y le pone siete dedos en la mano.

En el metaverso, los usuarios deberían tener control absoluto sobre sus datos personales, como gestionar su imagen, sin que haya «superadministradores» capaces de hacer cambios o mal uso de sus atribuciones. La seguridad es absolutamente crucial. No queremos perder información clave como nuestros propios entornos, las imágenes y la utilería que hemos diseñado. Guardarla de manera segura y efectiva es uno de los retos más importantes en la era del metaverso.

Una salvaguarda esencial es la adopción de un mecanismo de gobierno descentralizado que dé buen uso a tecnologías como el almacenamiento distribuido y los contratos inteligentes basados en el *blockchain*. En esta tecnología, nodos dispersados por todo el mundo pueden gestionar datos en conjunto, lo que elimina preocupaciones de que sean alterados y evita que los problemas de un nodo afecten la seguridad de todo el metaverso.

PROPIEDAD DE DATOS

Ya describimos el caso de Horizen Lakeview en el que alguien copia, vende o transforma en entretenimiento para otros los datos de la memoria privada de los residentes. La protección de los derechos sobre nuestra información en el metaverso es un tema de gran importancia. Si trasladamos nuestro trabajo a este mundo virtual, pero no somos propietarios de lo que generamos, lo que realicemos ahí no tendrá ningún valor y no podremos crear riqueza.

El *blockchain* nos permite tener la propiedad de nuestros datos en el metaverso, dar autorización para leerlos si es necesario e, incluso, venderlos si nos conviene. Si alguien crea una obra de arte digital en este universo puede generar un NFT como prueba de propiedad, autorizar a una galería para exponerla y que el público la disfrute, o si lo prefiere venderla. Los procesos de propiedad, transmisión de información y transacciones se realizan en el *blockchain*. Los derechos de propiedad son claros y no es posible alterarlos, por lo que cada persona dispone verdaderamente de ellos.

CAPÍTULO 3

SE CREARÁ RIQUEZA DIGITAL EN EL METAVERSO

Hemos identificado el metaverso como la concreción de la web3. Cada ronda de actualizaciones en internet ofrece nuevas oportunidades de innovación y generación de riqueza; nuevos gigantes nacen durante estos periodos críticos de recreación industrial. La web3 no es la excepción.

La construcción y popularización del metaverso promoverá una integración más profunda de la economía digital y la real, además de crear nueva riqueza en el mundo virtual. Activos como el bitcoin y el Ether (ETH) dan liquidez, independencia, seguridad, programabilidad y un amplio potencial de aplicación, por lo que se espera que se conviertan en los portadores clave de la riqueza digital en el metaverso. Estas criptomonedas también conectarán activos del mundo físico con los del digital, y se convertirán en la máquina de valor que empodere todo.

Internet ha comenzado un nuevo periodo de transformación y ya llegó la ventana de oportunidad crítica. Los próximos diez años serán la década dorada para el desarrollo del metaverso y la riqueza digital.

LA RIQUEZA DIGITAL ES UNA NUEVA FORMA DE RIQUEZA

Tuvalu, una isla nación ubicada en el océano Pacífico, es uno de los países más pequeños del mundo (figura 3-1). Por su falta de recursos y por tener un sector industrial minúsculo, las Naciones Unidas designaron a esta serie de atolones de coral uno de los países menos desarrollados. Sin embargo, a principios de los años noventa, Tuvalu obtuvo una enorme e inesperada riqueza. Esto sucedió cuando un organismo llamado Organización Internacional de Normalización dio a conocer la ronda más reciente de su estándar ISO 3166, que establece códigos de varias letras para condados, territorios y provincias. A Tuvalu le asignó el código de dos letras «TV», y por este motivo, en 1991, la Autoridad de Números Asignados en Internet (IANA, por sus siglas en inglés) le adjudicó el nombre de dominio «.tv» a ese país. En ese momento, los habitantes de esta isla no entendían qué significaba esa determinación.

FIGURA 3-1
FUNAFUTI, ISLA PRINCIPAL DE TUVALU
Fuente: iStock

Las letras «TV», generalmente asociadas con la televisión, con su audio y video, con series de comedia y drama, cobertura noticiosa y transmisiones en vivo, se reconocen y recuerdan universalmente. Por lo tanto, el nombre de dominio en internet «.tv» es de lo más reconocible.

Desde mediados y hasta finales de la década de los noventa, las redes televisivas comenzaron a enviar a sus abogados a Funafuti, la capital de Tuvalu, para pedir permiso de utilizar el nombre «.tv» como sufijo para la URL de su estación de televisión o sitio web de videos. En 1999, el empresario canadiense Jason Chapnik, exvendedor de fuegos artificiales, pagó a Tuvalu 50 millones de dólares por los derechos exclusivos del preciado nombre de dominio. Entonces, el país estableció una alianza con Chapnik y constituyeron en California una empresa llamada DotTV, que comenzó a otorgar en licencia el sufijo «.tv».

Esta inesperada fuente de ingresos permitió a Tuvalu llevar a cabo una serie de proyectos de desarrollo: abrió carreteras, construyó escuelas y extendió pistas de aterrizaje; también pagó las cuotas de afiliación que le permitieron convertirse en el miembro número 189 de las Naciones Unidas.

En 2001, VeriSign, una empresa de registro de nombres de dominio e infraestructura de internet, compró DotTV y obtuvo la propiedad de la licencia de «.tv». De conformidad con el contrato de compraventa, entre 2011 y 2021 pagó al gobierno de Tuvalu alrededor de 5 millones de dólares por año. Aunque la empresa no ha dado a conocer cuánto obtuvo anualmente por el nombre de dominio, VeriSign recibe ingresos de más de 1000 millones de dólares por año gracias a los distintos dominios que controla. En los últimos años, con el aumento en las transmisiones en línea en vivo y la emisión continua de videos, «.tv» se ha ido a las nubes. Tan solo en China, plataformas muy conocidas como Huya Live, Panda TV, DouYu y Quanmin Live han utilizado ese sufijo. Tuvalu anunció en diciembre de 2021 que GoDaddy Registry había reemplazado a VeriSign como proveedor de los servicios de registro.

¿Cómo es posible que un nombre de dominio se convierta en la principal fuente de ingresos de un pequeño país? Además de una convención para los nombres de un sitio web, un buen nombre de dominio también es una importante fuente de tráfico de internet. En las primeras épocas de desarrollo de la red, los portales y motores de búsqueda estaban lejos de ser perfectos, así que los usuarios por lo regular visitaban la página oficial de una empresa utilizando el nombre de su marca (se da por hecho que, en línea, esta denominación es clave para la estrategia de una empresa). El nombre de dominio desempeña un papel importante, ya sea como índice en un motor de búsqueda o para que los usuarios puedan acceder con más facilidad y precisión al sitio web oficial de una compañía. Un buen nombre puede atraer tráfico, elemento crucial de la red.

Al igual que una tienda física en una excelente ubicación puede atraer a más clientes, un nombre de dominio conciso, pegajoso y memorable puede atraer tráfico e impulsar el flujo de efectivo. Por este motivo, podría decirse que este distintivo tiene las características de los activos de capital. Cada nombre es único y exclusivo, y hay pocos muy buenos, así que algunos tienen los atributos de activos de valor. En algunos países, los dominios incluso pueden utilizarse como garantía para obtener préstamos. Por ejemplo, en el año 2000, el Banco Industrial de Corea lanzó un negocio de préstamos hipotecarios de nombres de dominio; la institución otorgaba un préstamo de hasta 10 millones de wones coreanos y tomaba como garantía el nombre de un cliente.

En resumen, los nombres de dominio pueden convertirse en activos intangibles importantes para las personas, las empresas e incluso los países como Tuvalu, y considerarse un tipo único de riqueza digital.

A partir del año 2000 hubo una oleada de empresas de internet que debutaron en la bolsa de valores, una tras otra, con lo que generaron una cantidad impresionante de riqueza. Los primeros empleados se convirtieron en multimillonarios gracias a las opciones accionarias que tenían, y que repartieron estas compañías (incentivos de capital generadores de patrimonio, populares en las empresas estadounidenses desde los años sesenta). Las opciones permiten a trabajadores seleccionados (generalmente los que han sido identificados con un gran potencial) comprar acciones a un precio bajo especial, en lugar de tener un salario de base más alto. Este mecanismo ofrece una oportunidad de entrada para inversiones que pueden aumentar de valor si la compañía tiene éxito. Las opciones representan un incentivo atractivo para mejorar el desempeño: si el empleado las recibe a un precio bajo, trabaja duro y contribuye al crecimiento y al éxito de la empresa, el valor de las acciones aumentará y todos ganarán dinero.

En el 2000, un joven llamado Li Hua comenzó a trabajar en Tencent, fundada casi dos años antes; fue el decimoctavo empleado y el primer egresado universitario contratado por el conglomerado tecnológico chino. En 2001, Tencent ofreció opciones accionarias como parte de su paquete de remuneración a los primeros 65 empleados. Li Hua estaba confundido porque no comprendía de qué se trataba, así que dudó en acceder, pero su gerente le recomendó recibir el incentivo. «No te hará daño», le dijo, «será bueno para ti». Entonces aceptó la oferta y, por primera vez, sintió que el futuro de la empresa estaba ligado estrechamente a él y a su trabajo.

En junio de 2004, Tencent se convirtió en la primera empresa de internet en China continental en cotizar en el tablero principal de la Bolsa de Hong Kong (HKEX, por sus siglas en inglés), con un valor inicial de HK$3.7 por acción. En cuatro años, el precio de las acciones era veinte veces mayor. Sus opciones dieron libertad financiera a Li Hua, quien ni siquiera había cumplido treinta años en ese entonces. Salió de Tencent en 2008 y lanzó su propio negocio, la firma de servicios financieros en línea Futu Holdings, de la que ahora es presidente y director ejecutivo. En julio de 2022, *Forbes* calculó que su riqueza personal ascendía a 1200 millones de dólares.

Este es solo un ejemplo de la generación de riqueza de internet en el mundo, pero hay muchas historias similares. Antes de cotizar en 2005, la multinacional tecnológica china, Baidu, anunció que todos los empleados que habían comenzado a trabajar en la empresa antes de enero de ese año tendrían derecho a comprar un número específico de acciones a diez centavos cada una. En junio de 2005, los títulos se cotizaron en el el NASDAQ a 27 dólares. En su primer día de operaciones, el precio se disparó un 354 %. De la noche a la mañana se produjeron 8 billonarios, 50 multimillonarios y unos 250 millonarios.

¿Cómo es posible que las opciones accionarias para empleados de estas empresas se convirtieran en generadoras de tanta riqueza? Podríamos decir que se debió a la actualización iterativa de la propia web. En las primeras épocas, las plataformas pequeñas desaparecieron poco a poco del internet convencional, y fueron reemplazadas por plataformas agregadoras. Conforme se concentró el tráfico, la tendencia fue hacia el monopolio, las compañías más poderosas se volvieron todavía más fuertes. Nacieron los gigantes de internet y la industria entró en una época de centralización que dominaron los grandes actores. Con el paso del tiempo, sus ventajas competitivas y el valor comercial se reflejaron en el precio de sus acciones.

Entre 1997 y 2021, las acciones de Amazon subieron de un precio inicial de 18 dólares por acción a un máximo de 3719 dólares, un multiplicador a una razón de 2000. Luego, en junio de 2022 se autorizó una división de cada acción en 20 y, en consecuencia, los accionistas recibieron 19 acciones adicionales por cada una de las que ya tenían. Entre 2012 y 2021, el valor de las acciones de Facebook subió de 38 dólares iniciales a 375 dólares por acción, un aumento a casi el décuplo. Entre 2004 y 2021, las acciones de Tencent se elevaron del precio de emisión de 3.7 dólares de Hong Kong a más de 766 dólares de Hong Kong por acción, una razón de cambio de 207. Otro ejemplo: de 2005 a 2021 el precio de las acciones de Baidu aumentó de 27 dólares a un máximo de casi 340 dólares, una cantidad aproximadamente 12 veces mayor (figura 3-2).

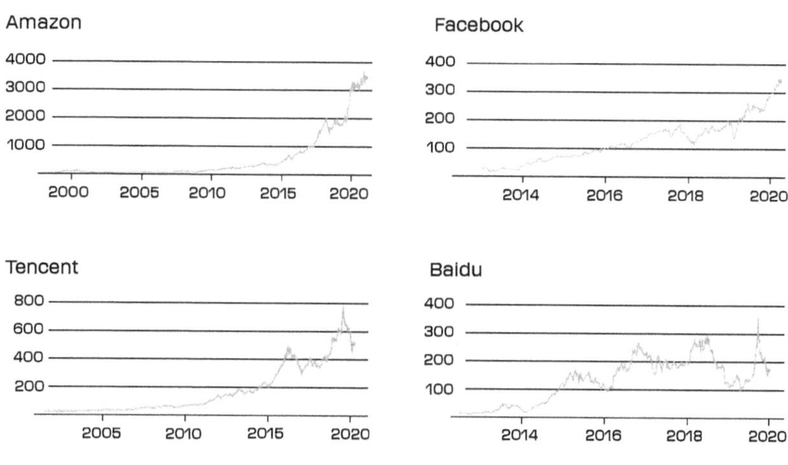

FIGURA 3-2
CRECIMIENTO EN VALOR DE MERCADO DE LOS GIGANTES DE INTERNET
Fuente: Google Finance

¿Por qué la capitalización de mercado de estas empresas experimentó un aumento tan rápido? El trabajo duro y las numerosas aportaciones de sus empleados fueron los factores más importantes. Con el desarrollo tecnológico y social, su labor desempeña un papel cada vez más crucial en la creación de riqueza. Durante la era de la economía industrial, las máquinas eran las principales creadoras de valor, alimentadas con inversiones de capital, por lo que el valor de la compañía correspondía en gran medida a los accionistas. Sin embargo, en la economía de la información, las acciones creativas y la innovación son claves para el éxito del *software* o de los sitios web. Por lo tanto, el crédito y la recompensa correspondientes deben darse a las personas que contribuyen. En lugar de la «primacía de los accionistas», estas enormes empresas de internet distribuyen las utilidades y el valor a largo plazo de la compañía entre empleados clave, a través de opciones accionarias y de otros beneficios e incentivos que los inspiran a contribuir de manera más activa al éxito conjunto.

La esencia de las opciones accionarias en el sector de internet es otorgar parte del valor de la plataforma -que originalmente se reservaba para los accionistas- a empleados y ejecutivos destacados que impulsan activamente el negocio. Ellos no participan en las utilidades actuales, sino en el valor a largo plazo. En lugar de recibir como principal beneficio salarios y bonos aquí y ahora, asocian sus contribuciones con el valor a futuro de la empresa.

LA TECNOLOGÍA *BLOCKCHAIN* ACTUALIZA TODAVÍA MÁS LA RIQUEZA DIGITAL

El programador y escritor canadiense-ruso, Vitálik Buterin, comenzó a estudiar el bitcoin en 2011. Con algunos amigos, en 2012 fundó *Bitcoin Magazine*, la primera publicación del mundo especializada en activos digitales, y de quien era el escritor principal. El siguiente año, Buterin ingresó a la Universidad de Waterloo, en Ontario, pero abandonó sus estudios después de ocho meses y se dedicó a viajar por el mundo escribiendo para varias revistas, así ganaba dinero.

Reconoció que el *blockchain*, la tecnología detrás del bitcoin, era un importante espacio de desarrollo y valor de aplicación. Concluyó que si se pudiera introducir «todo un lenguaje de programación Turing» (en informática teórica, un sistema en el que es posible diseñar un programa capaz de encontrar una respuesta), el *blockchain* pasaría de ser el «libro de contabilidad del mundo» a la «computadora del mundo».

Buterin estaba decidido a construir una nueva plataforma con el *blockchain*, la llamaría Ethereum. En diciembre de 2013 divulgó el documento «Ethereum: A Next-Generation Smart Contract and Decentralized Application Platform» e invitó a desarrolladores de todo el mundo a participar en su creación. Al año siguiente, derrotó a Mark Zuckerberg ganando el World Technology Award, correspondiente a la categoría IT Software. En 2015 lanzó el sistema de *blockchain* Ethereum.

Hay un famoso refrán chino sobre el desarrollo social: «Aquello que ha estado dividido por tanto tiempo debe unificarse; aquello que ha estado unificado mucho tiempo debe dividirse». En décadas recientes, internet ha sido un gran éxito; sin embargo, con las mejoras a las plataformas web, los usuarios comenzaron a darse cuenta de que estaba cambiando de un ambiente de apertura e innovación a un «jardín cercado», un monopolio de plataformas. Esto produjo una serie de problemas e impulsó proyectos para revitalizar la red.

El surgimiento de Ethereum captó la atención de muchos. Su mapa para «un internet de valor» y su visión de una «computadora mundial» descentralizada causaron gran entusiasmo. Conforme evolucionó internet, los usuarios se dieron cuenta de los graves inconvenientes de la centralización exagerada de las superplataformas. Por ejemplo, cuando aprovechan sus servicios, los datos y activos deben alojarse ahí, lo que involucra grandes riesgos. En 2018, Facebook se vio envuelto en un escándalo. La firma consultora británica, Cambridge Analytica, había obtenido datos personales de millones de usuarios de esta red social sin su consentimiento. Esta información se utilizó para anuncios políticos e influyó en los resultados de las elecciones presidenciales de 2016 en Estados Unidos. Fue una dura advertencia de los posibles daños derivados de la divulgación no autorizada y del mal uso de datos personales por parte de instituciones centralizadas.

Una característica clave del *blockchain* es que los datos no se conservan en un servidor controlado por una sola organización, sino que son gestionados por los propios usuarios. Con esta descentralización, no hay ningún administrador anónimo acechando en las sombras del sistema. Todo se basa en tecnologías distribuidas y varios servidores de nodo en todo el mundo prestan servicios en conjunto, de manera que ningún participante individual puede controlar el sistema por completo. Por lo tanto, es mucho más difícil que se alteren datos, y eso garantiza a los usuarios mayor seguridad (figura 3-3).

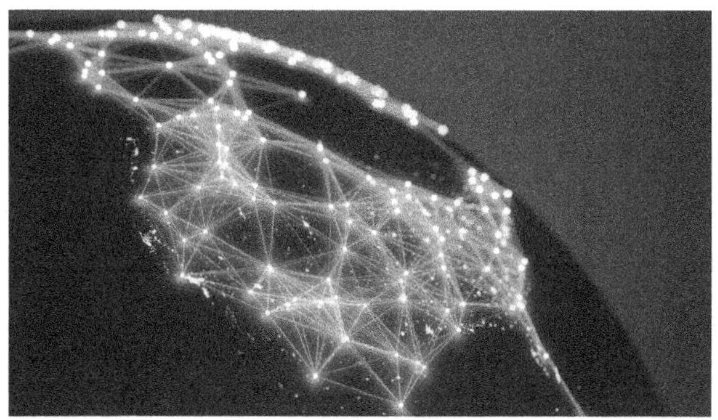

FIGURA 3-3
EL *BLOCKCHAIN* POSIBILITA
UN NUEVO NIVEL DE DESCENTRALIZACIÓN EN INTERNET
Fuente: iStock

Ethereum es una plataforma de *blockchain* pública con contratos inteligentes, una función de transacciones automatizada que ya describimos. Distintas aplicaciones descentralizadas (DApps) pueden correr en la máquina virtual Ethereum (EVM, por sus siglas en inglés). Desde 2015, son cada vez más los desarrolladores que han escrito programas de contrato inteligentes y creado activos digitales en esta plataforma, convirtiéndola en una de las mayores y más importantes infraestructuras del *blockchain*.

Ethereum, que se presenta como la computadora mundial descentralizada, ha ganado popularidad debido a su ingenioso diseño de modelo económico. Contiene un activo base: el ETH, una criptomoneda similar a un bono u otro valor. Si alguien quiere usar Ethereum para correr contratos inteligentes debe pagar cierta cantidad de ETH a los llamados mineros (gestores de transacciones que proporcionan recursos informáticos en los nodos de operación) por concepto de comisión de manejo. A este pago se le llama la tarifa de gas. Los mineros de nodos de todo el mundo generan la potencia informática para mantener en conjunto la operación del *blockchain* de Ethereum. El sistema también recompensa con ETH a algunos mineros de nodo.[5] El modelo de economía de tókenes basado en el ETH permite que un sistema distribuido de este tipo, operado por muchas partes, funcione sin percances ni interrupciones.

Ethereum ha evolucionado hasta convertirse en un ecosistema compuesto de muchos activos digitales como los ETH subyacentes, tókenes fungibles y NFT, que se desarrollan conforme a un conjunto de normas que garantizan su interoperabilidad. Los entornos de aplicación que surgen continuamente también abren más espacio para el crecimiento de Ethereum y ambos se complementan.

La cadena de bloques de Ethereum no solo es una nueva especie en sí misma, sino también la «madre» que cría otras nuevas especies. Así se está generando la riqueza digital que va apareciendo en escena. ¿Cómo comprender esta nueva riqueza digital basada en el *blockchain*? Veamos en primera instancia el atributo de clasificación de activos. El financiero Robert Greer publicó en 1997 un artículo titulado «What is an Asset Class, Anyway?», en el que dividió los activos en tres superclases: activos de capital, activos consumibles/transformables (C/T) y activos de depósito de valor (SOV).

Los activos de capital son aquellos capaces de generar flujo de caja en el futuro. Pueden descontar el flujo de caja esperado para obtener el valor presente neto para una valuación razonable. Las acciones, los bonos y los bienes inmuebles entran en esta categoría.

Los activos C/T son aquellos que pueden consumirse o transformarse en otras formas de activos. Las materias primas al por mayor como el petróleo, el trigo y los minerales se encuentran en esta categoría. Con valor de uso práctico, este tipo de activo no puede generar un flujo de caja continuo, por lo que para hacer una valuación no basta calcular el valor presente neto, sino que es necesario analizar la relación entre la oferta y la demanda en un mercado específico. Por ejemplo, los cambios en la demanda y la oferta esperadas del petróleo influyen en su precio.

Los activos SOV no son consumibles ni ofrecen beneficios, pero de cualquier manera tienen valor porque son capaces de almacenarlo y mantenerlo a través del tiempo y el espacio. Esta clase de activos son escasos y difíciles de producir o replicar. Por lo tanto, para este tipo muchas personas han formado una especie de demanda conceptual, es decir, el «consenso». Formada a través de la acumulación cultural a largo plazo, esta demanda subjetiva en general es firme y perdurable. Por este motivo, regularmente se les considera activos de refugio seguro, empleados para evitar sucesos inciertos o lograr una asignación diversificada en las carteras de activos. Los metales preciosos, el oro, los bitcoines y las obras de arte de colección corresponden a esta categoría.

En el caso de los activos SOV, podemos usar el indicador llamado *stock-to-flow* (S2F) para valuarlos.[6] Algunos analistas han examinado la relación entre la escasez y el valor de los metales preciosos con el modelo

S2F (tabla 3-1). Entre el oro, la plata el paladio y el platino, el oro tiene el mayor S2F (62.0), lo que quiere decir que se requieren 62 años de producción para llegar al nivel actual de suministro y el menor porcentaje de aumento de la oferta (1.6 %). Por lo tanto, el valor total de mercado del oro es el más alto de estos cuatro metales preciosos. Lo que muestra que existe una fuerte correlación entre la escasez y el valor para los activos SOV.

	EXISTENCIAS (TON)	INCREMENTO (TON)	RAZÓN S2F	TASA AUMENTO OFERTA (%)	PRECIO (DÓLARES/ OZ)	VALOR DE MERCADO ($10 000)
ORO	185 000	3000	62	1.6	1300	8 417 500 000 000
PLATA	550 000	25 000	22	4.5	16	308 000 000 000
PALADIO	244	215	1.1	881	1400	11 956 000 000
PLATINO	86	229	0.4	266.7	800	2 400 000 000

TABLA 3-1
INDICADOR S2F DE ORO, PLATA, PALADIO Y PLATINO
Fuente: Plan B. *Modeling Bitcoin Value with Scarcity*

Cabe mencionar que un activo específico puede tener múltiples atributos. Por ejemplo, el principal atributo del oro es su característica de ser activo SOV, pero también se emplea en la industria. La fabricación de muchos dispositivos semiconductores requiere oro como una de sus materias primas, por lo que también tiene los atributos de un activo C/T. Los bienes inmuebles también pueden generar ingresos por flujo de caja cuando se aprovechan para rentar, lo que les da atributos de los activos de capital. Además, son escasos porque su incremento está restringido por la disponibilidad de terreno, así que también tienen los atributos de los activos SOV. La mayoría de los activos solo tienen uno o dos de estos atributos.

No obstante, algunos activos digitales basados en el *blockchain* podrían tener los tres atributos, por lo que formarían un superactivo que se expande a través de todas las categorías. El ETH es un excelente ejemplo (figura 3-4).

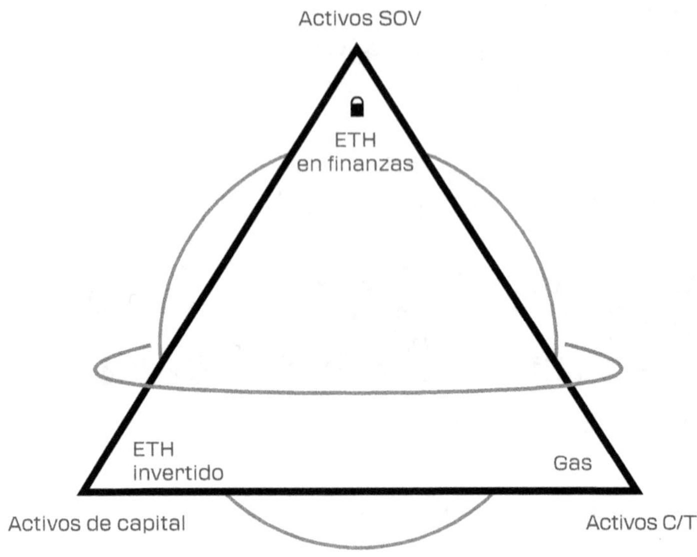

FIGURA 3-4
«TRINIDAD» DE SUPERACTIVOS

Una de las funciones del ETH, similar a la de las monedas, es que sirve como medio de pago para las comisiones de manejo en el sistema *blockchain* de Ethereum. El 5 de agosto de 2021, la plataforma mejoró su método de cargo para la comisión de manejo, lo dividió en dos niveles: comisión base y de prioridad. La primera aplica ajustes dinámicos de acuerdo con la tasa de uso actual de la red *blockchain* y la criptomoneda es retirada de circulación («quemada») para evitar la manipulación del sistema. Los usuarios, además, tienen la opción de pagar una cuota más alta por comisión de prioridad, que es como darles una propina a los mineros de nodo para ayudar a agilizar las transacciones. Luego, esos ETH también se queman automáticamente.[7]

Ethereum ha dicho que se someterá a una actualización significativa que completará la transición del mecanismo de consenso de prueba de trabajo (PoW, por sus siglas en inglés) a prueba de participación (PoS, por sus siglas en inglés). El propósito de este cambio en la validación de transacciones es mejorar la seguridad y reducir el uso de energía. Con la alteración, los tenedores de ETH pueden decidir comprometerse a aportar cierta cantidad para ayudar a que la red sea segura y ganar recompensas.

La tasa específica de rendimientos variará de acuerdo con la cantidad con que se comprometan, pero se espera una tasa anualizada de rendimiento de entre el 2 % y el 20 %.[8] En el análisis final, creemos que el ETH tiene los atributos de los tres tipos de activos descritos por Greer.

En primer lugar, el ETH tiene ciertas características de los activos C/T como el petróleo y el gas natural. Por ejemplo, tras una actualización en 2021, se pagó una gran cantidad de ETH como porción base de la comisión de manejo y luego se quemó. La demanda de uso también se ha convertido en un factor clave: a mayor demanda, menor circulación, lo que afecta el valor de todo el sistema.

Existen similitudes con los activos de capital. Cuando Ethereum se actualice a PoS, el tenedor podrá comprometerse a entregar ETH para las acciones de mejora del sistema y recibir activos digitales como recompensa. De esa forma, el ETH puede proporcionarles una forma de flujo de caja a los usuarios. También hay similitudes con los activos SOV. Para finales de octubre de 2021, se habían prometido más de 8 millones de ETH en la cadena PoS, cantidad que representa el 6.83 % del abasto actual de Ethereum. Después de que se complete la actualización y el mecanismo PoS se incorpore por completo, la tasa anual de crecimiento de las existencias de ETH (como una tasa de inflación) podría experimentar una disminución gradual del 4 %, e incluso podría volverse negativa, lo que equivaldría a una deflación.[9]

Más aún, muchas plataformas DeFi aceptan que se conserve el ETH en contratos inteligentes como garantía para otorgar en préstamo otros activos digitales o emitir nuevos como reserva, lo que demuestra que esta criptomoneda tiene la función de derivación de activos. En situaciones como la negociación de NFT, el ETH es el principal medio y puede circularse en varios *blockchains* a través de puentes entre cadenas. En este sentido, tiene los atributos de un «equivalente universal». Esto es algo como la posición del oro en la economía mundial, que está en línea con la definición de un activo SOV. En suma, esta «trinidad» de características hace del ETH un valioso superactivo.

LOS GIGANTES TECNOLÓGICOS Y WALL STREET DAN LA BIENVENIDA A LOS ACTIVOS DIGITALES

Antes de 2020, cuando escuchábamos el nombre Elon Musk, pensábamos de inmediato en Tesla y SpaceX, las empresas de automóviles eléctricos y cohetes que encabeza. La audaz innovación del magnate sudafricano-estadounidense y sus inversiones en el campo de la ciencia y la tecnología han avivado la imaginación de muchos. Sin embargo, desde finales de 2020, Musk ha aparecido con frecuencia en los titulares por sus opiniones acerca de criptomonedas como el bitcoin y el dogcoin.

Además de las grandes empresas tecnológicas, la comunidad de inversionistas ha comenzado a cambiar su postura respecto a los activos digitales. El multimillonario Ray Dalio, que dirige el mayor fondo de cobertura del mundo, cree que los activos digitales ya se establecieron como sustitutos del oro en la década pasada, por lo que pueden emplearse como herramientas para tener inversiones diversificadas. El legendario gestor de fondos de inversión y filántropo, Bill Miller, ha dicho que, como cobertura contra la inflación, los activos digitales en realidad tienen muchas ventajas con respecto al oro.

Estos comentarios apuntan a que el bitcoin, el ETH y otras monedas digitales ya están siendo aceptadas como activos convencionales (figura 3-5), y representan una nueva generación de riqueza digital que se desarrolla con rapidez por todo el mundo. En consecuencia, muchos gigantes financieros tradicionales como la Chicago Board Options Exchange, el Chicago Mercantile Exchange y el banco DBS de Singapur han incursionado en la negociación y los derivados de activos digitales. En 2021, la plataforma de intercambio Coinbase comenzó a cotizar en el NASDAQ, lo que marcó el arranque de lo que muchos han descrito como una «tormenta de activos digitales» global.

FIGURA 3-5
EL BITCOIN SE HA CONVERTIDO EN UN ACTIVO GLOBAL CONVENCIONAL
Fuente: Visual China Group

Coinbase fue creada en 2012 por Brian Armstrong, antiguo ingeniero de Airbnb. En solo una década, su empresa se ha convertido en la mayor y más influyente plataforma de intercambio de activos digitales en Estados Unidos. Comenzó a cotizar en el NASDAQ en 2021, con una capitalización de mercado de 65 300 millones de dólares. La empresa indicó tener 23 millones de usuarios autenticados en el primer trimestre de 2018; esa cifra había saltado a 56 millones para el primer trimestre de 2021. En 2020, el número de usuarios de Coinbase afiliados a instituciones de inversiones, que era de 4200 un año antes, aumentó a 7000, un incremento de alrededor del 67 %. En el segundo trimestre de 2021, el número de usuarios de instituciones de inversiones superó los 9000.

Esta plataforma de comercio no tuvo éxito en un principio, y no registró utilidades hasta 2017; en 2019 tuvo una pérdida neta de 30 millones. En palabras del propio Armstrong: «Las grandes cosas tienen orígenes humildes. Casi todo lo que ven a su alrededor comenzó con solo una idea sencilla y un prototipo rudimentario. Se necesitan entre cinco y diez años para convertirla en un 'éxito inmediato', con muchísimos contratiempos y correcciones de curso a lo largo del camino».

No obstante, con el paso del tiempo, Coinbase de verdad se convirtió en una compañía exitosa, con un volumen neto de negociación de 309 000 millones de dólares e ingresos netos de 1200 millones de dólares en el primer trimestre de 2022. Es un modelo en la industria en términos de operaciones seguras y en cumplimiento; ha obtenido licencias de cumplimiento de operaciones con activos digitales y selecciona estrictamente sus activos formulando una serie de normas.

Dichas reglas cubren la consistencia entre los activos digitales y los valores centrales de la empresa, la evaluación de la tecnología de red, la adherencia a normas legales y de cumplimiento, requisitos de oferta y demanda del mercado y ajuste con el modelo de economía de token. Sus medidas de cumplimiento y control de riesgo han sido reconocidas por importantes instituciones de inversión como señal de su ingreso en la corriente principal, un hito significativo en el desarrollo del mercado de activos digitales.

Entonces, ¿qué les depara el futuro a los activos digitales? Para tener una idea de cómo podrían avanzar recurrimos a *Cruzando el abismo*, libro escrito por el experto en teoría organizacional y consultor de gestoría, Geoffrey Moore. Publicado en 1990, el texto examina la trayectoria de los desarrollos tecnológicos, desde su nacimiento hasta su adopción en la corriente principal.

Moore señala que en cada categoría de producto hay individuos, a los que define como innovadores, que son los primeros en adoptar nuevos productos. Después, vienen los visionarios, los pragmáticos, los conservadores y los escépticos. Según dice, en la mayoría de los casos existe un enorme abismo entre los visionarios y los pragmáticos. La capacidad de un nuevo producto de cruzar el abismo e incorporarse al mercado convencional determina su éxito o fracaso.

En este momento, los activos digitales se encuentran en el proceso de cruzar el abismo. De 2008 a 2015, solo los entusiastas de la tecnología –a quienes Moore designa innovadores– estaban interesados en el bitcoin. Después de 2016, las criptomonedas comenzaron a atraer a los visionarios, a medida que más gente comenzó a reconocer su potencial. Estos visionarios –que son de mente abierta y son flexibles a nuevas cosas– desempeñan un papel importante en la aceptación de novedosas tecnologías, pues ayudan a impulsarlas hasta que las adoptan los pragmáticos.

El ecosistema de los activos digitales dio un gran salto en 2020. En 2021, el bitcoin tenía alrededor de 135 millones de usuarios, equivalentes al número de consumidores de internet en 1997, pero con una tasa de crecimiento más alta que la de la web en ese tiempo. Desde esa perspectiva, es posible que los activos digitales ya hayan pasado el umbral de los innovadores y se encuentren en la etapa de los visionarios. Este avance ha sido mucho más rápido de lo que fue para las aplicaciones de internet. Por ejemplo, no fue sino hasta 1997 que el correo electrónico –inventado en 1972– alcanzó más de 10 millones de usuarios reales. El bitcoin era tan solo un concepto en 2008, pero ha amasado más de 100 millones de usuarios en poco más de una década.

El analista de criptomonedas originario de Nueva Zelanda, Willy Woo, predijo que para 2025 el número de usuarios de activos digitales podría llegar a 1000 millones, el equivalente al número de consumidores de internet en 2005. Espera que la tasa de penetración en línea de los activos digitales supere el 20 %, punto en el que cruzarán el abismo y se encontrarán en la etapa de los pragmáticos (figura 3-6). El reconocimiento en el mercado convencional y las mejoras en el ecosistema de los activos digitales ayudarán a promover su expansión a escala en general. En la era del metaverso habrá cambios fundamentales en las reglas económicas y en la lógica de negocios, lo que llevará a la actualización de las formas de riqueza.

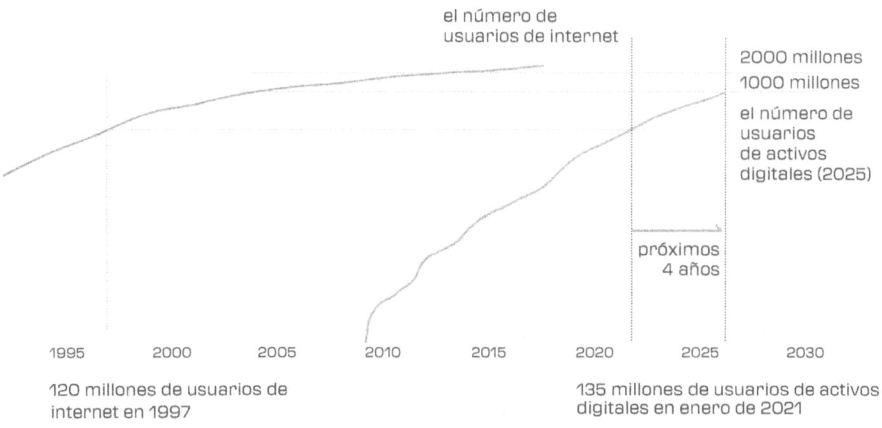

FIGURA 3-6
CURVA DE DESARROLLO DE LOS ACTIVOS DIGITALES
Fuente: Willy Woo

EL METAVERSO HA DETONADO UNA ERA DORADA PARA LA RIQUEZA DIGITAL

El profesor de la Escuela de Negocios de la Universidad de Harvard, Clayton Christensen, sugirió en su libro de 1997, *El dilema de los innovadores,* que la innovación que requiere un cambio de conducta de los usuarios causa disrupción en el mercado. Este tipo de transformaciones, que pueden generar gran valor comercial, se denominan innovación «discontinua» o «disruptiva». Charles Handy, autor de temas de conducta organizacional y gestión, propuso una teoría más intuitiva y comprensible de «segunda curva».

En su opinión, para cada tendencia, tecnología, empresa o producto el desarrollo siempre sigue la regla de la curva en forma de S. Por lo regular, a una tendencia se le ve con malos ojos cuando apenas surge, así que parece desarrollar una velocidad lenta; en la etapa de «exploración» expresa su mayor potencial. Cuando la tecnología progrese y aumente el número de usuarios, afirma Handy, la tendencia experimentará un incremento explosivo y pasará a la «etapa de crecimiento». A fin de cuentas, esta tasa de crecimiento llegará a su tope y luego tendrá una caída marcada, con lo que pasará a la «etapa de madurez». Por último, la tendencia pasará a la «etapa de recesión».

Handy nombró «innovación continua» a esta ruta de mejora y desarrollo expresada con una curva en forma de S. La curva que va formando en un principio se denomina primera curva. Tras llegar a la cima de esta, el mercado toma una nueva dirección de desarrollo en la que asciende a la segunda curva de crecimiento. La etapa de incubación de las tecnologías innovadoras es pasajera, pero ofrece oportunidades infinitas. Habrá muchas dificultades en la transición del mercado de la primera curva a la segunda, pero solo así podrá realmente alcanzar un gran espacio de desarrollo pleno de posibilidades. Este es el proceso que Christensen designó «innovación disruptiva».

El progreso de internet también ha seguido la regla de la curva en forma de S (figura 3-7). Tras la explosión de la burbuja «puntocom» en el año 2000, algunas excelentes empresas de la web sobrevivieron y encontraron entornos de aplicación a gran escala que demostraron su valor en el mercado. Otras alcanzaron su clímax y fueron perdiendo importancia. Estas tendencias siguieron dos curvas distintivas en forma de S: la era de la web1 con las computadoras personales y la era de la web2 con los dispositivos móviles. Entre el 2000 y el 2010, las computadoras personales de escritorio fueron la principal plataforma para los usuarios de internet, mientras se construía a toda velocidad la supercarretera de la información y llegaba a ser de acceso universal. Esa fue la primera curva.

Después de la introducción en 2007 del iPhone de Apple, el primer teléfono móvil de verdad, internet comenzó la transición hacia este espacio. En la siguiente década, la red logró tocar todos los aspectos de la vida de las personas a través de los dispositivos móviles, y se habilitó y enriqueció internet de nuevo conforme a la regla de la curva en forma de S. Esta fue la segunda curva.

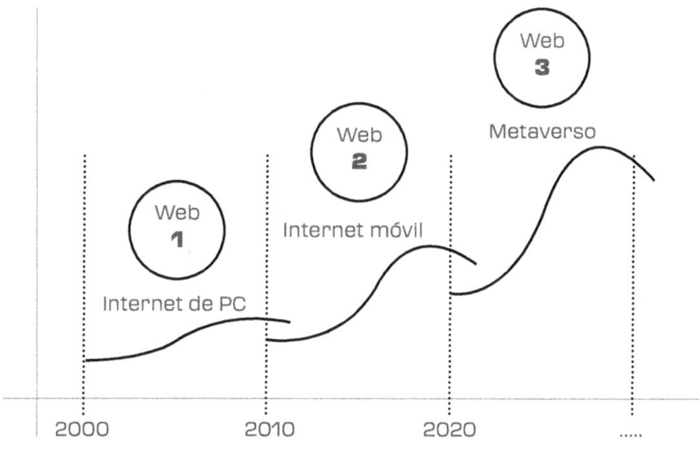

FIGURA 3-7
LA CURVA EN S DEL DESARROLLO DE INTERNET

La mañana del 9 de enero de 2007, en la Conferencia Macworld and Expo, en San Francisco, Steve Jobs apareció en el escenario con su clásica playera negra de cuello de tortuga, *jeans* azules y tenis para correr. «Hoy», le anunció al mundo, «Apple va a reinventar el teléfono». En esa época, mucha gente no esperaba mucho del teléfono móvil de primera generación de Apple, pues pensaban que solo era un reproductor de música iPod capaz de hacer llamadas telefónicas.

Ahora, todos sabemos que el iPhone era mucho más que un dispositivo tres en uno para navegar en la web, hacer llamadas y escuchar música. Marcó el principio de la revolución del internet móvil. De hecho, para 2010, el uso promedio de internet per cápita en todo el mundo llegó al 34.8 %. La penetración de la red alcanzó el 79 % en Estados Unidos y el 34 % en China. Entonces, comenzó a desacelerarse el crecimiento de usuarios netos de computadoras y la era de la web1 llegó a la inevitable etapa de madurez.

En ese entonces, solo unas cuantas empresas se percataron de que internet pasaría a la segunda curva. En 2005, la firma de capital de riesgo de Silicon Valley, Sequoia Capital, ingresó al mercado chino con el establecimiento de Sequoia Capital China. En la primavera de 2009, la división china organizó una reunión en Beijing para empresas que le habían apostado a internet, la llamó Mobile Only. «Si el director ejecutivo no se ha dado cuenta que debe pensar en el producto desde una nueva perspectiva, será muy peligroso», aseveró ese día Nanpeng Shen, director de la división de la empresa en una entrevista. «No sé cómo traducir bien el tema 'Mobile Only'. Solo queremos advertirles a todos que se avecina una nueva era de internet móvil».

Sequoia Capital China refinó sus intereses de inversión en actividad de internet móvil en cuatro áreas: ropa, alimentos, vivienda y transporte, e invirtió en varias empresas como Vipshop, Meituan, Ele.me y Didi.

La plataforma de compras china Meituan, que recibió una financiación de 10 millones de dólares de Sequoia en 2010, se metió de lleno en el espacio de la red móvil. Siguió el ejemplo de Groupon, el *e-commerce* global con sede en Chicago que creó el modelo de «compra grupal» en 2008, que aprovecha promociones para reunir grupos grandes de clientes interesados y valerse del poder de compra en volumen para luego vender los artículos con grandes descuentos. Para 2010, varios sitios web habían lanzado proyectos relacionados y pronto había más de 5000 sitios de compras grupales; muchos empresarios chinos adoptaron ese enfoque. Groupon atrajo financiamiento por 1160 millones de dólares y en 2011 la valuación para su OPI fue de 10 000 millones de dólares. Por desgracia, en un año perdió potencial de inversión, muchos sitios cerraron y se desplomó el precio de las acciones de Groupon.

Meituan anunció en 2012 que había apostado todo a la red móvil. «Debemos mantenernos alineados con nuestros usuarios», dijo el director ejecutivo, Xing Wang, en una cumbre de empresarios en 2013. «Ahora que han adoptado el teléfono móvil, también necesitamos hacerlo. Aunque teníamos predicciones sobre el gran impacto de internet, este fue mucho mayor de lo esperado. En realidad, no tomamos el rumbo equivocado, pero ahora que se ha hecho evidente la tendencia general todo depende de que podamos correr con suficiente rapidez».

En dos años, el 90 % de las órdenes de compra colectiva de Meituan se hicieron con un teléfono móvil. Aunque para entonces la mayoría de sus competidores habían desaparecido de la red, la compañía logró transformarse a largo plazo y convertirse en una de las principales empresas del internet móvil.

En mayo de 2014, la empresa concluyó una ronda adicional de financiamiento y su valuación fue de casi 3000 millones de dólares. En agosto de 2021, las acciones de Meituan alcanzaron un precio récord de 460 dólares de Hong Kong por acción, y se calculó que su capitalización de mercado era de 2.7 billones de dólares de Hong Kong (aproximadamente 340 000 millones de dólares).

De 2009 a 2019, el impacto de la industria de internet en el valor del sector tecnológico en el mercado bursátil estadounidense aumentó de 25 % al 36 %. La capitalización del mercado de Apple saltó de 199 000 millones de dólares en 2009 a 1.29 billones en 2019, y la de Microsoft subió de 268 600 millones de dólares a 1.2 billones de dólares. Para julio de 2021, las llamadas «cinco grandes» empresas tecnológicas de Estados Unidos (Facebook, Google, Microsoft, Amazon y Apple) representaban el 22 % del valor de mercado de las empresas del índice S&P 500.[10] Todas se habían transformado exitosamente en empresas del sector de internet móvil. En la década de auge de la web2 adquirieron gran riqueza y se convirtieron en leyendas; sin embargo, algunas compañías que dominaron en la era de la web1 no pudieron realizar la transición. Por ejemplo, Intel no encabezó el desarrollo de *chips* para dispositivos de internet móvil, y su capitalización de mercado solo aumentó un 129 % durante la década de 2010 a 2020, donde hubo rápidas alzas para el resto de las empresas tecnológicas.

La industria de internet en China ha enfrentado un reto similar. Gigantes establecidos como Alibaba, Tencent, Baidu y JD.com, al igual que actores más recientes como Pinduoduo, Meituan y ByteDance, con su atrayente oferta TikTok, se dieron un fuerte golpe con los límites de la primera curva de la web1. Después de transformarse durante la breve ventana de transición a la segunda curva, muchos se han convertido en ganadores en la era de la web2.

En la etapa de la web3, se espera que las empresas chinas mantengan y mejoren su ventaja de innovación. Por ejemplo, el mayor espacio en Decentraland es Dragon City, una plataforma de construcción de mundos virtuales. Es una ciudad basada en el *blockchain* que despliega obras de arte, cuentos y leyendas chinas clásicas, y en la que los usuarios pueden comprar terrenos y crearse una vida (figura 3-8).

FIGURA 3-8
DRAGON CITY EN DECENTRALAND
Fuente: Decentraland

La primera década del internet móvil vio el rápido surgimiento de la economía digital global y la enorme riqueza creada por el sector. En 2010, la economía de la red representaba el 3.8 % del PIB en Estados Unidos y el 3.3 % en China.[11] En 2019, la economía digital en Estados Unidos alcanzó los 13.1 billones de dólares, lo que representó el 61 % del PIB del país, y en China llegó a 5.2 billones de dólares, equivalentes al 36.2 % de su PIB.[12] En 2020, la economía digital de Estados Unidos se clasificó en el primer lugar del mundo, e inclinó la balanza a cerca de 13.6 billones de dólares, seguida de China con 5.4 billones de dólares. Esta economía representa más del 60 % del PIB de Alemania, Reino Unido y Estados Unidos.

La innovación y la actualización industrial representan el proceso de transformación de una curva S a otra. Hoy en día, por supuesto, el internet móvil goza de una adopción generalizada en todo el planeta. En junio de 2021, el número de usuarios de internet en China alcanzó los 1011 millones, un aumento de solo 21.75 millones en comparación con los seis meses anteriores. La tasa de penetración llegó al 71.6 %, solo 1.2 % más alto para ese periodo, y el número de usuarios de teléfonos móviles fue de 1007 millones, un aumento de solo 20.92 millones. La proporción de consumidores de internet en China con accesos a través de teléfonos móviles fue del 99.6 %, básicamente el mismo que en diciembre de 2020.[13] Todo esto parece señalar que la red móvil ha llegado a su etapa de madurez y se ha marcado el punto en el que, lógicamente, comienza la transición a la segunda curva.

Con la madurez de tecnologías clave como 5G, IA, la computación en la nube, *big data*, IdC, internet industrial, RV, RA y *blockchain*, la red de tercera generación (el metaverso) está a la vista. Una vez más, las condiciones han llegado a un punto de inflexión macro y se avecina la ventana de oportunidad crítica. Como ya hemos dicho, cada ronda de actualización de la web trae consigo grandes oportunidades de innovación y riqueza, y nacerán nuevos gigantes durante ese periodo crítico.

La construcción y popularización del metaverso promoverán una integración más profunda de la economía digital con la real y traerán una forma distinta de riqueza. Con el advenimiento de la era del metaverso, seguirá en aumento la proporción de la economía digital en la global y, para 2030, se espera que la economía digital global represente el 80 % del PIB. Conforme fluya la riqueza digital gracias al desarrollo de la economía virtual, podemos hacer la atrevida predicción de que en un futuro no muy distante el 80 % de dicha riqueza se creará en el metaverso. Los próximos diez años verán un crecimiento explosivo en el desarrollo del universo virtual y la creación de riqueza digital. El florecimiento total de esta surgirá de la tercera generación de internet.

CAPÍTULO 4

TENDENCIA 1: INTEGRACIÓN PROFUNDA DE LA ECONOMÍA DIGITAL Y LA REAL

CONFORME SE ACTUALICEN LAS INDUSTRIAS EN EL METAVERSO, LOS ACTIVOS DIGITALES Y FÍSICOS SERÁN GEMELOS

Cada revolución tecnológica trae consigo cambios en el estilo de vida de las personas y una gran oportunidad de actualización industrial. Desarrollar el metaverso no quiere decir romper con la realidad para buscar lo virtual. Más bien, el metaverso permitirá una profunda integración de la economía digital y la real para empoderar la transformación positiva de la economía real, y así permitir que gente de todos los ámbitos encuentren un nuevo espacio para desarrollar la segunda curva.

El espacio de aplicación crucial en este nuevo panorama será el sector industrial (figura 4-1). En el metaverso, personas de todo el mundo pueden comunicarse y colaborar eficientemente. Los dispositivos inteligentes conectados a internet interactuarán sin problemas y la colaboración dentro de las cadenas industriales, y entre ellas, será más transparente, eficiente y efectiva.

FIGURA 4-1
EL ESPACIO DE APLICACIÓN CRUCIAL PARA EL METAVERSO ES EL SECTOR INDUSTRIAL
Fuente: iStock

LA REVOLUCIÓN INDUSTRIAL EN LA ERA DEL METAVERSO

Volvamos a un día en la vida de Hiro Protagonist en el metaverso. La fábrica de su empresa en el extranjero entrega un cargamento de nuevos productos que, después de pasar por un proceso de clasificación automatizada, se distribuyen a la flotilla de entrega, también automatizada. En la década de 2030, la red 5G y la tecnología del IdC incluida se habrán desarrollado muchísimo, y flotillas de vehículos no tripulados recorrerán las autopistas del mundo.

Un grupo de diez camiones sin conductor se encargará de transportar el cargamento de Hiro. En cuanto salgan del puerto de carga y se unan al tráfico, enviarán información a otros camiones que estén en el trayecto con una tecnología especializada del IdC: el internet de los vehículos (IdV, por sus siglas en inglés). Se incorporarán sin contratiempos al tráfico todos juntos y formarán una línea, agrupados en forma de tren. Camiones de otras empresas pueden integrarse al grupo, que se desplaza en una procesión bien coreografiada. Este modo de ejecución se designa como «pelotón» (figura 4-2).

Al igual que los ciclistas de una competencia van uno detrás del otro, el camión que va al frente funciona como un «rompevientos» que empuja el aire para crear una zona de vacío de baja presión. Esto reduce la resistencia del viento para la fila de vehículos que van detrás, y así se consume menos energía, lo que disminuye los costos y las emisiones de carbono.

FIGURA 4-2
CAMIONES NO TRIPULADOS CONDUCEN EN FORMACIÓN AUTOMATIZADA DE «PELOTÓN»
Fuente: iStock

Como el camión que va al frente crea una estela para los otros, su consumo de energía y costo no tendrá ahorros. Es decir, los que van detrás son un tanto oportunistas, mientras que el de enfrente no obtiene ningún beneficio. Por esta razón, si hubiera conductores humanos, nadie querría tomar la primera posición. La función objetiva de los vehículos no tripulados y la IA deben incluir la maximización de las utilidades, la minimización de los costos y el uso cooperativo de las carreteras. Puesto que las máquinas no son altruistas y la IA no hace juicios morales ni tiene conciencia del contexto, es posible programar los camiones no tripulados para que conduzcan en fila y así nueve de los diez del grupo consuman menos combustible. Sin embargo, si los vehículos son de distintas empresas y estas piensan en sus propios intereses, ¿quién toma la primera posición?

Una estrategia factible podría ser dejar que las máquinas cambien de lugar entre ellas durante el trayecto. Las posiciones más deseables serían las de en medio, pero periódicamente los camiones cambiarían de lugar para distribuir el ahorro en los costos de manera justa. Para lograr esta cooperación y división del trabajo, estos vehículos deben comunicarse entre sí en tiempo real y cambiar de posición, mientras avanzan por la carretera a alta velocidad, con seguridad y eficiencia.

¿Cómo podemos hacer que esto funcione? Los camiones no pueden abrir cuentas bancarias ni emplear servicios de pago de terceros como

PayPal y Alipay. Obviamente, se requiere un medio digital y programable por completo. Las mejores tecnologías emergentes capaces de cumplir este reto son el *blockchain*, los contratos inteligentes y los activos digitales.

Antes de unirse a la flotilla, cada vehículo necesita reservar activos digitales en el contrato inteligente designado, y luego registrar su consumo real de energía y otros datos relevantes en el *blockchain* después de completar sus entregas como parte de la flotilla temporal. Entonces, el contrato inteligente puede determinar la cantidad pagadera y liquidar en tiempo real. Así, los camiones que quieran unirse pueden aprovechar los beneficios de la estela al pagar una pequeña cantidad.

Por lo tanto, si estos vehículos no tripulados pueden cambiar de lugar con base en el *blockchain*, el costo y las emisiones de carbono de toda la flotilla se reducen sistemáticamente. Todo el proceso de transacción puede realizarse en contratos inteligentes basados en la cadena de bloques para garantizar apertura y justicia. Este cambio total de paradigma podría atraer a más camiones no tripulados y transformar por completo el negocio del transporte por carretera.

Este es un excelente ejemplo de la capacidad de las tecnologías digitales como *blockchain*, IA y el IdC para lograr colaboración e intercambios comerciales entre las «cosas». Este nuevo modelo ayuda a garantizar la distribución justa de beneficios, lo que mejora la eficiencia en general. Más aún, una mayor eficiencia acelerará la construcción de un sistema de colaboración a mayor escala. En la era de la web3, el *blockchain* y otras tecnologías digitales pueden crear un verdadero nuevo modelo y generar un mayor valor compartido en un sector como el de los embarques y transporte. Esto ilustra el nivel de integración que pueden alcanzar la economía digital y la real, un factor central para la transformación industrial en la era del metaverso.

Estas situaciones no son mera fantasía. Pueden conseguirse relativamente en poco tiempo; en la actualidad ya se realizan pruebas en el mundo real. La empresa alemana de ingeniería industrial Bosch cooperó con IOTA, un proyecto del *blockchain*, para desarrollar una flotilla de camiones automatizados que pueda programarse y gestionarse con el IdC y registro distribuido.

En la era del metaverso, el internet de todo (IdE, por sus siglas en inglés) se convertirá gradualmente en la confianza en todo, comercialización de todo y colaboración de todo. En este proceso, los intercambios comerciales no se harán solo entre personas, sino en muchos casos entre personas y máquinas, y exclusivamente entre máquinas. Todas las industrias deben actualizarse y todos los pasos deben hacerse digitales por completo. Por ejemplo, cada parte de *hardware* inteligente debe tener su identidad digital, los mecanismos de transacción deben automatizarse por completo, el medio de intercambio debe ser programable y el método de pago debe garantizar la liquidación en tiempo real.

Los cambios propiciados por la tecnología digital no pueden ser solo actualizaciones tecnológicas, sino que deben contribuir a la innovación en el modelo de negocio subyacente y a la cadena industrial. En la era del metaverso, el panorama industrial y el patrón de negocio serán totalmente distintos, con una estrecha integración de la economía digital y la real. La tecnología de RA también es clave de la nueva revolución industrial. Esta puede colocar información digital en objetos y lograr la integración del mundo digital con el real (figura 4-3).

FIGURA 4-3
LA RA SE HA USADO AMPLIAMENTE EN DIVERSAS INDUSTRIAS
Fuente: iStock

Además, tecnologías relacionadas han comenzado a ayudar a muchas industrias a optimizar procedimientos clave, desde diseño y prueba hasta la fabricación, por lo que todo está listo para que se cree gran valor.

Por ejemplo, en la fabricación de aviones, la estructura que alberga el motor y el sistema de combustible, llamada góndola, es uno de los elementos esenciales del mecanismo de propulsión. Incorpora un sistema de integración complejo y representa alrededor del 25 % del costo de producción del motor. En el pasado, las pruebas de las unidades de motor realizadas por los fabricantes eran inherentemente dañinas y, de hecho, destruían muchos componentes de gran valor.

En años recientes, la multinacional francesa Safran Nacelles, la segunda mayor proveedora del mundo de estos componentes, ha empleado un sistema robótico de inspección en la producción de góndolas de motor para aviones Airbus A320 y A330. La empresa también utilizó un sistema de termografía infrarroja para escanear los componentes y adoptó tecnología de RA para proyectar datos a las partes detectadas. Estos nuevos métodos ayudaron a reducir un 50 % el tiempo necesario para el ciclo de examen y detección.

En el ámbito de la medicina, los cirujanos dedican una cantidad enorme de tiempo y energía a estudiar imágenes de los pacientes antes de operar para determinar cuál es el mejor plan de acción. Sin embargo, como están limitados por lo que revelan esas imágenes bidimensionales, pueden llegar a un diagnóstico erróneo o hacer un juicio equivocado, y no realizar el procedimiento más efectivo puede causar un sinnúmero de problemas.

Una empresa de Silicon Valley, llamada EchoPixel, ha desarrollado una plataforma y un *software* quirúrgico basados en tecnología de RA. Este genera imágenes anatómicas tridimensionales, interactivas y sin contacto que se observan a simple vista y sirven de ayuda para operaciones complejas de corazón. El *software* True3D de EchoPixel permite al equipo médico interactuar directamente con objetos digitales en 3D, ayudándoles a realizar juicios más informados y precisos.

Además, la empresa utiliza tecnologías de tomografía computarizada e imágenes por resonancia magnética, cardiograma ultrasónico y brazo robótico móvil en C para construir versiones digitales holográficas de órganos de tamaño real, vasos sanguíneos y otras bioestructuras. Permite a los doctores interactuar con el gemelo digital de una estructura anatómica para ubicar el objetivo, determinar el método de operación y la posición de un catéter, lo que garantiza una medición, una distancia y un ángulo más precisos. Estas tecnologías podrían abreviar, en gran medida, el tiempo de preparación para los médicos, bajar los costos de hospital, reducir los requisitos de tiempo y costo para los pacientes y disminuir el riesgo de las operaciones de manera efectiva.

Las tecnologías de RV y RA brindarán un valor tremendo cuando se apliquen en distintos aspectos de los servicios médicos, la fabricación, los medios, la educación, la arqueología, el turismo y la arquitectura. Todo esto y mucho más fluirá de la nueva revolución industrial en el metaverso. En el futuro, se generarán gemelos digitales de fábricas, hospitales e, incluso, de ciudades completas. Se podrán desplegar recursos en el mundo digital que se manifestarán en el físico. En muchos casos, la solución ni siquiera requerirá intervención humana; robots inteligentes pueden sincronizar la evaluación y gestión virtual del mundo físico para completar procesos médicos o de fabricación con resultados óptimos y eficiencia económica.

La IA será la tecnología clave que impulsará esta nueva revolución industrial, y acelerará el análisis a fondo de cantidades masivas de datos para asignar y operar recursos de todo el metaverso de manera coordinada. Por ejemplo, el *software* basado en IA y *big data* llamado City Brain, desarrollado por el Grupo Alibaba de China, ya se ha aplicado en 23 ciudades asiáticas para coordinar recursos, mejorando la eficiencia operacional y ayudando al gobierno urbano (figura 4-4).

Esta aplicación se asemeja mucho al método de gobierno público que veremos en la era del metaverso. Por ejemplo, el City Brain de Hangzhou analiza el tráfico en tiempo real para controlar la velocidad y dirección actuales de los vehículos que se encuentran en movimiento; también puede percibir con gran eficiencia las condiciones en tiempo real en distintos distritos de las ciudades y ajustar los semáforos con inteligencia para agilizar el flujo del tráfico un 11 %.

FIGURA 4-4
CITY BRAIN SE EMPLEA EN DISTINTAS CIUDADES ASIÁTICAS
Fuente: Visual China Group

En el futuro, la computación en tiempo real, la percepción automatizada, la simulación, la inferencia y la colaboración multiterminal sucederán, y se acelerará el desarrollo inteligente de la gestión de ciudades. Vehículos inteligentes e infraestructura, incluidos caminos, puentes y túneles, producirán cantidades vastas de datos que se subirán a la nube. City Brain puede realizar un análisis en tiempo real de factores como el flujo del tráfico, los accidentes ocurridos y las condiciones del clima en el espacio digital. Así, puede ayudar a los vehículos a seleccionar la mejor ruta para mejorar la eficiencia del transporte en general.

La IA puede mejorar la coordinación de las máquinas inteligentes con los seres humanos y aplicar instrucciones del mundo digital en el físico, lo que hará posible la sincronización entre ambos.

Desde mayo de 2020, la fabricante automotriz BMW ha instalado módulos de IA de alto desempeño desarrollados en colaboración con Nvidia, la empresa tecnológica de California; son para robots de logística y robots de transporte con vehículos inteligentes en las fábricas. Una vez equipados con módulos de IA, los robots acumulan inteligencia para optimizar más los procesos por sí mismos. Cuando se añaden módulos inteligentes mejora la coordinación de los robots, así como su capacidad de reconocer personas y objetos. Por otra parte, los sistemas de navegación serán más eficientes y ayudarán a los robots a identificar con más rapidez y claridad montacargas, remolques y grúas, a planear movimientos y a evitar obstáculos.[14]

En la era del metaverso, la transformación industrial no se limita a mejoras en la productividad, sino que incluye cambios en la forma en que se organizan las industrias gracias a la aplicación de tecnología digital, lo que produce mejoras en el ecosistema y promueve la colaboración social.

Por ejemplo, en el campo del deporte, los aficionados al futbol se consideran «el jugador número 12» del equipo y desempeñan un papel esencial en el crecimiento de un club (figura 4-5). Con su entusiasmo y alegría, los seguidores brindan un apoyo crucial al equipo, y tanto los directivos como los jugadores dicen apreciar sus perspectivas; pero es una pena que los aficionados no estén involucrados en realidad en el proceso de toma de decisiones. Hasta ahora, ni siquiera han tenido voto en aspectos mínimos como la elección de las camisetas o accesorios del equipo.

FIGURA 4-5
«EL JUGADOR NÚMERO 12» DE UN EQUIPO
Fuente: iStock

Esta situación está cambiando. En enero de 2020, el club Juventus, de Italia, pidió a sus seguidores votar por la canción que querían escuchar cuando su equipo anotara goles en casa. La intención era que se sintieran más involucrados («el jugador número 12»). Eligieron *Song 2*, del grupo británico de rock alternativo Blur.

Esta votación se realizó en Socios, un sistema internacional de participación de aficionados construido en Chiliz, una plataforma cultural y deportiva basada en el *blockchain*. Ahora también la utilizan seguidores de cientos de organizaciones deportivas de todo el mundo para ayudar a tomar decisiones como el color de la camiseta del equipo y la música para el estadio. Con ayuda de contratos inteligentes, Socios organiza votaciones transparentes entre los aficionados y verifica que los clubes implementen los resultados de sus encuestas. Desde su lanzamiento en

2006, Socios ha cambiado la organización, el gobierno de los clubes y sus modelos de ventas.

En el pasado, el mecanismo de operación de las principales organizaciones deportivas era una «caja negra». Ni siquiera los aficionados más leales podían saber nada del proceso interno de toma de decisiones, y menos influir en él, incluso hubo casos de acciones de manipulación y fraude. Con tecnologías como el *blockchain* y los contratos inteligentes, el proceso de toma de decisiones es abierto y transparente. Los beneficios están a la vista de todos.

La tecnología manifiesta su valor en su ayuda a la transformación industrial, así como en la actualización y mejora de la calidad y la eficiencia. Al ser el internet de tercera generación, el metaverso integra una serie de innovaciones digitales para ayudar a que este cambio se convierta en realidad. Por ahora, la industria es el blanco más importante de aplicación. Cuando construyamos una fábrica física, también estableceremos un gemelo digital en el metaverso para crear en el mundo digital un mapa en tiempo real del mundo físico. En el camino, los datos sobre la manera de conducir decenas de millones de vehículos pueden subirse a la nube para trazar un plano en tiempo real que refleje la población regional, las tendencias de vivienda y la actividad socioeconómica. Personas de todo el mundo pueden colaborar efectivamente en el universo digital gracias a los vínculos entre dispositivos inteligentes conectados a internet, y la colaboración en las cadenas industriales se hace más transparente y eficiente.

INTEGRACIÓN DE ACTIVOS DIGITALES Y FÍSICOS

Jiangxi Liquor Company, ganadora de la medalla de oro en la quinta exposición internacional anual de bebidas alcohólicas de China, es una de las marcas más famosas en ese país. Cuando se agravó la pandemia, la empresa experimentó una enorme acumulación de inventario y los distribuidores dejaron de hacer pagos. Esta situación puso en grave peligro sus planes de ampliar la producción y las ventas. Zhang Huijun, presidente de Jiangxi Liquor, emitió en ese momento una preocupante declaración: «A pesar de que nuestra empresa tiene activos totales con un valor aproximado de 130 millones de yuanes chinos, con una capacidad anual de decenas de miles de toneladas y casi 2000 toneladas de base de licor, nuestra razón de deuda es elevada, por lo que la empresa necesita urgentemente una 'transfusión sanguínea', no podemos ofrecer garantía en línea con lo requerido».

Después de familiarizarse con las dificultades de la empresa, algunos expertos del Instituto de Investigación Financiera del Banco Popular de China propusieron un financiamiento que aprovechara el licor acumulado como garantía. Coordinaron el acuerdo entre Jiangxi Liquor, la sucursal en la ciudad de Ji'an del Banco Jiangxi y un proveedor de servicios de *blockchain* llamado Huochain Technology. El nuevo modelo de financiamiento se describió como «préstamo digital por bienes movibles, con licor base + inventario + cadena de suministro + *blockchain*». Se asignó a las existencias de licor base y licor terminado de la empresa un «token de mapeo de activos», y se permitió a los distribuidores solicitar un préstamo a través del licor terminado (figura 4-6).

FIGURA 4-6
LA TECNOLOGÍA DIGITAL MEJORARÁ LA LIQUIDEZ DE ACTIVOS
Fuente: Visual China Group

El innovador modelo de financiamiento en realidad digitalizó el licor gracias a la tecnología *blockchain*. Los certificados que representaban activos de licor pudieron dividirse y transferirse también en el *blockchain*, lo que mejoró en gran medida su liquidez. Fue como transformar «activos sólidos» con liquidez baja en «activos gaseosos» con liquidez alta, lo que incrementó su valor. Este método revitalizará los activos de inventario y las cuentas por cobrar de la empresa nuclear y, de hecho, reducirá la presión financiera sobre los distribuidores posteriores, lo que contribuye a tener más ventas.[15]

Este es un buen ejemplo de cómo el *blockchain* y las finanzas de cadena de suministro pueden empoderar la economía real. Se han aplicado modelos similares en otras partes de China. Debido a su tamaño y activos fijos relativamente limitados, es difícil para las empresas pequeñas y medianas obtener financiamiento adecuado de las organizaciones financieras tradicionales y, tras la crisis por el COVID-19, las pequeñas empresas enfrentan retos complicados. La tecnología *blockchain* puede digitalizar activos y promover la integración entre los activos digitales y los reales.

En este caso, distintos actores –el emisor del activo (Jiangxi Liquor), el usuario del activo (distribuidores) y el proveedor de servicios del ecosistema (el Banco Jiangxi y Huochain Technology)– pueden recibir utilidades tangibles si actualizan la forma del activo, lo que representa una ganancia triple. Además, es fácil que instituciones financieras y fábricas rastreen con eficacia en tiempo real y gestionen bienes en circulación con activos digitales, después de que se convierten en tókenes. Tanto las instituciones financieras como los inversionistas tienen una idea más clara de los cambios que experimentan los activos subyacentes en tiempo real, lo que reduce sus riesgos y ayuda a controlar los costos de gestión. Por lo tanto, la tasa de interés del préstamo también puede reducirse adecuadamente. Eso significa que los inversionistas entregarán parte de las utilidades a las recaudadoras de fondos para mitigar los problemas de financiación de las pequeñas empresas.

LA TOKENIZACIÓN DE LOS ACTIVOS EMPODERA LA ECONOMÍA REAL

En cierto sentido, el *blockchain* puede considerarse una «máquina de confianza». Muchas partes distribuyen, almacenan y verifican información que no se altera después de que se crean los tókenes. Cabe mencionar que, aunque el *blockchain* puede garantizar que no se modifiquen los datos de la cadena, no es posible hacerlo con su autenticidad y precisión. Sin embargo, en el futuro las empresas podrán crear un gemelo digital con el IdC, el internet industrial y otras formas para que se conecte directamente al *blockchain* un sistema de planeación de recursos empresariales (ERP, por sus siglas en inglés), producción, inventario, logística y otros sistemas subyacentes; incluidos los de participantes ubicados más arriba o abajo en la cadena. Esto aumentará muchísimo el costo de la falsificación, pero reducirá el riesgo y mejorará la credibilidad y seguridad de los activos convertidos en tókenes. El token de mapeo de activos consigue combinar activos digitales y reales, y empodera el desarrollo de la economía real, que podría convertirse en el modelo de negocio convencional en la era del metaverso.

Además de los tókenes de mapeo de activos, los de mapeo de activos financieros también constituyen un concepto vital. Por ejemplo, el token de seguridad (STO, por sus siglas en inglés) es una manera de llegar al de mapeo de activos financieros. Los de seguridad se encuentran en la intersección entre los activos digitales y los activos financieros tradicionales bajo la premisa de un cumplimiento muy estricto. En países o regiones en los que se han emitido leyes o políticas relevantes, los tókenes de seguridad pueden vincularse a activos reales como activos de capital o de deuda y bienes inmuebles. Por ejemplo, las acciones de una empresa, el capital de crecimiento y los bonos de compañías de recaudación privada pueden conseguir el token de mapeo sincronizado mediante una oferta de STO, lo que reduce el costo de circulación y oferta y mejora la liquidez del activo. Esto es importante para el desarrollo y la reforma de la industria financiera, lo que fortalece la economía real.

Varios países y regiones han comenzado a explorar y probar esta opción. El 10 de diciembre de 2020, el Banco DBS de Singapur lanzó la plataforma de intercambio de activos digitales DBS Digital Exchange (DDEx), que incluía un STO, capacidad de intercambio de activos digitales y un servicio de alojamiento de activos digitales. En mayo de 2021, el banco emitió un Bono Digital DBS con un valor de 15 millones de dólares, mediante STO en DDEx, con una duración de seis meses y una tasa anual de cupón de 0.6 %.

En junio de 2020, la Oficina de Gestión de Deuda Pública del Ministerio de Finanzas de Tailandia anunció un proyecto de bonos digitales basados en el *blockchain*. La emisión total fue de 200 millones de bahts tailandeses, aunque el valor nominal del bono era de solo un baht (aproximadamente 0.23 de yen japonés). Se lanzó en la plataforma *blockchain* del Banco Krung Thai de Bangkok, así que quienes tienen una cuenta en Krung Thai y una cartera digital pueden comprar los bonos sin necesidad de ir a una sucursal o usar un cajero automático.

Una característica especial de este bono digital es que el valor nominal baja a un baht, mientras que el valor nominal común en general era de 1000 bahts en el pasado. Por lo tanto, baja mucho el umbral de compra, lo que hace posible que más personas compren bonos y gestionen dinero, un aspecto significativo para promover la inclusión financiera. La oferta tailandesa –el primer bono digital del mundo basado en el *blockchain* y emitido por un banco para inversionistas comunes y corrientes, un paso clave en la integración de activos digitales y activos financieros tradicionales– ilustra el papel de los tókenes de mapeo de activos.

El STO se creó para ayudar a distintos tipos de activos financieros convencionales y activos reales a lograr la digitalización, como una manera de crear más valor. Por un lado, pueden permitir que la propiedad de valores se divida en partes más pequeñas, disminuir el umbral de participación y aumentar el canal de circulación del activo, lo que eleva la liquidez del activo. Los STO también hacen posible «programar» los valores y les permiten desempeñar un papel valioso en el mundo virtual.[16] Algunas de las ventajas de los STO son su legitimidad y cumplimiento, rápida liquidación, programabilidad, gran fluidez, costo relativamente más bajo y aplicación en distintas situaciones. Una ventaja clave es que los tókenes aceptan proactivamente la vigilancia, cumplen estrictas normas de cumplimiento y pueden mitigar riesgos legales.

No obstante, el concepto de STO todavía se encuentra en una etapa temprana de exploración y desarrollo. Se habló mucho de él en círculos de criptomonedas desde 2019, pero su desarrollo no ha sido rápido (figura 4-7). Los STO tienen varias desventajas y problemas, y falta mucho para que su adopción sea generalizada; sin embargo, en el futuro, conforme se concreticen las finanzas digitales en la era del metaverso, esperamos que se optimicen y actualicen y se conviertan en el puente y el acelerador de la integración que vincule los activos reales con los digitales.

FIGURA 4-7
EL STO ESTÁ EN UNA ETAPA TEMPRANA DE DESARROLLO
Fuente: iStock

Por su parte, el *blockchain*, con ayuda de los NFT, ha comenzado a integrarse en campos como las artes, las colecciones y los juegos. También podemos aprovechar los NFT para trasladar todo tipo de activos no estandarizados al *blockchain* y formar activos digitales. Esto puede mejorar muchísimo la liquidez y capacidad de negociación de estos activos no estándares, lo que reducirá su costo de negociación y el umbral de entrada, además de ampliar el espacio de valor. Por lo tanto, los NFT constituyen un enfoque clave para contribuir a convertir los activos en tókenes.

En la era del metaverso, todas las cosas pueden llegar a ser NFT. En Decentraland hay un espacio en el que los terrenos digitales se negocian de esta forma (figura 4-8). Estas parcelas digitales no corresponden a ningún bien físico, pero en la era de la web3 el universo digital puede lograr una integración profunda con el mundo físico. Además, en el futuro será posible crear tókenes relacionados con terrenos físicos que se intercambien como NFT. Esto podría reducir los costos de negociación, mejorar su eficiencia y controlar los riesgos de operación. Abordaremos con mayor detalle temas relacionados con los NFT en el capítulo 8.

FIGURA 4-8
CENTRO DE NEGOCIACIÓN DE TERRENOS DIGITALES EN DECENTRALAND
Fuente: Decentraland

Creemos que la mayoría de los activos del metaverso provendrán de la integración de activos digitales y reales. Con esta y el desarrollo de tecnologías como el IdC, *big data* y *blockchain*, se capitalizará un creciente número de recursos gracias a tókenes de mapeo de activos para confirmar derechos, lograr liquidez y mejorar el valor efectivamente. Conforme se fusionen el mundo digital y el físico, el sistema financiero tradicional y el virtual basado en el *blockchain* también se integrarán.

Así que se espera que el token de mapeo de activos sea un elemento clave en el crecimiento y la expansión del metaverso, además de impulsar la transformación digital del mundo físico. Es importante recordar que la tokenización de activos es solo una manera de trasladar recursos del mundo real al digital, pero fortalecerán la transformación y actualización de la economía real.

COLUMNA

¿CÓMO PUEDEN LAS EMPRESAS APROVECHAR LAS ENORMES OPORTUNIDADES DEL METAVERSO?

El metaverso creará un nuevo espacio en la sociedad del futuro y propiciará el desarrollo económico. Una variedad de situaciones de aplicación que afectan todos los ámbitos de la vida están tomando forma ahí, con suficientes oportunidades para todos. Sin embargo, este cambio presenta nuevos retos para muchas industrias.

¿Cómo pueden las empresas buscar oportunidades en el metaverso y completar con éxito la transformación digital? A continuación, damos algunas sugerencias útiles con visión a futuro.

- Ser de las primeras en mudarse al metaverso. Los años «go-go» del internet móvil están llegando a su fin, y el llamado «efecto Mateo» (una alusión bíblica/sociológica al hecho de que los ricos se vuelven más ricos y los pobres más pobres) será evidente a medida que despegue el metaverso. Habrá una fase notoria en la que los ganadores se lleven todo en muchos segmentos. Si las empresas actúan con agilidad y sabiduría en la transformación al metaverso, pueden estar en una buena posición para tener éxito a largo plazo. Los siguientes diez años serán un periodo de gran oportunidad en este espacio, pero la ventana de oportunidad será limitada, por lo que las compañías necesitan comprender las posibilidades, requisitos y riesgos. Solo con planeación estratégica y acción decisiva, lo más pronto posible, podrán disfrutar de las ventajas de ser las primeras en acceder a él (ver el capítulo 3).

- Priorizar el pensamiento de transformación. La nueva revolución industrial que propiciará el metaverso será mucho más rápida, amplia y profunda que los cambios forjados por el internet móvil. La revolución del metaverso lo es también del pensamiento. El proceso mental es algo así: pensamiento tecnológico × pensamiento financiero × pensamiento comunitario × pensamiento industrial. Puesto que los conocimientos y la cultura superan a la estrategia, las empresas deberían darle prioridad a una concepción multidimensional del metaverso y formar una filosofía corporativa que la adopte por completo (ver el capítulo 11).
- Desarrollar una estrategia general para el metaverso. Las empresas deberían darle prioridad a esta acción y designar a alguien que se encargue de diseñar y aplicar estrategias, lo más pronto posible. Objetivos clave deberían determinar el posicionamiento de la compañía en el metaverso, clarificar la meta general de transformación y promover los cambios que la llevarán a ese punto.
- Ver los datos como un activo central de la empresa y respetar los derechos de los usuarios sobre ellos. Para empezar, fortalecer la protección de la seguridad de la información y mejorar la eficiencia de su uso y la profundidad del minado. En segundo lugar, al realizar negocios, considerar íntegramente, respetar y proteger los derechos de los usuarios sobre sus datos y devolverles la propiedad. En tercer lugar, las compañías deberían enfatizar la capitalización de datos y convertirla en un verdadero factor de producción (ver el capítulo 5).
- Transformar las organizaciones en comunidades económicas. En el metaverso, el nuevo método de organización colaborativa (caracterizado por la transformación en línea de plataformas y comunidades) se hará convencional poco a poco. Las empresas deben pensar en opciones para ubicar a la organización en una ruta de cambio, adaptarse y establecer gradualmente nuevos mecanismos de colaboración y organización de la comunidad económica (ver el capítulo 6).
- Valorar a los contribuyentes digitales. Las compañías deben reformular la fuente e importancia de contribuciones digitales externas producidas por socios comerciales, proveedores o usuarios. También deben identificar los recursos clave que estas partes

aportan, cómo lo hacen y cómo se hace su ponderación relativa. Las empresas deberían intentar construir un nuevo sistema de distribución de beneficios y derribar fronteras para maximizar el valor en todo el ecosistema (ver el capítulo 6)

- Valorar la propiedad intelectual (PI). En el metaverso, se derribarán las restricciones materiales. La PI será el alma de todas las industrias y la creatividad tendrá gran demanda; por lo tanto, las empresas deben darle prioridad a su gestión y optimizar sistemáticamente los recursos de PI al crear estrategias. Más aún, deben volver a identificar los atributos culturales de la empresa, encontrar nuevos modelos de negocio adecuados para el mundo digital del futuro y fortalecer su capacidad de ofrecer directamente la experiencia del usuario (ver el capítulo 8).
- Ofrecer productos NFT. Se espera que estos se conviertan en un portador clave de valor en el metaverso. Las compañías deberían aprovechar al máximo estas herramientas, desarrollar nuevas formas de bienes digitales para activar el valor de la PI y marcar un camino efectivo para aprovechar el potencial del poder blando. Es un paso clave en una estrategia para el metaverso (ver el capítulo 8).
- Adoptar nuevas tecnologías que faciliten la creación de gemelos digitales y pensar en formas de concretar la integración digital total en procesos y activos de la empresa. El metaverso se trata de incorporar el mundo digital al físico, y como parte de esa integración, la economía digital se también se incorporará a la real. La vida digital y social se reforzarán entre sí, conforme se integren la identidad virtual y la real y se interconecten los activos digitales y los reales. Esto significa un desarrollo verdaderamente integrado que requiere la digitalización total de los procesos empresariales, formas de productos, activos clave y un crecimiento impulsado por la comercialización. También precisa de espacios y recursos en línea y fuera de línea incorporados mediante tecnologías de creación de gemelos digitales (ver el capítulo 10).

CAPÍTULO 5

TENDENCIA 2: LOS DATOS SERÁN EL ACTIVO CENTRAL

LOS DATOS REPRESENTAN RIQUEZA EN EL METAVERSO, Y LOS DERECHOS SOBRE ESTOS ESTÁN TOTALMENTE PROTEGIDOS

En la era del metaverso, los datos constituyen los principales recursos estratégicos como lo son el petróleo, el gas, los minerales y la madera en la economía del mundo físico.

Los datos desempeñan un papel cada vez más importante en las acciones para mejorar la productividad. Los productos y servicios personalizados a partir de los datos pueden mejorar en gran medida la efectividad de las empresas y mejorar la vida de todos. Cada dispositivo produce un flujo constante de ellos, y esa producción crece exponencialmente. Más aún, el aprendizaje automático maximiza su papel y su buen uso puede ayudar a las empresas a lograr utilidades enormes. Las compañías capaces de comprender los datos serán cada vez más valiosas.

En el metaverso, los casos de instituciones de internet centralizadas que los monopolizan y hacen mal uso de los datos privados de los usuarios podrían llegar a su fin. La visión es que sean reemplazadas por un sistema económico totalmente nuevo que garantice por completo la protección de los derechos sobre los datos, los elementos y activos de datos. En especial, la tecnología *blockchain* puede desempeñar la función de resguardar la autenticación, regular las transacciones de datos y la distribución de valor mediante contratos inteligentes. Así, los datos se convierten en un activo real, compartido por todos, y se maximiza su valor.

TUS DATOS SON TUS ACTIVOS

En 2020, muchos filipinos perdieron su trabajo durante el cierre de actividades debido a la pandemia global causada por el COVID-19. En este contexto, en la pequeña ciudad de Cabanatúan, al norte de Manila, a un joven de 22 años, apodado Art Art, se le ocurrió una manera única de ganarse la vida. Todos los días, en un café internet, la pantalla de Art Art brillaba con un mundo virtual llamado *Axie Infinity*. El joven crió y vendió mascotas digitales llamadas Axie, que generaron ingresos respetables. Su historia se cuenta en el minidocumental *Play to Earn*.

En ese mismo año, el juego de *blockchain Axie Infinity* era popular en el sureste de Asia (figura 5-1). En Filipinas, se corrió la voz sobre la experiencia de Art Art y se impulsó el crecimiento del juego; pronto se convirtió en un nuevo medio de sustento para muchos. Por ejemplo, una pareja de 75 años llegaba a ganar entre 5 y 6 dólares al día. Las madres con hijos pequeños en su hogar y los egresados universitarios desempleados podían recibir algo de efectivo. De hecho, muchos pronto ganaban entre 300 y 400 dólares a la semana gracias al juego, una cantidad mucho mayor que el promedio de salario local.

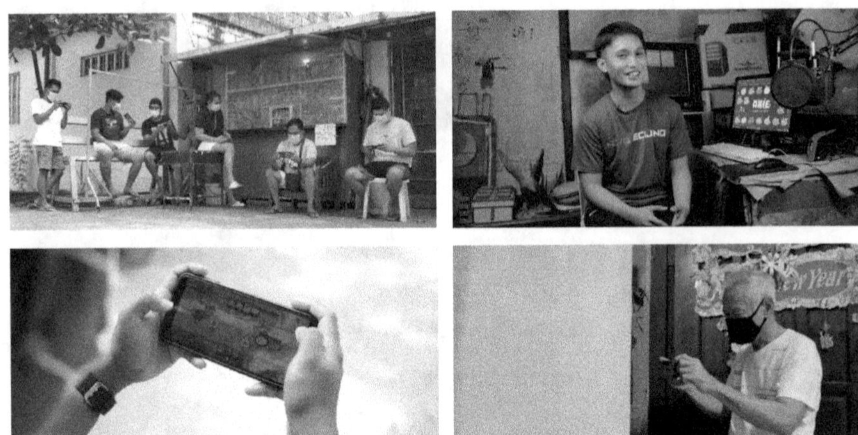

FIGURA. 5-1
AXIE INFINITY SE CONVIRTIÓ EN UNA NUEVA FUENTE DE INGRESOS PARA ALGUNOS FILIPINOS
Fuente: *Play to Earn*, documental de la productora Emfarsis

Axie Infinity es un juego de batalla. Como se explica en su sitio web, los Axies digitales son pequeñas criaturas aguerridas a las que les encanta pelear, construir y buscar tesoros. Los jugadores los pueden coleccionar, alimentar y criar. Cada Axie tiene distintos atributos, incluyendo variaciones en la salud, la moral, habilidades y velocidad que determinan su capacidad de combate. Los bichos redondos que parecen peces también son activos digitales NFT en el *blockchain*, y pueden intercambiarse en el mercado.

Hay tres espacios primarios de juego en *Axie Infinity*: el modo de pelea, el modo de crianza y el modo de tierra digital.

La acción en el modo de pelea puede ser un enfrentamiento entre hombres y máquinas o entre distintos jugadores. Para empezar, deben adquirir tres criaturas Axie por regalo, renta o compra, y luego formar un equipo (figura 5-2). Cada Axie tiene cuatro «tarjetas de habilidades» que comprenden su capacidad de combate.

En cada ronda, los jugadores necesitan derrotar a sus oponentes para obtener la *smooth love potion* (SLP), que existe en forma de tókenes en el *blockchain*. Existe un mecanismo de incentivo por tareas y un mecanismo de clasificación. Los jugadores obtienen 50 SLP por completar la tarea diaria y entonces son clasificados por el organizador oficial del juego. Luego, un pequeño porcentaje de jugadores recibe como recompensa tókenes del *blockchain* llamados AXS.

FIGURA 5-2
ESCENA DE LUCHA EN *AXIE INFINITY*
Fuente: *Axie Infinity*, desarrollado por Sky Mavis

En el modo de crianza, dos criaturas Axie pueden reproducirse y tener bebés cuyos atributos están determinados por los genes de sus padres. Puede haber mutaciones genéticas que produzcan nuevas criaturas con atributos especiales. Se necesita la SLP y AXS para la crianza; cada reproducción requiere cuatro AXS y distintas cantidades de la SLP. Entre más veces se reproduzca un Axie, más poción necesita. Para evitar un crecimiento excesivo de la población, cada Axie solo se puede reproducir siete veces. Por lo tanto, aquellos que tienen menos descendientes y atributos favorables tienen un valor relativamente alto.

Según esta descripción, los activos digitales AXS y la SLP impulsan el modelo económico de *Axie Infinity*. Además de su uso en la reproducción de criaturas, la SLP también es clave para otros aspectos del juego. Por su parte, los AXS pueden usarse para proponer planes de mejora y participar en votaciones de gobierno.

El modo de tierra digital consta de 90 601 parcelas de terrenos virtuales en *Axie Infinity*, cada una es un NFT. Un propietario tiene acceso prioritario a las recompensas en forma de activos digitales generadas en su tierra. Las siguientes versiones permitirán a los jugadores construir y decorar casas en su terreno con editores de mapas, a medida que se construya el metaverso de *Axie Infinity*.

En este ecosistema, los jugadores pueden obtener ganancias peleando, a través de su clasificación en un *ranking* y con la crianza y venta de criaturas. Existen niveles en el *ranking*, de batalla con una cuota y talleres de reproducción. Estos roles no forman parte de la población de usuarios generales, sino de una comunidad que contribuye al desarrollo del juego y ayuda a compartir valor con los jugadores.

¿Por qué *Axie Infinity* es tan popular en países como Filipinas? No solo porque las criaturas son tiernas y simpáticas, sino porque el juego está bien diseñado, con una muy cuidada relación entre lo espacial, el proceso y la estrategia de batalla; pero lo más importante es que los jugadores pueden ganar dinero por reproducir criaturas Axie y ganar activos AXS y SLP.

Existen tres diferencias importantes entre los juegos del *blockchain* que caen en la categoría de finanzas combinadas con juegos (GameFi), como *Axie Infinity* (figura 5-3), y los juegos en línea tradicionales.

FIGURA 5-3
EL GAMEFI GANA POPULARIDAD EN TODO EL MUNDO
Fuente: iStock

En primer lugar, el modelo económico es único. En los juegos tradicionales de internet el pago es una transacción entre los jugadores y los fabricantes. En *Axie Infinity* los nuevos jugadores dependen de que los experimentados o el desarrollador les den criaturas como regalo, en renta o venta. Elementos clave circulan en forma de activos digitales que crean un nuevo modelo económico distribuido, la noción *play-to-earn*.

La desarrolladora de *Axie Infinity*, Sky Mavis, una empresa de juegos de Vietnam, también puede ganar dinero gracias al floreciente ecosistema del juego. Sus principales utilidades se derivan de las ventas de criaturas Axie y tierra digital, comisiones por el intercambio de Axies y por su reproducción. Sky Mavis tiene cierto número de activos AXS y SLP, que podrían aumentar de valor si el juego se hace más popular. Estos mecanismos ayudan a garantizar ingresos constantes tanto para las empresas de juegos como para los jugadores.

En segundo lugar, la forma de organización de los jugadores en el espacio GameFi es diferente. Para los juegos en línea tradicionales, en especial aquellos con grandes atributos deportivos, un porcentaje de las ganancias de los jugadores profesionales proviene de torneos, patrocinios y publicidad. Una parte de estos ingresos también corresponde a gremios de deportes electrónicos. Por ejemplo, *Axie Infinity* creó un grupo llamado Yield Guild Games Association (YGG), que presta criaturas Axie a los jugadores nuevos y cuenta con un *community manager* para entrenarlos. De las ganancias que obtienen los jugadores, el 10 % se paga a la asociación por concepto de renta del «espíritu» Axie, un 20 % a los *community managers* por el entrenamiento y los jugadores conservan un 70 %.

En esta estructura organizacional, todas las partes tienen una división clara de papeles: la asociación se encarga de «producir materiales», los *community managers* proporcionan «habilidades de producción» y los jugadores se encargan principalmente de la «producción» en los juegos. Todas las partes reciben un pago. En el cuarto trimestre de 2021, los jugadores recibieron 11.77 millones de dólares en SLP, mientras que los *community managers* ganaron 2.6 millones de dólares.

En tercer lugar, existen diferencias en cuestión de transparencia y propiedad de las cuentas y elementos. En los juegos en línea tradicionales, los activos son propiedad de los desarrolladores, que pueden emitir herramientas gracias a metodologías no explícitas, incluso reservarse el derecho de cambiar las que ya tienen los jugadores. En cambio, en *Axie Infinity* estos activos del juego son propiedad de los jugadores y la cantidad y distribución de elementos es muy transparente gracias a la tecnología *blockchain*.

Los activos AXS y SLP son los elementos clave para la reproducción de Axies. Sin embargo, un AXS solo se gana por clasificación y recompensa; también existe un tope para la cantidad de SLP que cada cuenta puede ganar por día. Todos pueden consultar su emisión y distribución en tiempo real en el *blockchain* y no es posible falsificarlos. Cuando los elementos del juego se tokenizan, los costos de transacción bajan drásticamente y experimentan una marcada mejora en liquidez que los convierte en verdaderos activos digitales.

Aunque estos elementos de juego existen en forma de datos, los jugadores invierten trabajo o dinero para adquirirlos, por lo que tienen valor de mercado. Por lo tanto, deben considerarse activos propiedad de su creador. Uno de los factores que contribuyó al éxito de *Axie Infinity* es que transforma los datos de los jugadores en activos reales, lo que confirma su derecho a esos activos (figura 5-4).

FIGURA 5-4
ESPACIO DE EXPOSICIÓN DE *AXIE INFINITY* EN DECENTRALAND
Fuente: Decentraland

Permitir a los usuarios ser propietarios de activos del juego es un cambio significativo. A pesar de los años de rápido crecimiento en la industria de los juegos en línea, la propiedad del equipo virtual desde hace tiempo ha sido un tema polémico y ha provocado una serie de problemas. La idea del público en general es que las cuentas y elementos del juego propiedad de los jugadores son activos virtuales, por lo que los jugadores deberían tener libertad para comprarlos y venderlos.

Más aún, el mercado global de negociación de activos virtuales de juegos en línea ha seguido en ascenso, con un aumento de 19 160 millones en 2014 a 38 820 millones de dólares en 2020. Más de 400 millones de jugadores participaron en el comercio de cuentas y equipo de juego en 2020.[17] Si bien la protección legal de la propiedad de bienes virtuales es irregular en todo el mundo, el Código Civil de la República Popular de China estipula que «en los casos en que la legislación incluya disposiciones relativas a la protección de bienes virtuales en redes de datos, se apegará a lo dispuesto en tales disposiciones».

Los fabricantes de juegos no consideran que las cuentas y elementos de estos sean bienes virtuales propiedad del jugador. Huang Hua, director de Comercialización NetEase, empresa china de servicios en línea, opinó en 2004 que estos activos virtuales son propiedad de los desarrolladores del juego. «Al igual que el *software*», aseveró, «los derechos de autor le corresponden al desarrollador del *software* y el jugador solo es el 'usuario' y 'experimentador' del juego».

En abril de 2021, Tencent demandó a DD373, una plataforma china de comercio de juegos, ante el Tribunal de Internet en Guangzhou. Un video del juicio circuló en línea y provocó una ola tremenda en la opinión pública. La plataforma DD373 facilita el intercambio de elementos y cuentas de los juegos. Por ejemplo, hubo transacciones comerciales de cuentas, monedas y elementos del juego de Tencent *Dungeon and Fighter* (DNF). Tencent argumentó que estos intercambios comerciales influyeron en la operación de DNF y privaron a la empresa de utilidades. Le pidió al tribunal 40 millones de yenes como resarcimiento de daños y perjuicios y una disculpa pública.

Ante el tribunal, Tencent indicó que, si un usuario acepta bienes virtuales desarrollados por el proveedor de servicio de red como medio para ofrecer servicios comerciales, entonces esos activos virtuales (incluida la moneda del juego acumulada por el jugador) representan datos de la empresa de videojuegos, por lo que son de su propiedad. Tencent señaló que la cuenta y los activos del juego son bienes virtuales que los jugadores tienen derecho a usar, pero sobre los que no tienen derechos de propiedad. Los abogados de Tencent argumentaron que su empresa tiene derechos de propiedad intelectual sobre los materiales de DNF, como elementos y monedas, por lo que los jugadores y las plataformas de terceros no pueden comerciar con ellos.

Las tres décadas recientes han visto el nacimiento, crecimiento y proliferación de internet, y cómo este ha transformado la vida de la mayoría de las personas del planeta; pero, como hemos mencionado, los usuarios nunca han sido verdaderos propietarios del recurso central del espacio de la vida digital: los datos. Aunque algunos no sean jugadores, esto pone de relieve cuestiones de derechos que nos afectan a todos. En las eras de la web1 y la web2 se requería mucho tiempo, dinero y esfuerzo para confirmar los derechos sobre los datos, si acaso se reconocían. Dada esta falta de claridad, ¿los datos pueden considerarse activos reales?

Estos problemas deben resolverse en la era de la web3. Como hemos dicho, la tecnología *blockchain* puede funcionar como una «máquina de confirmación de la propiedad» en el metaverso. Puede prestar un servicio de verificación claro de derechos sobre los datos a un costo muy bajo, y concretar su intercambio y la distribución de valor a través de contratos inteligentes. Entonces, será posible que los datos sean activos para todos. La tecnología *blockchain*, por primera vez, permite una rápida confirmación de la propiedad sin depender de terceros, por lo que ofrece una nueva solución para la protección de derechos sobre los datos.

Por supuesto, todavía hay muchos obstáculos para la propiedad de los datos y la protección de los derechos sobre estos, incluidos temas legales complicados. Tampoco basta con la tecnología *blockchain*. Sin embargo, *Axie Infinity* ya nos ha mostrado una forma embrionaria de propiedad e intercambio de activos que representa un primer paso hacia una economía digital más incluyente. Aunque es solo un juego, es una prueba útil del empleo de servicios de confirmación de derechos que aprovecha la tecnología *blockchain*. A pesar de que las criaturas y los elementos del juego se presentan en forma de datos, pueden convertirse en activos digitales propiedad de los usuarios tras la verificación del *blockchain*. Construidos a partir de este modelo económico, los datos pueden convertirse en un nuevo medio de producción capaz de crear cada vez más valor para la economía digital y formar nueva riqueza digital.

Tus datos son tus activos en el metaverso.

CONTROVERSIAS POR LOS DATOS DE LOS USUARIOS

A principios de 2021, Apple y Facebook se embarcaron en una controversia feroz en torno a los datos de los usuarios. Apple acababa de lanzar un nuevo sistema operativo para sus teléfonos móviles, iOS 14. Una de sus funciones reforzaba la protección a la privacidad porque pedía a las aplicaciones móviles revelar cómo recopilaban y compartían la información de los usuarios empleada en la publicidad dirigida. Con sus nuevos iPhone, las personas podían decidir autorizar o no a las aplicaciones para que rastrearan y analizaran sus datos personales.

El modelo de negocio de Facebook depende de la publicidad basada en datos: la empresa rastrea datos de uso de las personas y a partir de ellos presenta anuncios personalizados, privilegio por el que los anunciantes le pagan. El proceso de selección se basa en un análisis a profundidad de esos datos de uso. Facebook registró ventas de 27 900 millones de dólares en el primer trimestre de 2022, un aumento de casi 2000 millones de dólares con respecto al año anterior. El incremento en las ventas de publicidad fue el principal impulsor de este crecimiento; los anuncios representaron más del 98 % de sus ingresos totales.

En enero de 2021, Mark Zuckerberg describió la acción de Apple como «el equilibrio equivocado entre publicidad personalizada y privacidad». En su opinión, Apple abusó de su «posición como plataforma dominante» para promocionar su propia aplicación, y además interfirió con la de Facebook. Aunque Apple explicó que la medida se diseñó para proteger la privacidad de los usuarios, Zuckerberg respondió que solo fue en beneficio de los intereses competitivos de Apple. Se informó que Facebook estaba preparando un juicio antimonopolio con base en las reglas relativas a la App Store de gran tráfico de Apple.

Tim Cook, el director ejecutivo de Apple, respondió en una conferencia sobre privacidad y protección de los datos. «El éxito de la tecnología no requiere la recopilación de enormes cantidades de datos personales de decenas de sitios web y aplicaciones», comentó. «Si una empresa se basa en engañar a los usuarios y utiliza sus datos sin darle opciones, no merece nuestros halagos y debería reformarse».

Apple ha cuestionado a los gigantes tecnológicos en cuanto a la protección de datos desde hace años. En 2014, Cook afirmó en público que Facebook y Google eran «empresas tecnológicas que obtenían utilidades gracias a que recopilaban datos de los usuarios». Dijo que los consumidores tenían motivos para preocuparse por el abuso de sus datos privados.

En 2018, Facebook experimentó la fuga de datos más extensa de la historia, el tristemente célebre asunto de Cambridge Analytica, que ya mencionamos. «Nunca me pondría en esa posición», indicó Cook acerca del escándalo. «Facebook debería fortalecer la supervisión interna de los datos de sus usuarios».

Todo esto revela verdades sobre los gigantes centralizados de internet. No solo ocupan nuestros datos por la fuerza, sino que ponen en riesgo la seguridad de los datos de todos y ejercen una influencia negativa en la sociedad por su mal uso (figura 5-5).

FIGURA 5-5
EXISTEN ACCIONES CONCERTADAS PARA DEFENDER LOS DERECHOS SOBRE LOS DATOS PERSONALES
Fuente: iStock

Tras el incidente de Cambridge Analytica, Graham Mudd, vicepresidente de Comercialización de Productos de Facebook, señaló que la empresa se encontraba en proceso de reconstruir su sistema de anuncios en línea. «Los datos y las recomendaciones personalizadas son clave para todos nuestros sistemas, desde la dirección hasta la optimización y medida de la publicidad», escribió en agosto de 2021. «Así que Facebook reconstruirá casi todos los sistemas en los siguientes dos años. De hecho, ya está en proceso».

Facebook pretende aprovechar la innovación tecnológica para lograr el equilibrio entre la privacidad de los datos personales y su utilización personalizada. Es más, espera hacer cambios que protejan información personal específica de los anunciantes o de las plataformas. Al mismo tiempo, es probable que estos problemas desempeñen un papel en la estrategia de Facebook para cambiar al metaverso.

Google, que también depende de los datos para obtener utilidades, tiene problemas similares. En 2017, según un informe de la agencia de la Unión Europea encargada de los casos antimonopolio, Google obtuvo ventaja por destacar su servicio de comparación de precios cuando los usuarios buscaban palabras clave relacionadas con productos, lo que representa un abuso de su posición dominante en el mercado. Esto sugiere que la empresa se aprovechó de los datos de búsqueda de los usuarios. Si la gente utiliza el motor de búsqueda con más frecuencia, más datos se usan para optimizar los resultados, lo que lo hace más popular entre los anunciantes. La Comisión Europea decidió imponer a Google una multa de 2420 millones de euros por abusar de su posición dominante en el mercado.

De hecho, en los primeros días de desarrollo de internet, Facebook, Google, Amazon y otros gigantes tecnológicos con una gran cantidad de datos de los usuarios, formularon discretamente una «regla tácita» para su propia ventaja. La idea era que las personas pudieran cómodamente disfrutar servicios de internet a costa de proporcionar sus datos sin ningún tipo de compensación. A cambio de productos y servicios web «gratuitos», estas empresas se apropiaron de la información generada y de bienes virtuales; monetizaron directamente y se embolsaron datos que debería pertenecerles a los usuarios. Esta situación no es nada razonable.

Conforme internet continúa creciendo y madurando, estas conductas han atraído la mirada escudriñadora de los reguladores en países que cuentan con legislación de protección de la privacidad.

En abril de 2016, tras cuatro años de negociación, la Unión Europea adoptó el Reglamento General de Protección de Datos (RGPD). En vigor desde mayo de 2018, esta ley de protección de la privacidad y los datos personales estipula que las empresas deben tomar medidas prudentes para proteger la privacidad de los usuarios y divulgar detalles sobre esas salvaguardas. En enero de 2019, el organismo regulador de la privacidad de los datos en Francia, CNIL, impuso la primera multa basada en esa legislación. Google, cuya multa era de 50 millones de euros por contravenir disposiciones relativas a la privacidad de datos, presentó una apelación, pero el tribunal superior del orden administrativo de Francia confirmó el fallo. El tribunal resolvió que Google no les había brindado suficiente claridad y transparencia a los usuarios de Android en cuanto a la protección de la privacidad.

Los reguladores chinos comenzaron a lidiar con las solicitudes excesivas de autorizaciones del usuario en las aplicaciones móviles en 2019. Hasta marzo de 2021, el Ministerio de Industria y Tecnología de la Información del país, había completado la revisión técnica de 730 000 aplicaciones, ordenado la modificación de 3046 y clausurado 179 que se negaron a cumplir. Liehong Liu, viceministro de esta dependencia, explicó que las herramientas de mensajes instantáneos, las funciones de ingreso y las ayudas de navegación aprovechaban los permisos de activación de aplicaciones de los usuarios para leer contenido ingresado y aplicar la información de otras maneras sin su consentimiento.

Con el paso del tiempo, la legislación china en materia de protección de la privacidad ha seguido mejorando. En agosto de 2021, se aprobó la Ley de Protección de la Información Personal del país, que estipula que ninguna persona física o moral debe recabar, utilizar, procesar o transmitir ilícitamente la información personal de otros; debe existir un propósito claro y razonable para el uso de tales datos; los encargados de la información deben garantizar que el uso de datos personales se realice con transparencia, justicia e imparcialidad y no pueden imponer precios arbitrarios por transacciones ni otras condiciones a estas.

«Nos hemos convertido en la materia prima de los gigantes de los datos en vez de ser usuarios», afirmó el historiador y académico israelí, Yuval Noah Harari, autor de *Homo Deus. Breve historia del mañana* y *Sapiens. Breve historia de la humanidad*. No obstante, aunque las personas sepan de ese saqueo de datos y les moleste, sencillamente no están preparadas para dejar de usar los omnipresentes productos de internet de la actualidad.

Por si esto fuera poco, debido a la complejidad de las definiciones de los derechos sobre datos, los mecanismos de las transacciones y las metodologías de fijación de precios, resulta difícil para las personas proteger efectivamente sus activos de datos y todavía más el reparto de dividendos de estos. Por eso debemos contar con amplias protecciones al consumidor que reconozcan que los datos son activos que deben ser propiedad de sus creadores.

Imaginen un modelo que permita la circulación de datos y su transformación en dinero, en el que las empresas pudieran cobeneficiarse comprando la información de los usuarios o por el cobro de una comisión derivada de la transacción. Esta estructura, o alguna similar, podría ser una solución al dilema que ofrezca beneficios para ambas partes.

Un artículo publicado en septiembre de 2018 en *Popular Science* describía cómo Brave, un navegador de Ethereum basado en tecnología *blockchain* que da prioridad a la privacidad, podría ser una alternativa viable al navegador Chrome de Google. Brave, que fue desarrollado por Brendan Eich, ejecutivo estadounidense de una empresa tecnológica, creador del lenguaje de programación JavaScript y uno de los fundadores de Mozilla, promete dar acceso a datos y actividades en línea con bloqueo de rastreadores. Es una estructura que sin duda proporcionará una experiencia rápida, segura y privada; altera los modelos tradicionales de publicidad en internet porque permite a los usuarios monetizar sus propios datos.

¿Cómo logra esto Brave? Muchos sitios web despliegan anuncios indiscriminadamente ante los usuarios y generan ingresos considerables gracias a esa práctica. Brave evita que los sitios identifiquen y rastreen a los usuarios, lo que aumenta la velocidad de la web; también mejora la privacidad en la navegación, pues codifica los datos de los usuarios en línea y así refuerza el anonimato. Además, su programa de recompensas, Brave Rewards, permite a los usuarios ver anuncios sin afectar su privacidad y ganar activos digitales con la tecnología *blockchain*. De igual forma, puede aprovechar estos activos digitales para apoyar a sus creadores web favoritos o intercambiarlos por contenido de primera calidad y tarjetas de regalo. Encima, los usuarios pueden controlar la conducta de los anunciantes; por ejemplo, fijar el número de anuncios que desean ver cada hora.

Este modelo transparente de reparto de utilidades por concepto de publicidad ha demostrado ser una opción atractiva para muchas personas. Hasta marzo de 2021, Brave tenía 29 millones de usuarios activos mensuales y 9.8 millones de usuarios activos diarios. El principal atractivo del navegador es que las personas por fin pueden sacarle jugo a los datos que deberían haberles pertenecido siempre.

Proteger la privacidad y los derechos sobre los datos personales es central para el desarrollo de la web3. El modelo de negocio del metaverso se cimienta en la distribución justa del valor de los activos de datos. Con usuarios más conscientes y mejores leyes y reglamentos es posible pensar que la confirmación de los derechos sobre datos y su comercio serán innegociables. Factores como elevados costos de reemplazo, fuertes efectos en la red y consistencia en la experiencia del usuario se han convertido en barreras para competir contra los gigantes establecidos de internet. Ha sido difícil causar disrupción en la industria, sin embargo, creemos que conforme los datos personales se conviertan en un activo valioso, esas transacciones que parecían imposibles se convertirán en factibles, y la determinación de los usuarios de conseguir derechos sobre los datos cambiará radicalmente las reglas del comercio en línea. Entonces, la capacidad de lograr la debida monetización y circulación de los datos de los usuarios se convertirá en una nueva competencia clave para los proveedores de servicios.

COLUMNA

¿CÓMO PROTEGER NUESTROS DERECHOS SOBRE LOS DATOS EN LA ERA DEL METAVERSO?

Todos debemos comprender que nuestros datos son activos, quizá los más valiosos. Sin embargo, en la actualidad, esta riqueza rara vez se gestiona y protege. Así que, ¿cómo podemos proteger nuestros derechos sobre los datos personales? Aquí algunas ideas.

- Las políticas de protección de datos varían de una aplicación a otra. Debemos poner atención en esto cuando utilizamos estos productos. Es conveniente revisar las descripciones cuando nos soliciten autorización para rastrear y registrar *cookies* (datos guardados en las terminales locales de los usuarios) en vez de contentarnos con marcar la opción «sí», pues evitaremos que las empresas recopilen nuestros datos de manera aleatoria. Que la plataforma utilice nuestros datos sin costo alguno no es el único problema; peor aún, puede usarlos en formas que no nos convengan, como beneficiarse excesivamente del *big data*. Solo debemos otorgar a las aplicaciones móviles u otras empresas los permisos que sean muy necesarios. Para que nadie recopile y haga mal uso de información personal biométrica vital, debemos evitar activar arbitrariamente funciones como el reconocimiento facial.
- Debemos proteger nuestra información del mismo modo que protegemos nuestros bienes físicos. No corras procesos *jailbreak* o *root* (alterar el sistema operativo) en tu teléfono móvil, pues

hacerlo invalida la garantía del dispositivo y desactiva las protecciones preinstaladas. Más bien, instala un sistema operativo legítimo en tu PC. No te registres en aplicaciones o sitios web de fuentes desconocidas, es más, elimina las aplicaciones del teléfono o el *software* de la computadora que no utilices y reinstálalo cuando lo necesites. Escanea con regularidad el sistema con su herramienta de detección de *malware*. En cuanto a los programas pequeños o páginas H5 (sitios vinculados para promociones o eventos, comunes en las aplicaciones de mensajes en China), sé cauteloso para autorizar el acceso a información personal. Utiliza contraseñas y nombres de usuario distintos para cada sitio web o aplicación. Si no puedes recordarlos, activa un administrador de contraseñas para evitar que estas y tu información personal queden incluidas en bases de datos de «ingeniería social», intenta ser «invisible» en línea y habilita la verificación en dos pasos cuando sea posible. En lugares públicos, sé cauteloso cuando te conectes a sistemas wifi gratuitos y nunca escanees códigos QR desconocidos; además, nunca des clic en vínculos incluidos en mensajes de texto de origen desconocido y no respondas llamadas de personas desconocidas.

- Es mejor pagar por los servicios que regalar tus datos a cambio de ellos. En general, el *software* y los servicios gratuitos se prestan a costa de la licencia de datos, que por lo regular requiere permisos. Estas versiones «pirata» de *software* o aplicaciones, incluso pueden robar información delicada en perjuicio de los usuarios. No existen las dádivas sin nada a cambio; el tráfico en internet es caro. Los servicios gratuitos siempre tienen otro medio para generar ingresos. El *software* de paga implica una cuota, pero por lo general la privacidad y la seguridad tienen mejores protecciones. Por lo tanto, siempre es conveniente descargar *software* y aplicaciones de sitios oficiales o tiendas de aplicaciones respetables.
- Siempre debemos estar listos para defender nuestros derechos sobre los datos personales y conocer las leyes, reglamentos y otras salvaguardas que rigen su privacidad. Si descubres que tus datos personales quedaron expuestos, fueron víctimas de robo o abuso, o bien detectas alguna conducta que dañe tu privacidad, defiende decididamente tus derechos aprovechando todas las vías legales posibles.

LAS EMPRESAS QUE MEJOR COMPRENDEN LOS DATOS SE ESTÁN VOLVIENDO MÁS VALIOSAS

La plataforma de *streaming* Netflix experimentó un crecimiento extraordinario en 2020, con un aumento de 37 millones de miembros de paga y 25 000 millones de dólares en ventas con respecto al año anterior. Sus ventas registraron un incremento interanual del 24 % y las utilidades aumentaron un 76 %, a 4600 millones de dólares.

El éxito de Netflix en un nutrido grupo de proveedores de *streaming* se explica, en parte, por su capacidad de utilizar muy bien los datos (figura 5-6). La empresa informó que el 80 % de los usuarios reciben influencia de recomendaciones hechas a partir del análisis de *big data* cuando seleccionan contenido; por ende, Netflix es particularmente hábil para utilizar *big data*. Analiza los datos de los usuarios con IA para comprender sus preferencias, y puede aprovechar las recomendaciones personalizadas para aumentar la audiencia y estimular la lealtad de los clientes, quienes contribuyen a que sea dominante en su campo.

FIGURA 5-6
LA CAPACIDAD DE NETFLIX PARA ANALIZAR *BIG DATA* CON IA HA SIDO UNA VENTAJA COMPETITIVA CLAVE
Fuente: iStock

El valor de los datos como activos también se hace evidente en su efecto multiplicador para mejorar el desarrollo de productos. Estos, y los servicios personalizados, han sido muy exitosos para los negocios y han mejorado distintos aspectos de nuestra vida; por ejemplo, cada dispositivo digital genera datos todo el tiempo, y ese volumen crece exponencialmente. El aprendizaje automático ha amplificado el papel de los datos, que se han convertido en un tesoro escondido. Las empresas y las personas que utilizan dicha información pueden amasar enormes ganancias, y quienes lo tienen claro han aumentado cada vez más su valor; sin duda, es lo que hemos observado con Netflix.

No obstante, enfrentamos problemas persistentes como datos muy dispersados, estándares inconsistentes, sistemas desconectados. Esto provoca dificultades en su recopilación y uso, costos elevados, poca eficiencia y falta de cumplimiento. El surgimiento de la tecnología *blockchain* ha ayudado a solucionar esos problemas, pues dificulta su alteración y permite una mejor trazabilidad de los datos.

Por otra parte, el análisis de datos se ha convertido en una de las tendencias clave en el campo del *big data*. Chainalysis, empresa con oficinas en Singapur, se ha convertido en una proveedora líder de investigación y herramientas para la gestión de datos de dependencias gubernamentales, casas de cambio de criptomonedas e instituciones financieras.

En febrero de 2014, la todavía joven industria del *blockchain* experimentó un golpe devastador cuando la mayor plataforma de intercambio de activos digitales, Mt. Gox, empresa con sede en Tokio que manejaba el 70 % de las transacciones mundiales en bitcoines, fue blanco de delincuentes informáticos. Los ladrones se llevaron 850 000 bitcoines con un valor de 520 millones de dólares. Mt. Gox logró recuperar 200 000, pero no pudo encontrar los 650 000 restantes. Esta situación generó una profunda desconfianza en la seguridad de las plataformas de intercambio de criptomonedas y dio origen a servicios de análisis de datos con el *blockchain*, como Chainalysis.

En junio de 2017, representantes de empresas de tecnología *blockchain* asistieron a una audiencia de la Cámara de Representantes de Estados Unidos, en Washington. Jonathan Levin, cofundador de Chainalysis, describió lo que les pasó a los 650 000 bitcoines todavía desaparecidos, aunque no significaba que fuera posible rastrearlos o recuperarlos. Chainalysis estableció una alianza con el gobierno estadounidense para combatir delitos relacionados con el *blockchain*. Por ejemplo, en octubre de 2019, gracias a una investigación de Chainalysis, el Departamento de Justicia de Estados Unidos cerró Welcome to Video (WTV), el mayor sitio web del mundo dedicado a la pornografía infantil. La operación llevó a la captura de cientos de delincuentes y al rescate de 23 niños que sufrían abusos.

Gracias al reconocimiento recibido por su labor en los sectores público y privado, Chainalysis atrajo inversiones de capital y, tras nueve rondas de recaudación de fondos, reunió 366 millones de dólares. En junio de 2021, obtuvo otros 100 millones de dólares y la empresa se valuó en 4200 millones de dólares. La división de desarrollo de productos y servicios mantuvo el ritmo y ofreció a gobiernos y empresas capacidades de detección y prevención de delitos digitales cada vez más sofisticadas.

Los principales servicios de Chainalysis incluyen: servicios de datos personalizados (Chainalysis Business Data); servicio de monitoreo de activos digitales (Chainalysis KYT); análisis profundo de datos tokenizados (Chainalysis Kryptos); servicio de datos para decisiones de inversión (Chainalysis Market Intel) y servicios de sondeo de flujo de activos tokenizados (Chainalysis Reactor). Con cientos de millones de etiquetas «dirección» de más de 2000 servicios de *blockchain*, la empresa puede comprender con precisión la naturaleza del flujo de datos en el mundo de la cadena de bloques. En la actualidad, presta servicios a más de 400 organizaciones de gobierno, bancos y organizaciones financieras, aseguradoras, empresas de red y seguridad, así como a plataformas de comercio de más de 60 países de todo el mundo. Tan solo sus contratos con el gobierno estadounidense superaron los 10 millones de dólares entre 2015 y 2019.

Los datos no solo constituyen activos personales y una competencia central para las empresas, sino también un factor clave de producción para las naciones. Por ejemplo, China ha identificado el impulso del valor de los datos y el desarrollo del mercado de factores de datos como temas de política nacional. En agosto de 2015, el Consejo de Estado, la principal autoridad administrativa del país, dio a conocer la «Guía de acción nacional para facilitar el desarrollo de la industria de *big data*». Entonces, en abril de 2020, el gobierno identificó los datos como uno de los cinco factores de producción prioritarios junto con la tierra, la mano de obra, el capital y la tecnología. Convocó a acelerar el cultivo del «mercado de factores de datos» mediante acciones como promover la transparencia y divulgación de datos del gobierno, mejorar el valor de los recursos de datos sociales y fortalecer la integración y la protección de la seguridad de los recursos de datos.

Con estas directivas para la política pública, China ha definido con claridad que los datos constituyen factores de producción vitales. Esto indica la confianza del gobierno de que la integración de los datos en la producción industrial y el cambio al crecimiento marcado por estos ayudarán al progreso de la economía.

En el metaverso, la carga de datos será impresionante y provocará el surgimiento de un nuevo orden. Recrear el valor de los datos a partir de la premisa de la protección integral de los derechos de propiedad y la privacidad ofrecerá nuevas oportunidades para la innovación de las empresas. La era de las empresas de internet centralizadas, monopolizadoras de los activos de datos y sin respeto por la privacidad de los usuarios llegará a su fin. En su lugar, surgirá un nuevo modelo de negocio que protege por completo los derechos sobre los datos y reconoce que son activos.

En el metaverso, los creadores de contenido no tendrán que preocuparse de que su trabajo, ya sean palabras, fotografías o videos, se transmita sin ninguna protección de sus derechos de autor. Es más, no se tendrán que preocupar por no recibir ninguna participación en los beneficios de la protección de los derechos de autor. Los consumidores ya no temerán que sus preferencias de compra, datos de viaje o, incluso, información biológica se comercien en privado, y se les dé un mal uso por parte de instituciones comerciales. Podremos tomar la decisión de vender nuestra información personal a empresas e instituciones que reconocemos, lo que no solo nos permitirá recibir compensación, sino que también maximizará el valor de nuestra información personal.

CAPÍTULO 6

TENDENCIA 3: CRECI- MIENTO DE LA COMUNIDAD ECONÓMICA

LA COMUNIDAD ECONÓMICA EN EL METAVERSO SE CONVIERTE EN EL MODO DOMINANTE DE ORGANIZACIÓN, Y LAS APORTACIONES DIGITALES DISPARAN CAMBIOS EN LA DISTRIBUCIÓN DE VALOR

Desde el surgimiento de internet, muchos han conquistado grandes logros nada parecidos a lo hecho por las empresas gigantes del pasado.

En la era del metaverso, la actualización de las estructuras de organización irá más allá de la forma de los activos y los modelos de negocio. El constructo tradicional de «empresa» irá en declive y dará lugar a un tipo totalmente nuevo de comunidad económica abierta, justa, transparente y simbiótica. Su objeto será maximizar el valor de ecosistema de la comunidad. Este cambio de organización ayudará a todos los sectores a crear un nuevo paradigma para una economía digital más justa, incluyente y sostenible.

Las organizaciones de la comunidad económica, en combinación con herramientas automatizadas como los contratos inteligentes basados en el *blockchain*, harán que surjan nuevos métodos de distribución. Algunos de ellos serán los préstamos «yield farming» (cultivo de rendimientos) y nuevos modelos de gobernanza como las organizaciones autónomas descentralizadas (DAO, por sus siglas en inglés). Esto permite a los contribuidores digitales participar en la comunidad en un sentido real, con normas de gobernanza comunitaria justas, transparentes y efectivas. Cuando eso suceda, observaremos el fortalecimiento de la relación simbiótica entre los colaboradores y las plataformas digitales. Esto también atraerá más recursos y ampliará la red, y así se formará el ciclo positivo de un «efecto de inercia».

LA COMUNIDAD ECONÓMICA REEMPLAZA A LA EMPRESA COMO LA FORMA DE ORGANIZACIÓN CONVENCIONAL

El 12 de junio de 2016, un proyecto llamado The DAO fue atacado por *hackers*, quienes robaron 3.6 millones de activos de ETH. Fue un momento crítico para el *blockchain* recién nacido Ethereum. La pérdida representó más de un tercio del número total de ETH emitidos mediante *crowdfunding* para el proyecto, y el 15 % del total en circulación en ese momento. El incidente causó enormes pérdidas para los participantes y daños irreversibles para el ecosistema Ethereum.

Fue comparable a la destrucción por el paso de un huracán en un poblado construido con mucho esfuerzo por sus habitantes. En una catástrofe así, el terreno sigue ahí, pero muchas personas deben mudarse a otra parte. Fue un momento crucial para la supervivencia del ecosistema Ethereum. Las víctimas debieron poner manos a la obra para intentar salvar lo que pudieran.

Las situaciones que llevaron al ataque comenzaron el 30 de abril, cuando The DAO lanzó su campaña de *crowdfunding* en Ethereum. Recaudó ETH con un valor de 150 millones de dólares en solo 28 días, la mayor cantidad reunida por ese método hasta entonces. Además de captar la atención del mercado, atrajo el interés de los *hackers*. El 12 de junio, Stephan Tual, uno de los fundadores de The DAO, informó que había descubierto un problema al que designó «error de extracción repetitiva» en el procedimiento del contrato. Aunque ya se habían comenzado a tomar medidas para reparar la vulnerabilidad, un *hacker* explotó ese error y robó la criptomoneda. Transfirió los activos a un contrato inteligente que él controlaba. Por fortuna, debido a las reglas de The DAO, el *hacker* debía esperar 28 días para poder retirar estos activos de ETH, por lo que no podía transferirlos ni venderlos. La comunidad Ethereum debía apresurarse: solo tenía 28 días para salvarse.

El 17 de junio, el cofundador de Ethereum, Vitálik Buterin, propuso una solución *soft fork*, consistente en actualizar todos los nodos a la versión más reciente de cliente del *blockchain* Ethereum. Con este plan, después de las 9:44 a. m., el 24 de junio de 2016 cualquier transacción relacionada con el incidente DAO se marcaría como inválida y evitaría que los *hackers* transfirieran el botín robado. La comunidad apoyó esta solución y la mayoría de los nodos actualizaron su *software* de cliente. Por desgracia, debido a problemas en el *software* esa reparación no funcionó.

En ese momento, solo quedaban dos semanas para que los *hackers* pudieran transferir los activos digitales. La única opción que quedaba era una solución *hard fork* del *blockchain* Ethereum. Así, la comunidad podría recuperar a la fuerza los activos robados y los restantes de The DAO del contrato inteligente[18] controlado por este proyecto y los *hackers*. Alrededor de 12 millones de ETH se transferirían al contrato inteligente y luego se les devolverían a quienes participaron en el *crowdfunding*.

Esta propuesta causó un acalorado debate dentro de la comunidad. Algunos participantes se opusieron por completo porque cambiar toda la red por un problema de un proyecto del ecosistema iba en contra del espíritu del *blockchain* «a prueba de alteraciones» y «descentralizado». En su opinión, la descentralización tenía como objetivo garantizar que nadie tuviera derecho a hacer eso. Estos son algunos de los comentarios que se hicieron en el foro web Reddit: «Estuvo mal que la fundación Ethereum participara en el proyecto The DAO y lo promoviera. Ethereum debería ofrecer el marco básico para algunos proyectos exitosos y enfrentar con toda calma los retos. El *hard fork* no era el camino para enfrentar este reto».

Entonces, una persona que decía representar al *hacker* apareció en el canal de chat en línea de The DAO. Dijo que los *hackers* darían un millón de ETH y 100 bitcoines de recompensa a los nodos que se opusieran al plan *hard fork* y se adhirieran a las reglas originales. Una carta abierta del *hacker* advirtió que «cualquier bifurcación, ya sea blanda o fuerte, le causará enormes daños a Ethereum y arruinará su reputación».

Se encontraban en un callejón sin salida: por un lado, la comunidad de Ethereum seguía debatiendo sin poder llegar a un acuerdo sobre un plan de acción. Por el otro, los *hackers* estaban a punto de retirar los activos robados. Aunque el debate se acaloraba, los equipos técnicos se prepararon. Los desarrolladores de Ethereum crearon clientes digitales que permitirían a los nodos decidir activar el *hard fork*.

El 15 de julio, la comunidad de Ethereum realizó una votación informal sobre la aplicación de la solución *hard fork*. Para verificar sus derechos a voto ponderado, los tenedores de ETH los enviaron a una dirección de contrato inteligente designada, y este contrato los devolvió de inmediato. Enseguida, votaron a favor o en contra. Tras la votación, los patrocinadores contaron el número de ETH enviados a cada dirección y determinaron el resultado. Alrededor de 4.5 millones de ETH participaron en la votación y el 87 % de ellos apoyó el plan *hard fork*. Así que su lanzamiento oficial ocurrió el 20 de julio.

Sin embargo, el tema no dejó de causar polémica y algunos nodos se negaron a participar en el cambio. En consecuencia, Ethereum se dividió en dos cadenas que representaban a ambos bandos (figura 6-1). Uno de ellos aplicó la actualización *hard fork* (que todavía se llama Ethereum). Los nodos que soportan esta cadena consideraron que el ataque era una grave amenaza para el ecosistema en conjunto y decidieron contraatacar. El otro se opuso al *hard fork* (ahora se llama Ethereum Classic o ETC), y creen que el espíritu del *blockchain* es la descentralización. De hecho, cambiar la información de una cadena mediante una modificación al código subyacente es un problema grave que socava dicho principio.

FIGURA 6-1
EL PLAN *HARD FORK* DIVIDIÓ A ETHEREUM EN DOS *BLOCKCHAINS*
Fuente: Visual China Group

Ambas cadenas siguen en operación. La que votó a favor del *hard fork* tiene el respaldo de la fundación Ethereum, propietaria de la marca comercial y de la mayoría de los nodos. Con mucha mayor influencia que la separada ETC, todavía se le conoce como *blockchain* Ethereum; sin embargo, ETC también ha conservado cierta vitalidad y ha desarrollado su propio ecosistema.

Independientemente del bando que seleccionemos, la historia de Ethereum es un importante caso práctico sobre la toma de decisiones colectivas y el manejo de controversias con organizaciones dentro de la comunidad virtual.

En retrospectiva, algunos defectos técnicos permitieron que ocurriera una crisis catastrófica que tuvo como resultado un tremendo robo de activos y una fisura fundamental en la comunidad. Hizo que el proceso pareciera caótico, por lo que el proyecto se resquebrajó. No obstante, conforme Ethereum evolucionó, nunca cambió el código subyacente del *blockchain* para resolver los errores ocurridos a nivel de aplicación. No es nuestra intención evaluar los aciertos o las fallas de Ethereum, más bien, esperamos que sirva para que los lectores comprendan un poco el mecanismo de operación de la comunidad. Después de todo, esta colosal y compleja comunidad global (regida por sus miembros, entre quienes están sus fundadores, los operadores de nodos, tenedores de activos digitales, desarrolladores de aplicaciones y usuarios de aplicaciones) no deja de tener grandes logros que nos dejan impresionados.

En los años posteriores al incidente de The DAO, Ethereum ha crecido hasta convertirse en una importante plataforma global de *crowdfunding*. A pesar de la burbuja posterior, cuyo estallido causó una caída drástica de su valor, se ha sumado a un nuevo entorno de aplicación: el modelo DeFi. En una extraordinaria historia de reaparición, desde 2020, esta tecnología financiera emergente ha reposicionado a Ethereum, a la que ahora se considera la «reina de la cadena pública».

Para el primer semestre de 2021, con muchas actividades económicas como DeFi, la creación y venta de arte digital y coleccionables y el pago transfronterizo de monedas estables, Ethereum se ha convertido en un avispero de actividad. En julio de 2022, se alzó a nuevas alturas con un valor de mercado de 192 560 millones de dólares. En el primer semestre de 2021, el número de direcciones independientes de Ethereum (en esencia, el número de usuarios registrados) era de aproximadamente 170 millones.

El volumen total de transacciones por día llegó a 55 400 millones de dólares, el valor de los activos bloqueados era de casi 100 000 millones de dólares y el número de nodos globales llegó a 12 451. Es evidente que se trata de una infraestructura de red que desempeña un papel importante en la economía global, por lo que es mucho más poderosa de lo que habríamos imaginado hace unos años.

Las comunidades virtuales organizadas en torno a la creación, distribución y colaboración de valor han existido desde la era de la web1, como lo ejemplifica *Wikipedia*.

En el 2000, los emprendedores de internet de origen estadounidense, Jimmy Donal Wales y Larry Sanger, desarrollaron *Nupedia*, una enciclopedia gratuita en línea cuyas entradas estaban escritas en su totalidad por expertos y académicos voluntarios con formación profesional. Después de 18 meses de trabajo duro y un costo de 250 000 dólares, el proyecto produjo solo 12 entradas.

Entonces, Wales decidió adoptar la tecnología colaborativa «Wiki», desarrollada por el programador Ward Cunningham en 1995 para crear un tipo totalmente nuevo de enciclopedia, una que aceptara aportaciones de cualquier persona dispuesta a participar. El formato «Wiki» permite que muchas personas naveguen, creen y editen texto de manera colectiva. Cada participante es un lector y también un escritor y puede cooperar con otros en internet para crear y actualizar contenido.

Wikipedia celebró su lanzamiento oficial el 15 de enero de 2001. El equipo pensó que tardaría una década en alcanzar las dimensiones de la *Enciclopedia Británica* con sus 80 000 entradas. Sin embargo, en solo tres años se crearon 100 000 entradas en *Wikipedia* y el número siguió aumentando a un ritmo impresionante. En los últimos 21 años, ha atraído a un sinnúmero de voluntarios de todo el mundo interesados en participar en la construcción de este grandioso sistema de conocimiento. Hasta julio de 2022, la versión en idioma inglés tenía más de 6.54 millones de artículos, de todo tipo de temas, en 56.49 millones de páginas web. Sin duda, se trata del trabajo de referencia más extenso y leído de la historia.

El nacimiento y ascenso de *Wikipedia* constituye otro caso práctico importante de creación de valor distribuido y colaborativo. No obstante, su contraste con la comunidad Ethereum es tremendo. De hecho, *Wikipedia* es una comunidad sin fines de lucro que depende de voluntarios y del espíritu de reciprocidad de «todos para uno y uno para todos». Ethereum, conforme a la estructura de una comunidad de tecnología de código abierto, alienta a los participantes a construir de manera colaborativa su sofisticado ecosistema conforme a reglas específicas, e impulsados por el comercio en la criptomoneda ETH. Las comunidades con modelos económicos construidos sobre la base del «capital interno»[19] se clasifican como comunidades económicas.

En la historia de la colaboración humana han aparecido muchas formas de organizaciones. La mayoría se basaban en la burocracia piramidal y para su operación dependían de un mecanismo de gobierno jerarquizado. La otra opción, los mecanismos planos y de cogobierno, tienden a ser menos efectivos. En la era de internet, con el mismo mecanismo de gobierno distribuido, ¿por qué es posible que organizaciones comunitarias como *Wikipedia* y la comunidad de Ethereum sigan operando con éxito y creen un enorme valor social y económico? Comprender por qué ocurre esto quizá sea la clave para entender nuevas formas de colaboración y organización en la era del metaverso.

LA CONTRIBUCIÓN DIGITAL REQUIERE UNA REVOLUCIÓN EN LA DISTRIBUCIÓN DEL VALOR

El 5 de mayo de 2020, los usuarios abrieron su sitio favorito de literatura china en línea, pues esperaban con ansia las siguientes partes de unas novelas en serie a las que se habían suscrito. Los autores habían sido muy puntuales con sus entregas, pero los lectores descubrieron que los capítulos de ese día no habían llegado como esperaban.

Resulta que un día antes, muchos escritores conocidos habían convocado para el 5 de mayo una huelga contra la popular plataforma China Literature Group, cese al que designaron «Día sin actualizaciones».

Los usuarios descubrieron que pasaban cosas extrañas. Por ejemplo, a pesar de la huelga de los autores, algunas obras se habían actualizado después de la medianoche del 4 de mayo. Manuscritos que estaban en lista de espera se publicaron sin el consentimiento de los autores. «¿Cómo es posible que China Literature Group haya publicado mi borrador?», se quejó uno de ellos.

La principal fuente de dinero de los escritores de literatura en línea son las suscripciones de paga, es decir, cobran una cuota a los lectores por capítulo o por cada 1000 palabras. La suspensión de las actualizaciones representó, para muchos, la pérdida de ingresos durante ese periodo. Por si fuera poco, los retrasos en el proceso de actualización ocasionaron que se perdieran muchos suscriptores; entonces, ¿a qué se debió la decisión colectiva de suspender las actualizaciones ese día y qué propició la intervención tras bambalinas de la plataforma? Quizá tuvo alguna relación con ciertos lineamientos nuevos establecidos para los escritores de la web China Literature Group, la mayor plataforma de ese país en cuanto a creación de literatura y medios en línea.

En abril de 2020 se reemplazó al equipo de administración del grupo y se hicieron cambios a las disposiciones aplicables al manejo de contenido. Incluían nuevos términos que podrían debilitar la protección de los derechos de autor de los escritores, además de otros que parecían dañar sus intereses como promociones de lectura gratuita y una reducción al reparto de utilidades. Estas medidas causaron gran molestia y, después del «Día sin actualizaciones», se renegociaron los lineamientos.

Sucesos similares ocurrieron de manera esporádica. Durante el Festival de la Primavera en 2021, importante celebración en China, Ele.me, una de las mayores plataformas de entrega de comida del país, lanzó la campaña «Smooth run» para los conductores repartidores. Si los repartidores de comida lograban completar los pedidos recibidos a través de la plataforma, recibirían un bono de 8200 yenes. Esa cantidad era lo que casi todos ganaban en un mes, así que era muy atractiva.

FIGURA 6-2

EN CHINA, LOS REPARTIDORES DE COMIDA SON UN RECURSO INDISPENSABLE PARA LAS PLATAFORMAS
Fuente: Visual China Group

Sin embargo, todo se complicó. Cuando arrancó la campaña parecía relativamente sencillo que los conductores cumplieran con el número de entregas necesarias para obtener el bono; entonces, hubo un cambio repentino en las reglas que hizo casi imposible llegar a la meta. Algunos se quejaron porque, incluso si hubieran dedicado 12 horas diarias consecutivas a hacer entregas, no habrían obtenido el bono. Muchos sacrificaron tiempo con su familia durante la festividad con la esperanza de recibir un premio que, debido al cambio repentino en las reglas, se volvió inalcanzable.

En la era de la web2, con la aparición continua de distintas plataformas de servicios en internet, el modelo de negocio de la «economía de plataformas» maduró muchísimo. Aparecieron nuevos participantes distintos a los tradicionales como accionistas, administradores y empleados. Había vendedores de comercio electrónico, repartidores, blogueros de *we-media/self-media*, *influencers* de Instagram, artistas y escritores web, entre otros.

Se trata de los nuevos trabajadores de internet, actores vitales que aportan los factores de producción y los recursos centrales necesarios para tener desarrollo, ingresos y crecimiento. Los vendedores ofrecen productos para las plataformas de comercio electrónico, los repartidores completan los servicios de comida para llevar, los escritores web producen contenido de calidad para sitios de literatura en línea y los *influencers* introducen y promueven a las marcas, ofreciendo contenido en video y en vivo en las plataformas de videos cortos. Utilizan la infraestructura y los recursos de clientes creados por las plataformas de internet y comparten con ellas las ganancias. En general, hacen su trabajo gracias al financiamiento colectivo, por lo que no se ajustan a la definición de trabajadores independientes ni de empleados.

Su relación con las plataformas web es de simbiosis, con un fortalecimiento mutuo. Se les ha llamado colaboradores digitales y, a medida que la economía de las plataformas de internet ha crecido y evolucionado, se han hecho cada vez más comunes.

Una regla fundamental de la economía de plataformas es la ley de Metcalfe, que sostiene que el valor de una red de computadoras o telecomunicaciones es proporcional al número de nodos conectados. Bautizada en honor de Robert Metcalfe, cocreador de la tecnología Ethernet, y formulada antes de la aparición de internet, hace alusión al principio general de que más dispositivos que trabajan juntos producen mayor valor colectivo. Es posible observar este fenómeno en el crecimiento exponencial de una plataforma web, conforme se acumulan participantes. Los colaboradores digitales son los nodos más vitales en la red de la plataforma, por lo que son los creadores clave de valor; sin embargo, en general se ven forzados a aceptar las reglas de las plataformas y no pueden participar en su gobierno ni en su distribución de valor. Las plataformas se quedan con las utilidades que crean.

En la superficie, parece que estos conflictos se reducen a cuestiones de asignación y distribución. Si se analiza más a fondo, se observa que el problema reside en quién puede participar en la gobernanza de la plataforma, es decir, en sus modelos de organización y propiedad del valor. En la economía de las plataformas de internet, los mecanismos actuales de gobernanza, distribución y organización no están sincronizados con la lógica de la creación de valor. En resumen, los creadores de valor no obtienen las recompensas que se merecen.

Esto se debe a que, aunque muchas empresas de internet adoptan el modelo de negocio de la economía de plataforma, su organización todavía es muy «corporativa», con el objetivo central de generar valor para los accionistas. En ese mundo, el capital invertido por los tenedores de acciones desempeña el papel más importante en el proceso de creación de valor, así que deben recibir la mayor parte de las ganancias cuando estas se distribuyen. Es una vuelta a la lógica de producción de la era de la economía industrial. En la economía de la información, los factores creativos aportados por el personal tienen un papel cada vez más importante en el valor de la empresa. En la economía de plataforma, su éxito se debe al esfuerzo conjunto de inversionistas, empresarios, empleados y colaboradores digitales que construyen de manera colaborativa el ecosistema.

Si solo se tiene inversión de capital sin la participación de los colaboradores digitales, las plataformas no pueden formar un efecto de red y, por lo tanto, no tienen ningún valor, independientemente de la cantidad de dinero que se les invierta. Los colaboradores digitales se han convertido en los principales creadores de valor en las plataformas, pero estas se encuentran rezagadas en su lógica organizacional y de distribución. Los colaboradores digitales, los verdaderos creadores de valor, no cuentan con mecanismos para participar de manera razonable en la distribución del valor de las plataformas y no tienen ninguna posibilidad de participar en su gobierno.

En nuestra opinión, la relación de producción actual con su noción del sistema corporativo ya no se ajusta al desarrollo de la productividad de la economía digital. Incluso, se ha convertido en un factor restrictivo, pues el nuevo diseño de modelos de organización y distribución en las plataformas de internet se convierte en una prioridad. El personal de la plataforma puede participar en la distribución del valor mediante opciones financieras, pero con muchos colaboradores digitales, rotación frecuente y una enorme brecha en el grado de aportación, es difícil para las plataformas motivar con oportunidades de propiedad de acciones. La clave para motivar a los colaboradores digitales (de manera franca y precisa, en tiempo real y ayudándoles a ganar lo que se merecen) es encontrar un mecanismo de distribución de valor manejable. Es decir, establecer un modelo más justo de distribución del valor de la plataforma.

En vista de lo expuesto en los capítulos anteriores, un modelo inteligente de distribución basado en el *blockchain,* los contratos inteligentes y los activos digitales podría ser un mecanismo práctico. El actual modelo experimental representativo es el llamado «cultivo de rendimientos»[20].

EL CULTIVO DE RENDIMIENTOS CREA UN NUEVO MODELO PARA LA DISTRIBUCIÓN DE VALOR EN LAS PLATAFORMAS

El cultivo de rendimientos (también llamado minería de liquidez) es un mecanismo automatizado, cuantitativo y transparente de distribución de valor de la plataforma mediante contratos inteligentes en tiempo real.

Se ha utilizado mucho en el espacio de las DeFi. Los usuarios bloquean en depósito los activos digitales correspondientes de acuerdo con los requisitos de la plataforma DeFi para dar liquidez, por lo que se convierten en colaboradores digitales. Como recompensa, pueden adquirir a intervalos breves activos digitales emitidos por el sistema a través de contratos inteligentes. Estos activos reflejan el valor de la plataforma, que ayuda a ajustar la distribución de valor a los colaboradores digitales.

Hummingbot, una herramienta de código abierto para negociaciones automatizadas creada en Seattle, fue la primera en utilizar el cultivo de rendimientos. El primer proyecto DeFi en adoptar este mecanismo fue la aplicación de activos sintéticos, Synthetix. En junio de 2020, la plataforma de préstamos distribuidos, Compound, comenzó a utilizar el modelo. El enfoque se hizo popular en el segundo semestre de 2020 y se convirtió en un elemento normal de este tipo de proyectos (figura 6-3).

FIGURA 6-3
EN PROYECTOS DEFI, EL CULTIVO DE RENDIMIENTOS LOGRA UNA DISTRIBUCIÓN MÁS EQUITATIVA DE LOS INGRESOS
Fuente: iStock

Exploremos con más detenimiento Compound -orgullosa guardiana de depósitos por más de 3700 millones de dólares en activos que generan intereses- como ejemplo del concepto y la dinámica del cultivo de rendimientos.

La plataforma de préstamos distribuidos permite a los usuarios depositar y tomar en préstamo activos digitales. Todas las operaciones de préstamo se concretan mediante contratos inteligentes sin intervención humana y nadie tiene derecho a tocar los activos depositados. Por lo tanto, es poco probable que alguien «desaparezca con el dinero», lo que significa que el riesgo de crédito de los usuarios es muy bajo (figura 6-4).[21] La tasa de préstamo se ajusta automáticamente por algoritmos y los usuarios pueden depositar activos digitales en la plataforma y recibir intereses.

FIGURA 6-4
EL PROCESO DE PRÉSTAMO EN COMPOUND ES AUTOMATIZADO (SE BASA EN CONTRATOS INTELIGENTES, SIN INTERVENCIÓN HUMANA)
Fuente: iStock

El proceso automatizado reduce en gran medida el umbral de participación de los prestatarios. Puesto que todos los préstamos de la plataforma se completan con una garantía (los usuarios deben depositar otros activos digitales como tal), no es necesario evaluar la capacidad de pago ni otra información de crédito, por lo que el proceso de préstamo en sí es muy eficiente. La seguridad de la garantía se avala mediante contratos inteligentes, y quien recibe el préstamo no tiene que correr el riesgo de crédito de una contraparte. En contraste con la garantía tradicional, como un automóvil o una casa, los activos digitales se registran con precios transparentes en contratos inteligentes y es posible obtener el valor justo de la garantía en tiempo real en cualquier momento. Cuando el precio de la garantía cae a un cierto nivel, existe la opción de liquidar el préstamo y así proteger la solvencia de la plataforma y la seguridad de los activos de los depositantes. Otros procesos, como el cobro de intereses, son gestionados automáticamente por contratos inteligentes, lo que ayuda a mantener muy bajo el costo de los préstamos.

La plataforma Compound adoptó el modelo de *pool* de activos líquidos (un contrato inteligente administra un activo digital específico) en lugar del modelo de préstamo entre particulares. La plataforma recibe los activos digitales depositados por los usuarios a través del *pool* de activos líquidos, y luego los otorga en préstamo. Por lo tanto, si la plataforma planea desarrollarse, necesita incrementar el *pool* de activos líquidos y los préstamos para maximizar la escala total y la eficiencia de los activos. Desde esta perspectiva, tanto los depósitos como los préstamos son los principales recursos que impulsan el desarrollo de Compound, y los depositantes y receptores son colaboradores digitales importantes de la plataforma.

Como incentivo para los participantes, Compound aprovecha el cultivo de rendimientos para distribuir el valor de la plataforma de manera justa y los motiva a depositar o prestar más activos digitales para mejorar la escala general de los activos y su eficiencia de uso. Así que cuando los usuarios depositan o toman dinero prestado de la plataforma, mediante un proceso automatizado, pueden recibir recompensas llamadas tókenes COMP, asignadas por el sistema a intervalos regulares. La cantidad de la recompensa depende de la cuantía de los activos depositados o tomados en préstamo. Aproximadamente 2880 COMP se distribuyen a diario entre los depositantes y prestatarios. Mientras más grande sea el depósito o préstamo de activos del usuario, más COMP puede obtener. COMP es el token de gobierno de las comunidades económicas de Compound, y se emite en Ethereum. Los usuarios que tienen COMP cuentan con derechos de gobierno, por lo que pueden proponer actualizaciones para el proyecto y votar al respecto; también pueden vender COMP en el mercado secundario para obtener ganancias.

En las primeras etapas de Compound, debido a que el *pool* de activos era reducido, los usuarios podían recibir muchos COMP y generar utilidades por obtener préstamos de la plataforma, pues el valor de los COMP recibidos como recompensa es mayor que los intereses cobrados sobre los préstamos. En junio de 2020, el valor total de mercado de los COMP era de solo 600 millones de dólares. En el primer semestre de 2021, su valor de mercado alcanzó un máximo histórico de 4300 millones de dólares. Por lo tanto, los rendimientos reales obtenidos por los primeros usuarios superaron por mucho los cálculos originales. Con el paso del tiempo y el crecimiento del *pool* de liquidez de la plataforma, se observará una disminución significativa en el número de COMP disponibles para los usuarios, incluso si depositan y dan en préstamo activos digitales del mismo valor. Es más, algunos factores del macromercado pueden provocar fluctuaciones significativas en el precio de los COMP.

En este momento, los ingresos reales aportados por los colaboradores digitales en la plataforma no son tan elevados, pero por lo menos siguen participando en la distribución de valor y gozarán de los beneficios del potencial de crecimiento de la plataforma a largo plazo.

Lo que podemos concluir de la historia de Compound es que el modelo de cultivo de rendimientos permite a los usuarios obtener ingresos generadores de intereses (por la negociación de activos) y participar en la distribución de valor (valor a largo plazo) de la plataforma. Esto podría ayudar a resolver los problemas de distribución injusta observados en la economía de plataformas. El modelo de distribución del cultivo de rendimientos se diferencia de la oferta de valores en el antiguo sistema corporativo en muchos aspectos. En primer lugar, el hecho de que nuevos activos digitales (como los tókenes de gobierno) sean portadores de valor no solo reparte «utilidades» durante cierto periodo, sino que también distribuye a futuro el valor a largo plazo de la plataforma. Así, las «ventas son dividendos» y se forma una relación de simbiosis entre los colaboradores digitales y la plataforma. En segundo lugar, el proceso de asignación es transparente, justo y abierto; está basado en contratos inteligentes cuantitativos y automatizados, según la aportación de cada persona.

En el metaverso, cada persona puede ser colaboradora digital de un ecosistema. Además, debemos encontrar un mejor método para distribuir el valor. El cultivo de rendimientos podría representar un principio factible y valdría la pena explorar más a fondo sus posibilidades.

En la era del metaverso no hará mucha falta contar con una organización administrativa, dado que una serie de operaciones comerciales y distribuciones de valor pueden automatizarse mediante contratos inteligentes. Por lo tanto, es probable que el sistema corporativo tradicional se encoja a medida que aumente la popularidad de las comunidades económicas. Amigos con intereses y ambiciones similares podrían establecer con mucha facilidad comunidades económicas accesibles. Basta integrarse, hacer aportaciones y recibir como recompensa tókenes de gobierno generadores de valor.

Esta organización simbiótica, abierta, justa y transparente, integrada con herramientas automatizadas, como los contratos inteligentes, puede ampliar, profundizar y hacer más eficiente la colaboración. Este enfoque también podría crear valor colaborativo y atraer la aportación de más recursos. En consecuencia, podría permitirle a toda la comunidad lograr una expansión saludable, escalar la red y crear más valor para generar el efecto de inercia positiva mencionado. La plataforma Compound es un buen ejemplo. Desde la aparición de las DeFi y el cultivo de rendimientos en 2020, comunidades económicas similares han aparecido y se han desarrollado con rapidez en todo el mundo; todavía se experimenta con la lógica organizacional y el valor de desarrollo de las comunidades económicas.

En suma, la antigua meta de las organizaciones de maximizar el valor de los accionistas y las utilidades de unos cuantos irá desapareciendo, y dará paso al ecosistema de valor de la comunidad.

LA DAO SE CONVERTIRÁ EN UN MODELO IMPORTANTE DE GOBERNANZA PARA LA COMUNIDAD ECONÓMICA

Resulta esencial configurar de manera razonable los derechos de gobernanza para el desarrollo a largo plazo de una empresa. En 2013, Alibaba quería cotizar en la HKEX, pero se rechazó la OPI debido a la estructura inusual de la empresa con acciones de clase dual y a las restricciones impuestas en China para la tenencia accionaria por parte de extranjeros de las empresas tecnológicas. Mediante una serie de ajustes contractuales diseñados para trasladar las utilidades, la empresa japonesa de *software*, Softbank, y la estadounidense, Yahoo, conservaron su participación mayoritaria en Alibaba.

Entonces, la empresa debutó en 2014 en la NYSE. Charles Li, que en esa época era director ejecutivo de la HKEX, afirmó que lamentaba lo ocurrido.

Para evitar situaciones similares, la HKEX revisó en 2018 su sistema de cotización y comenzó a aceptar empresas con una estructura de clase dual. Tras este cambio, dos gigantes de internet chinas, Xiaomi y Meituan, hicieron el trámite para debutar en la HKEX.

La estructura de acciones de clase dual considera por lo menos dos tipos de derecho a voto y, en general, se describen como «acciones iguales con distintos derechos». Entre estos, el derecho a voto otorga un poder de gobierno clave. Las inversiones tempranas constituyen una importante fuerza impulsora para el desarrollo de plataformas web; pero después de varias rondas de financiación, el porcentaje de acciones del grupo fundador de una empresa puede haberse diluido muchísimo. Por este motivo, la mayoría de las empresas de internet prefieren una estructura con acciones de clase dual «AB», pues protege el control del grupo fundador. Una posibilidad es que cada acción de la clase A dé derecho a diez votos y cada acción de la clase B a un voto. Una empresa que ha recibido mucha financiación puede emitir acciones de la clase B para las personas externas, y acciones de la clase A para los fundadores o los administradores.

La estructura «AB» puede dividir los derechos de gobierno y la distribución de utilidades. No solo permite a los inversionistas y empleados clave participar en la distribución de valor, sino que también garantiza que el grupo fundador conserve el control de la empresa nivelando de una mejor manera el emprendedurismo y manteniendo una coherencia estratégica y una toma de decisiones eficiente.

Por ejemplo, antes de que la tecnológica china Xiaomi saliera a bolsa, su cofundador, Lei Jun, y su presidente, Lin Bin, tenían acciones que les daban más del 83 % de los votos en las decisiones sobre gobierno corporativo.[22] Lei tenía el 31.41 % de las acciones y el 53.79 % de los derechos a voto; Lin tenía el 13.32 % de las acciones y el 29.67 % de los derechos a voto.

El cambio de las normas relativas a las acciones «AB» en la bolsa de Hong Kong benefició en gran medida a Lei y Lin cuando su empresa comenzó a cotizar, pues cada uno de ellos conservó diez acciones por cada acción común de la clase B que recibieron otras personas y, en consecuencia, también tenían derecho a más votos.

Como hemos explicado, en la era del metaverso observaremos modos más democráticos de distribución de valor y organización, así como el surgimiento de comunidades económicas. Al igual que los modelos de organización y los patrones de distribución de valor, el mecanismo de gobierno debe optimizarse. Podemos incluir colaboradores digitales en el gobierno de la plataforma y hacer las reglas pertinentes más justas, más transparentes y efectivas. Esto encantaría y motivaría a los colaboradores, fortalecería su relación simbiótica con la plataforma y, en general, mejoraría la eficacia y el desempeño. Una de las características clave del cultivo de rendimientos es la mejor distribución de derechos de gobierno a los colaboradores digitales de las comunidades.

La DAO nace con el objetivo de cumplir esta demanda de un modelo de gobierno comunitario descentralizado a base de contratos inteligentes manejados con el *blockchain*. Ofrece autonomía en la toma de decisiones conforme a reglas compartidas y aplica de manera automática las acciones correspondientes a través de sus programas.[23] Es común en el gobierno comunitario de proyectos con tecnología *blockchain*. Puede dividirse *grosso modo* en tres categorías principales: gobierno a nivel de protocolo, gobierno a nivel de aplicación y herramienta de gobierno.

Un buen ejemplo de gobierno a nivel de protocolo es Polkadot, empresa de interconexión del *blockchain* con oficinas en Sudáfrica creada por Gavin Wood, cofundador de Ethereum y autor del *Ethereum Yellow Paper*. Todos los miembros de la comunidad Polkadot toman las decisiones relativas al desarrollo del protocolo.

Maker DAO (figura 6-5), empresa con sede en San Francisco que hace posible la generación de la criptomoneda Dai, es un ejemplo de organización que practica el gobierno a nivel de aplicación. Los participantes de la comunidad pueden votar respecto a los parámetros clave de operación del protocolo.

Por último, hay muchas herramientas de gobierno, como Snapshot, la plataforma de votos de gobierno de código abierto, y Aragon, la plataforma de organización de la DAO.

FIGURA 6-5
MAKER DAO FUE DE LOS PRIMEROS PROYECTOS EN ADOPTAR EL MODELO ESTRUCTURAL DE ORGANIZACIÓN AUTÓNOMA DESCENTRALIZADA
Fuente: Decentraland

El concepto de la DAO es el modelo de gobierno de las comunidades económicas. Por lo tanto, contrasta mucho con el sistema tradicional de gobierno corporativo.

Para empezar, una DAO, por lo regular, no tiene una organización física y, en un principio, muchas veces forma una comunidad global distribuida. En general, su operación está regida por normas convenidas por los miembros. Por el contrario, las entidades corporativas son creadas por un grupo minoritario de accionistas y fundadores originales que las operan de conformidad con el acta constitutiva correspondiente y un sistema de administración tradicional y rígido. En segundo término, los derechos de gobierno en una DAO, en general, se asignan a cada miembro de la comunidad, según la cantidad de activos digitales que tenga; la fijación de normas y la toma de decisiones se da de abajo hacia arriba. Las empresas tradicionales tienen una estructura jerárquica más clara, gobernada y gestionada por el consejo de administración y la alta dirección, en donde la toma de decisiones va de arriba hacia abajo.

El constructo DAO actual tiene sus limitaciones puesto que la toma de decisiones y su aplicación usualmente dependen de modificaciones en el código, esta configuración es más aplicable a la organización y la administración en la esfera digital. Es especialmente adecuada para la administración de servicios de aplicación informática. El modelo la DAO no es necesariamente la mejor opción para las organizaciones físicas del mundo real. Sin embargo, esperamos con optimismo una acelerada digitalización organizacional e industrial en la era del metaverso y, en consecuencia, una adopción más generalizada del gobierno de la DAO.

En vista de que el cultivo de rendimientos distribuye tókenes de gobierno entre los usuarios, puede considerarse un mecanismo de distribución de poder del gobierno de la DAO. Regida por este modelo, la estructura de los derechos de gobierno es de gran importancia. En el largo plazo, todavía es el factor determinante clave en términos del valor del proyecto.

Así que, ¿cómo podemos construir un modelo efectivo de gobernanza en el contexto de una DAO? Distintas comunidades económicas tienen opiniones diferentes en este tema. Polkadot prefiere establecer un ecosistema mediante acciones conjuntas de los miembros y promover el desarrollo y equilibrio de toda la comunidad.

Tres grupos principales, los tenedores de DOT, el Consejo y el Comité de Tecnología, participan en el gobierno distribuido de la comunidad de Polkadot. La comunidad se convertirá gradualmente en un sistema simbiótico, de tal forma que cada miembro pueda participar verdaderamente en los derechos de gobierno del ecosistema.

El principal facilitador del gobierno en Polkadot es el activo digital DOT. Los tenedores de DOT tienen derecho a presentar una propuesta pública, emitir votos sobre posibles proyectos, elegir a miembros del Consejo y proponerse como candidatos en las elecciones para este. Los 24 integrantes que lo conforman representan a los miembros que no han participado activamente en el gobierno de la comunidad. Sus tareas principales incluyen proponer posibles normas, vetar propuestas peligrosas o maliciosas y elegir al Comité de Tecnología. Este comité, integrado por recursos tecnológicos calificados, no puede lanzar una propuesta, pero sí tiene el derecho de agilizar las operaciones después de que se cuentan los votos.

En Polkadot, todas las decisiones de gobierno acerca del desarrollo de proyectos del ecosistema comienzan con una propuesta. Todas ellas, salvo las de emergencia, deben someterse a votación de la comunidad para poder implementarse; tanto los miembros de la comunidad como el Consejo pueden presentarlas. En cuanto a las propuestas públicas, aquellas que cuentan con más apoyo (el respaldo de más DOT calificados) se someten a votación. Cuando se trata de propuestas del Consejo, aquellas aprobadas por la mayoría de los miembros se someten a votación. En caso de emergencia, el Comité de Tecnología puede acordar con el Consejo proponer un proyecto de emergencia. Las votaciones de propuestas en Polkadot ocurren cada 28 días.

La primera propuesta considerada por Polkadot fue la introducción de transferencias de dinero en el *blockchain*, con la intención de mejorar el funcionamiento de la red. El 21 de julio de 2020, tras la elección del Consejo de Polkadot, el fundador, Wood, abrió un chat para debatir el lanzamiento de la función de transferencia de dinero DOT. La votación comenzó después de que el Consejo propuso el proyecto. Los tenedores de DOT votaron a favor y el Comité de Tecnología se encargó de escribir y actualizar la nueva versión del procedimiento, con lo que hicieron realidad el proyecto.

El buen gobierno también acelerará el desarrollo del ecosistema de proyectos. Para facilitar una actualización rápida y la presentación de más proyectos, Polkadot cuenta con una Tesorería para administrar los activos digitales propiedad de la comunidad y financiar proyectos del ecosistema. La Tesorería de una comunidad es el equivalente al Departamento de Finanzas Corporativas, pero todos los activos digitales que tiene pertenecen a la comunidad en su conjunto. La Tesorería de Polkadot es un conjunto de activos constituido por las comisiones por transacción y los ingresos derivados de los llamados «castigos *slash*» (en esencia, multas por mala conducta).[24] Los tenedores de DOT pueden enviar propuestas de gasto y solicitar la compra de DOT. La administración de los gastos y el uso de los fondos está a cargo del Consejo. Una vez que este lo autorice, los miembros de la comunidad y los desarrolladores pueden obtener rápidamente activos para los proyectos de desarrollo y así impulsar la prosperidad del ecosistema.

Los proyectos de la comunidad Polkadot cubren un amplio rango de actividades como el ajuste y la operación del marco básico; el establecimiento de organizaciones relacionadas sin fines de lucro; el desarrollo y la actualización de *software*; el desarrollo integrado de proyectos del ecosistema y diversas actividades de la comunidad. Algunas propuestas de proyectos se aprueban y otras se rechazan en las votaciones.

Las decisiones sobre temas de gobierno como el uso de los fondos (cuestiones de presupuesto), la actualización de tecnología de proyectos (cuestiones estratégicas) o el ajuste de parámetros específicos (cuestiones técnicas) dependen del mecanismo de gobierno de la DAO. Esto motiva a los accionistas, y en especial a los colaboradores digitales, para que contribuyan a operar el ecosistema.

En esencia, el gobierno de la DAO se basa en el respeto total de las opiniones de los miembros de una comunidad económica. Un mecanismo de gobierno favorable es esencial para el crecimiento sostenible del valor de ecosistema de comunidad. En la era del metaverso, podemos esperar a ver cambios fundamentales en todas las formas de colaboración social. Un sistema de colaboración global basado en el modelo de la DAO, gradualmente echará raíces y abrirá posibilidades para generar enorme valor.

CAPÍTULO 7

TENDENCIA 4: RECONFIGURAR LA IDENTIDAD DIGITAL

LOS AVATARES REFLEJAN AUTOCONCIENCIA CONFORME LA IDENTIDAD DIGITAL SE HACE MÁS POPULAR

Lo primero que hacen las personas al ingresar al metaverso es diseñar su avatar personalizado (figura 7-1).

Un avatar es una ilustración gráfica, nuestra representación visible en el mundo virtual. Estos personajes generados por computadora pueden diseñarse de tal forma que proyecten nuestros intereses, estética, sentimientos, anhelos y sueños. Es la expresión concreta de la imagen que deseamos proyectar en línea. Por lo tanto, un avatar puede reflejar la imagen ideal que alguien tiene de sí mismo, y esta puede ser distinta de su apariencia en el mundo físico. Es la proyección de un profundo autoconocimiento en el mundo digital. Con la integración de la vida digital y la social y nuestra transición al metaverso, los avatares digitales se convierten en nuestra principal manifestación social.

FIGURA 7-1
TODOS NECESITAMOS UN AVATAR EN EL METAVERSO
Fuente: iStock

Puesto que los avatares son la expresión externa de nuestra identidad digital en el metaverso, constituyen la piedra angular de todas las actividades en este espacio. Todos tendremos una identidad digital universal, independiente y privada, que podrá conectarse con datos, sistemas de activos y crédito, e integrarse gradualmente con nuestra identidad real para garantizar que disfrutemos una hermosa vida en el metaverso.

VENDER FOTOS DE PERFIL EN EL METAVERSO PUEDE SER UN EXCELENTE NEGOCIO

En mayo de 2021, la prestigiosa casa de subastas, Christie's, ofreció una serie de nueve obras de arte al mejor postor. A diferencia de los artículos de joyería fina, pinturas y antigüedades que por lo regular se ven en estas ventas públicas, las obras de arte eran imágenes caricaturescas de cabezas con pixeles burdos, incluida una de un «extraterrestre» de cara azul. Las pinturas, de la colección de arte digital de Ethereum conocida como *CryptoPunks*, se vendieron por la impresionante cantidad de 16.96 millones de dólares.

Un mes más tarde, en una subasta en línea organizada por Sotheby's, una obra sencilla estilo pixel llamada *Covid alien* se vendió por 11.75 millones de dólares, estableciéndo un récord para un *rendering CryptoPunk*.

Para agosto de 2021, el volumen total de ventas de *CryptoPunks* PFP llegó a 1090 millones de dólares, con un precio de salida de casi 170 000 dólares.[25]

Estas obras de arte son NFT. Como ya explicamos, un NFT es un montón de datos digitales en el *blockchain* que no puede duplicarse ni manipularse. Es coleccionable, único, intransferible y tiene valor monetario, como lo demuestran estos extraordinarios precios de subasta.

Las pinturas *CryptoPunks* fueron creadas por los desarrolladores de *software* canadienses, John Watkinson y Matt Hall, que se presentan como «tecnólogos creativos». En 2005, estos excompañeros de universidad lanzaron Larva Labs y, en un principio, se dedicaron a desarrollar juegos para teléfonos móviles. En 2017, crearon un generador de fotos de perfil pixeladas, pero no sabían qué hacer con las imágenes que producían.

Ethereum llamó su atención y se les ocurrió que podría ser interesante utilizar el *blockchain* para guardar y comercializar las imágenes.

Entonces, Watkinson y Hall establecieron una serie de atributos (especie, género, color de piel, tipo de peinado y accesorios) que combinaron de manera aleatoria para formar 10 000 fotos de perfil de 24x24 pixeles. Cada foto era un ser único: masculino, femenino, extraterrestre o mono. Los extraterrestres eran los menos comunes, solo nueve entre las 10 000 imágenes de la colección.

La inspiración para este proyecto fue el movimiento *cypherpunk* de los años noventa, de donde nacieron el bitcoin y el *blockchain*. Con ese espíritu, Watkinson y Hall le pusieron por título a la colección *CryptoPunks*.

Combinaron todas las fotos de perfil en una imagen enorme estilo *collage*, la guardaron en el *blockchain* de Ethereum y emitieron el activo digital correspondiente. Como el lanzamiento de *CryptoPunks* ocurrió antes de que hubiera un estándar NFT en el *blockchain*, utilizaron un «estándar ERC-20» modificado, precursor de los estándares de confirmación de propiedad NFT actuales, para distribuir estos activos.

Watkinson y Hall se quedaron con 1000 NFT y ofrecieron los 9000 restantes gratis. Se acabaron en solo una semana. Entonces, el equipo abrió la función de compra del contrato inteligente. Los compradores comenzaron a hacer distintas ofertas para adquirir los NFT de *CryptoPunks*. El dinero quedaba bloqueado en un contrato inteligente; cuando un vendedor aceptaba el precio, el contrato inteligente transfería los fondos de manera automatizada a la cuenta del vendedor y, al mismo tiempo, transfería el NFT de *CryptoPunks* a la cuenta del comprador. La mayoría de las transacciones con NFT todavía emplean este mecanismo.

El código de contrato inteligente del proyecto *CryptoPunks* ahora es muy maduro y sus características descentralizadas son evidentes. El equipo de desarrollo ya no está involucrado, pero aunque Larva Labs decidiera cerrar, todavía sería posible emplear y transferir con normalidad los 10 000 NFT *CryptoPunks* en circulación.

El proyecto atrajo la atención global y muchas celebridades e instituciones prestigiosas cambiaron sus fotos de perfil en las redes sociales por las imágenes de *CryptoPunks* que habían comprado. Estas representaciones se expusieron en la feria Art Basel, en Basilea, y pasaron a formar parte de colecciones de grandes galerías como el Instituto de Arte Contemporáneo de Miami.

Analicemos algunas de las razones que explican la popularidad de esta forma de arte digital. En primer lugar, las imágenes *CryptoPunks* son valiosas debido a lo innovadoras y escasas, y al ser el primer proyecto de este tipo, marcaron la dirección de los NFT del *blockchain*. La serie también creó el mecanismo de transacción de NFT, inspiró el establecimiento de un contrato estándar de NFT y desató la tendencia del criptoarte. Incluso, podría decirse que los *CryptoPunks* son (o serán) «antigüedades digitales», piedras angulares de importancia histórica en el desarrollo del metaverso. Hoy en día, cualquiera puede trazar fotos de perfil pixeladas y emitir NFT en el *blockchain*, pero los *CryptoPunks* -los primeros en la historia- fueron revolucionarios.

En segundo lugar, la tecnología *blockchain* ofrece fuertes atributos de propiedad. Muchas personas cuestionan el valor de los *CryptoPunks*, pues argumentan que las imágenes pueden copiarse con facilidad de la red y cualquiera puede tenerlas. Es cierto que todos podemos darle clic a «guardar como» y compartir una imagen digital. De hecho, hay muchas copias de las fotos de perfil de los *CryptoPunks* en internet; pero en realidad, refuerzan el reconocimiento de la edición limitada del arte original y elevan su valor.

Aunque hay muchas réplicas, la propiedad de las imágenes solo corresponde al tenedor del NFT, que disfruta su absoluta singularidad y derechos de propiedad gracias a tecnologías como los no fungibles y el *blockchain*. Nadie puede crear un NFT idéntico: los códigos pueden replicarse, pero no es posible copiar y pegar la hora de registro, la firma de encriptado y otros elementos. Así, las imágenes pueden estar disponibles para todos, pero solo el tenedor del NFT se beneficia cuando la única «obra real» aumenta de valor.

El *blockchain* funciona como un mecanismo de confirmación de derechos que facilita la verificación de la propiedad. Además, registra información sobre su emisión, transacciones y circulación con registros históricos específicos. No es posible falsificar las imágenes, el valor es confiable sin lugar a dudas, los derechos de propiedad son claros y los administradores del proyecto no pueden emitir ningún otro. Ese es el poder de la tecnología.

Por último, el NFT opera como una moneda social: es un símbolo de identidad que le da más atractivo e importancia a alguien en el espacio de la interacción social. Poseer objetos que gustan a otros, y que se envidian, puede considerarse moneda social. El grupo consultor Vivaldi Partners identifica siete factores que intervienen en el poder de la moneda social (figura 7-2). Estos factores son expresión, conversación, afiliación, información, utilidad, identidad personal e identidad social.[26]

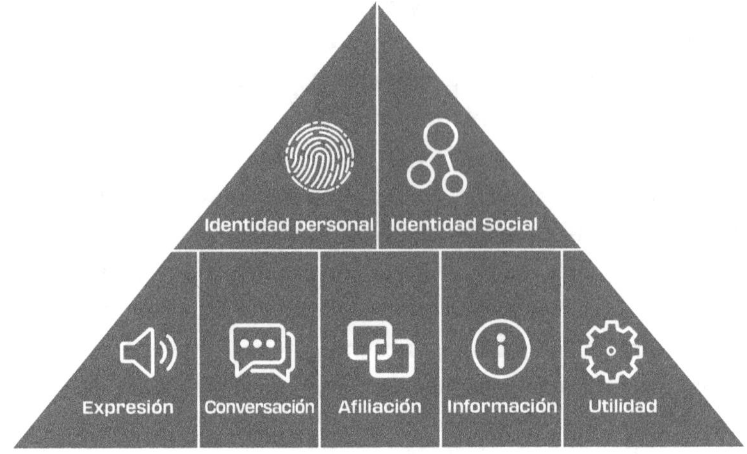

FIGURA 7-2
SIETE DIMENSIONES DE LA MONEDA SOCIAL
Fuente: Vivaldi Partners

En el libro de Wednesday Martin, *Primates of Park Avenue*, que se convirtió en un éxito de ventas, una rara bolsa Hermes Birkin ayuda a la heroína a tener acceso al mundo exclusivo de las adineradas madres del Upper East Side de Nueva York. Este es un ejemplo de moneda social en la vida real. En el metaverso, con un gran consenso en el mundo de la cultura, el arte y el *blockchain*, las fotos de los *CryptoPunks* también se utilizan como moneda social. Debido a su emisión limitada, son artículos escasos que ofrecen a sus tenedores una vía para expresar su pasión por la innovación tecnológica y cultural. Funcionan como señales distintivas de identidad social en el mundo digital.

También hay profundos factores culturales detrás de la popularidad de los *CryptoPunks*. Las fotos de perfil podrían considerarse un meme: concepto, frase o imagen que transmite ideas, conductas y estilos que se copian y difunden de manera popular y reproductiva. Estos «genes culturales» se encuentran por todas partes en el ambiente de internet. Por ejemplo, los *emojis* (íconos de emociones), los GIF, paquetes de expresión y lenguaje colorido se han vuelto herramientas indispensables en nuestras interacciones sociales diarias en el mundo digital.

Desde 2020, distintos proyectos NFT de fotos de perfil han salido al mercado popularizados por coleccionistas y celebridades (figura 7-3). En agosto de 2021, la estrella estadounidense del basquetbol, Stephen Curry, cambió su foto de perfil en Twitter por una caricatura de un mono de pelo azul con saco y corbata; pero no era una caricatura cualquiera, era un NFT de la colección *Bored Ape Yacht Club* (figura 7-4) que Curry compró por 180 000 dólares. Aunque este jugador gana decenas de millones de dólares al año por ser una superestrella del deporte, la gente se asombró de que hubiera pagado tanto por una foto de perfil chistosa.

FIGURA 7-3
NOUNS ES UN POPULAR PROYECTO DE NFT DE IMÁGENES DE PERFIL PIXELADAS
Fuente: nouns.wtf, CC0

FIGURA 7-4
BORED APE YACHT CLUB ES UN PROYECTO DE NFT DE IMÁGENES DE PERFIL MUY EXITOSO
Fuente: Visual China Group

Como hizo el equipo de *CryptoPunks*, los desarrolladores de *Bored Ape Yacht Club* emitieron 10 000 imágenes NFT en el *blockchain* Ethereum, cada una con un mono con atributos únicos (diferentes ojos, expresiones, ropa y diseño de fondo).

LOS AVATARES DIGITALES SON NUESTRA IDENTIDAD EN EL METAVERSO

Como ya dijimos, la novela *Snow Crash,* de principios de los años noventa, fue la primera en utilizar la palabra metaverso. El libro también hablaba de avatares, aunque el término ya se había empleado antes en videojuegos. Se deriva de una antigua palabra del sánscrito usada para designar a la encarnación terrenal de un dios. Luego, en 2009, apareció la película de ciencia ficción *Avatar,* del director James Cameron, que se convirtió en un éxito de taquilla. Hoy en día, encontramos avatares digitales en todas partes, incluso en las identidades que creamos en las redes sociales y a las que damos vida en los juegos.

Ahora que casi todas las personas utilizan las redes sociales, es posible que los avatares digitales aparezcan con más frecuencia frente a nuestros amigos que nuestro cuerpo físico. Esto ayuda a explicar por qué los NFT de los que hablamos son tan populares; pero no necesitamos pagar para obtener un avatar. Cualquiera puede crear uno como foto de perfil para redes sociales o cuando diseña un personaje[27] que va a utilizar en un juego. Además, como hemos dicho, no se limita a una representación realista de nosotros mismos, sino que puede ser una imagen digital idealizada que transmita nuestros intereses, sentido del estilo, sentimientos y creencias. Es una proyección de profundo autoconocimiento en el mundo digital, y todos terminaremos por tener uno.

Tencent usó avatares digitales en uno de sus primeros productos más exitosos, QQ. El libro de 2017, *The Story of Tencent: The Evolution of China's Internet Companies from 1998 to 2016,* contiene un relato del gerente de producto, Xu Liang, sobre el momento en que mostró a los ejecutivos de Tencent la función de avatar de Sayclub, una comunidad en línea de Corea del Sur. Los usuarios pagaban por los personajes individualizados y esa función se había hecho muy popular. Al parecer, a los ejecutivos de Tencent les gustó lo que vieron.

Cuando se lanzó la función de multimedia «show» del popular servicio de Tencent QQ en 2003, los usuarios podían comprarle herramientas a la empresa con la moneda digital Q Coin para crear avatares y utilizarlos en mensajes instantáneos, salas de chat, comunidades y juegos. Fue un concepto muy exitoso. Más de cinco millones de usuarios pagaron por el servicio en sus primeros seis meses de existencia, con un gasto promedio por usuario de cinco yenes.

Para finales de 2003, QQ lanzó su plan «diamante rojo». Los usuarios pagaban diez yenes al mes para disfrutar distintos «privilegios» como la posibilidad de cambiar el atuendo de su avatar a diario, tener descuentos en la tienda de aplicaciones QQ y publicar un logotipo de un diamante rojo para anunciar que eran miembros «nobles» de la comunidad.

En el libro de Tencent el autor, Wu Xiaobo, indicó que la introducción del servicio «diamante rojo» fue un punto de inflexión en el éxito del producto QQ. «Antes de eso», escribió, «los ingresos mensuales por la herramienta virtual solo eran de entre tres y cinco millones de yuanes. Tras el lanzamiento de los servicios de diamante rojo las ventas por el paquete mensual pronto superaron los diez millones de yuanes».[28]

En el mundo de los videojuegos, los avatares digitales adquieren cada vez más importancia y se hacen más costosos. Según la empresa de análisis de datos de aplicaciones móviles, Sensor Tower, las ventas correspondientes a agosto de 2021 del juego de batalla en línea con múltiples jugadores, *Honor of Kings,* fueron de 256.2 millones de dólares.[29] La mayoría se generó gracias a que los participantes compraron distintas «pieles» que, de hecho, eran avatares digitales presentados en el juego.

El desarrollador de juegos chino, miHoYo, lanzó un juego de acción de mundo abierto llamado *Genshin Impact* en septiembre de 2020. En seis meses, los ingresos captados por los usuarios móviles superaron los 1000 millones de dólares.[30] En el juego, los usuarios pueden encontrar cofres del tesoro o comprar nuevos personajes con gemas que ganan por completar tareas diarias; sin embargo, es relativamente difícil conseguir personajes de niveles más altos. Por lo tanto, muchos pagan para obtener personajes de cinco estrellas de una caja del tesoro. Estos son los avatares digitales de los usuarios y una importante fuente de ingresos para miHoYo.

En la actualidad, los avatares digitales no se limitan a gráficos planos de dos dimensiones. En mayo de 2021, el equipo de Larva Labs presentó *Meebits*, un proyecto NFT de avatares digitales 3D. Al igual que su colección de *CryptoPunks*, existe un número limitado de *Meebits*, que parecen personajes de LEGO, y los 20 000 son únicos con poses exclusivas. Los tenedores de *CryptoPunks* y *Autoglyphs* (otro proyecto de arte digital de Larva Labs) obtienen los *Meebits* correspondientes sin costo, y los demás se venden en subasta. Pueden aplicarse en distintos entornos del metaverso como avatares digitales de los dueños, al igual que los *CryptoPunks* 3D actualizados.

Las gigantes de internet también están dando gran importancia a los avatares digitales. Por ejemplo, el visor y ambiente de juego de RV Meta Quest, conocido como Oculus Quest antes de que lo adquiriera Facebook, presentó herramientas actualizadas para el diseño de avatares en 2021. Los jugadores pueden diseñar avatares digitales personalizados para usarlos en el ecosistema Meta Quest y también es posible adaptarlos en otros ambientes de juego.

En 2020, Microsoft desarrolló un banco de recursos en línea llamado Rocketbox que tiene 115 avatares digitales con distinto género, color de piel y ocupación (figura 7-5). La empresa lo ofreció como recurso público para uso académico y con fines de investigación sin costo alguno, y colocó el código abierto en la plataforma de gestión y *host* de internet Github, donde cualquiera puede descargarlo.

FIGURA 7-5
ROCKETBOX, DE MICROSOFT, INCLUYE UNA SERIE DE PERSONAJES EN AVATARES DIGITALES DE CÓDIGO ABIERTO
Fuente: Microsoft

Cuando creamos nuestros avatares digitales en el metaverso no estamos limitados a combinar imágenes genéricas ya hechas. Ahora hay productos que permiten personalizarlos de manera que reflejen la apariencia física del usuario en el mundo real, con herramientas que trasladan imágenes biológicas detalladas a sus contrapartes del ciberespacio.

En 2017, Apple comenzó a incluir su función Animoji en los modelos iPhone X. La cámara frontal del iPhone puede capturar cincuenta músculos faciales de los usuarios y traducirlos a *emojis* animados para simular las expresiones de personas reales. Al año siguiente, Apple lanzó Memoji, función en esencia idéntica al Bitmoji de Snapchat y al AR Emoji de Samsung, que permite crear perfiles 3D animados que se parecen al usuario, se mueven y «se expresan» exactamente como él. Según la publicidad de estos servicios, ayudan a transmitir emociones en tiempo real en el espacio digital.

En marzo de 2021, la fabricante china de teléfonos móviles, Xiaomi, lanzó al mercado un nuevo modelo, el 11 Mi Ultra, precargado con la herramienta de la empresa Mimoji 3.0. Después de cargar fotos de sí mismos, los usuarios podían generar avatares digitales que proyectaran sus propias características y ajustar sutilmente sus rasgos faciales digitales, el color de su piel, su peinado y su ropa, entre otras cosas. Mimoji también permitía el rastreo de rostros en tiempo real gracias a la cámara del teléfono, por lo que las expresiones del avatar se sincronizaban por completo con las del usuario en tiempo real. Esta función utilizaba la herramienta Photo-To-Avatar (PTA) desarrollada por FaceUnity Technology, empresa asociada con Xiaomi.[31]

Con la integración de la vida digital y la vida social, y la transferencia integral de nuestras interacciones sociales, trabajo y entretenimiento al metaverso, los avatares digitales proyectarán conciencia de sí mismos y se convertirán en nuestra principal imagen social en el metaverso.

LA IDENTIDAD DIGITAL CONECTA IDENTIDAD, DATOS, CRÉDITO Y ACTIVOS

Todos tendremos una identidad digital en el metaverso que quizá se integre gradualmente a nuestra identidad real. No se limitará a avatares, sino que incluirá registros de toda la información relativa a nuestras relaciones sociales, actividades, transacciones, contribuciones digitales, derechos de propiedad y creación de conocimiento en el ciberespacio. Será como nuestro número de identificación en el metaverso: una identidad universal en el mundo digital, pero mucho más potente que un número de identificación en el mundo real. Nuestra identidad digital será como la piedra angular de todas nuestras actividades virtuales. Nuestro trabajo, vida, entretenimiento, inversiones y otras transacciones en este espacio se basarán en ella (figura 7-6). Por lo tanto, si no contamos con un sistema de identidad digital confiable, será difícil lograr que la sociedad tenga un desarrollo saludable en el metaverso.

FIGURA 7-6
LA IDENTIDAD DIGITAL SERÁ LA PIEDRA ANGULAR DE TODAS LAS ACTIVIDADES DIGITALES EN EL METAVERSO
Fuente: Visual China Group

En la actualidad, para registrarnos en sitios web o aplicaciones de internet e ingresar a ellos utilizamos nombres de usuario, cuentas de correo electrónico o números telefónicos, en combinación con una contraseña. En las primeras épocas de la web, muchos sitios permitían el registro con una cuenta de correo electrónico. Puesto que nosotros mismos podemos configurar servidores para enviar y recibir correos electrónicos, el proceso de registro de cuentas no tiene que depender de ningún proveedor de servicios de internet para verificar la identidad y confirmar la información de contacto. En otras palabras, la cuenta de correo electrónico es un método descentralizado de verificación e identidad digital, y puede demostrar que «yo soy yo» sin necesidad de ningún tercero.

No obstante, como es posible crear o reemplazar las direcciones de correo electrónico y no es necesario que correspondan a identidades reales, esto puede causar problemas. Hay usuarios falsos, ataques personales en línea, sitios de fraude financiero, esquemas de robo de identidad y abuso de servicios en línea. Por lo tanto, cada vez más sitios web solo permiten el registro con un número telefónico, lo que facilita ligar la identidad digital con la física y es más conveniente para que podamos ingresar u obtener contraseñas temporales con códigos de verificación; pero un número telefónico no es una forma muy segura de identificación digital.

Con frecuencia escuchamos noticias sobre *hackers* que roban cuentas para engañar a familiares y amigos, cometer fraude para obtener préstamos en línea y malversar cuentas de juegos; como resultado de estas acciones se pierden muchísimos bienes. Otro problema importante es que los servicios de autenticación basados en números telefónicos dependen mucho de terceros intermediarios -como los operadores de telecomunicaciones-, por lo que se trata de un método de autenticación muy centralizado. Confiamos nuestra identidad digital a estas organizaciones y solo ellas pueden verificar que «yo de verdad soy yo».

Las personas a quienes suspendan el servicio telefónico por falta de pago no podrán acceder a muchas cuentas de internet, lo que hará que su identidad digital desaparezca. Si los proveedores de servicios redistribuyen números telefónicos es posible que nuestra identidad personal, relaciones sociales, datos privados, activos y riqueza se conviertan en propiedad de alguien más, una posibilidad aterradora. Cuando es necesario actualizar un número telefónico, los titulares de la cuenta no pueden ingresar y modificar ellos mismos el número. Deben ponerse en contacto con el personal del servicio de internet para que lo hagan. Si estas empresas tienen malas intenciones o sufren un ataque cibernético, nuestra información de identificación personal podría ser modificada y nuestra cuenta, datos y activos quizá incluso podrían ser transferidos a otras personas. Otra consecuencia de los registros múltiples con números telefónicos es que podemos perder la noción de cuántas aplicaciones están registradas con un número, así que no habrá manera de cancelar o cambiar autorizaciones, aunque la información personal se encuentre en riesgo. Este es un gran problema de la identificación digital centralizada: la administración y el control de nuestra identidad en realidad no depende de nosotros.

En años recientes, los gigantes de internet también han comenzado a ofrecer servicios de autenticación como el ingreso a cuentas de WeChat, Alipay, Google, Facebook y Apple, lo que da a los usuarios algunos derechos de gestión de su identidad digital. Por ejemplo, después de realizar el registro y la autenticación del nombre real en WeChat, es posible utilizar esa autorización para ingresar en muchas aplicaciones. Eso significa que la identidad digital es universal, es decir que los usuarios no tienen que repetir el registro y la autenticación de su nombre real, por lo que se reduce el riesgo de que se divulgue su información personal. También es posible utilizar WeChat para gestionar la autorización de identificación en cualquier momento, revisar las aplicaciones registradas con nuestra identificación y cancelar con facilidad la autorización de aplicaciones.

Los sitios web que cooperan con WeChat también ayudan a los usuarios a acceder con este método porque, además de la autorización de identificación, los gigantes de internet crean perfiles de usuario con base en los datos (figura 7-7). Además, los sitios web pueden juzgar el riesgo de crédito de los usuarios a partir de su perfil para conectar el sistema de identificación, el sistema de datos y el sistema de pagos. Las grandes empresas también pueden recopilar más datos de usuarios de esta forma para generar utilidades.

FIGURA 7-7
LOS GIGANTES DE INTERNET APROVECHAN LA INFORMACIÓN PERSONAL PARA CREAR PERFILES DE USUARIOS; LO QUE ES CONVENIENTE, PERO TAMBIÉN RIESGOSO
Fuente: Visual China Group

Este es un método centralizado de verificación de identidad, pero confía la identificación digital a los gigantes de internet. Las plataformas pueden congelar cuentas en cualquier momento y borrar la identidad digital de las personas. Por otra parte, los servidores de estas empresas recopilan grandes volúmenes de datos personales, lo que los hace vulnerables a filtraciones o abusos. Las barreras al uso, erigidas por la cooperación entre empresas, pueden existir en diferentes plataformas. Por ejemplo, en algunas aplicaciones solo es posible ingresar con el sistema de identidad de Alipay, mientras que en otras solo se puede con una identidad WeChat, una situación que no es en absoluto ideal para la universalidad en la identidad digital.

En nuestra opinión, los usuarios deberían ser los verdaderos dueños de su identidad y de sus datos en el metaverso. Hay desventajas fundamentales en la autenticación centralizada y, como ya hemos señalado, las direcciones de correo electrónico y los números telefónicos no son los medios óptimos de identificación digital.

En el metaverso necesitamos una identidad digital más segura, convincente y universal que cumpla tres características básicas. En primer lugar, la universalidad requiere que la identidad conecte el sistema de autorización de ingreso, el sistema de datos, el sistema de crédito y el sistema de activos para ligar por completo todo tipo de aplicaciones en el metaverso. En segundo lugar, la identidad debería ser independiente y estar bajo control total de los usuarios. Estos deberían poder determinar el alcance de la autorización y cancelarla en cualquier momento, de tal forma que nadie más pueda utilizar datos personales después de que el usuario cancele los permisos. En tercer lugar, la identidad debería ser privada. La información personal debería ser «verificable, pero imposible de obtener». Durante el proceso de autorización, solo deberíamos tener que decirle a cada plataforma el resultado de la verificación en lugar de darle la información específica. Así que, si se protege la privacidad personal, también podremos emplear con más facilidad la identidad y los datos personales.

De hecho, podemos ser dueños de nuestra identidad digital, encriptada y controlable, gracias a tecnologías como el *blockchain*, el cifrado asimétrico y la computación confidencial. Por ejemplo, MetaMask, una billetera de criptomonedas en Ethereum (usa como ícono un zorro pequeño, por lo que con frecuencia, en China, le dicen la «billetera del zorrito») en esencia es una gestora de identidad digital basada en el *blockchain* (figura 7-8). Ayuda a administrar identidades digitales con dirección y claves privadas basándose en la cadena de bloques, y asocia identidades digitales y activos.[32] Estas identidades son muy versátiles y permiten a los usuarios construir identidades digitales con cualquier billetera habilitada para el *blockchain* Ethereum, e importarlas a otras billeteras en cualquier momento, así como usar las aplicaciones descentralizadas de Ethereum con base en MetaMask.

FIGURA 7-8
UNA BILLETERA ELECTRÓNICA PUEDE GESTIONAR LA IDENTIDAD DIGITAL
Fuente: iStock

El proceso para crear una identidad digital con dirección y clave privada, en general, sigue los pasos que se describen a continuación.

El proceso de creación es totalmente descentralizado. No es necesario ligarlo con una dirección de correo electrónico ni con un número telefónico al momento del registro, y el sistema informático puede generar aleatoriamente una clave privada; esta clave es esencial para nuestra identidad digital y nunca debe divulgarse. Por lo regular, se guarda en el teléfono y no debe subirse a internet. Después de que se crea la clave privada, el sistema la procesa para generar la clave pública correspondiente, que entonces crea una dirección que se convierte en nuestra identidad digital pública en el *blockchain*.

Según la tecnología de cifrado asimétrico (si el derecho de gestión de la identidad o la clave privada siempre están en sus propias manos), los usuarios pueden seleccionar aplicaciones específicas para autorizar ingresos, permitir que algunas de ellas tengan acceso a activos y datos personales (dentro de cierto rango) o modifiquen y cancelen autorizaciones en cualquier momento. En realidad, es una llave a tu identidad. Solo la persona que tiene la llave puede usarla. Nadie más, ni siquiera el operador de la billetera puede utilizarla si no tiene la clave privada.

Aparte de la universalidad e independencia de la identidad digital con base en tecnología *blockchain*, hay otra característica importante: la privacidad de los datos personales. Esta particularidad ofrece una mejor alternativa a los mecanismos actuales de autenticación que están plagados de riesgos de privacidad.

Como mencionamos en el primer capítulo, cuando se reanudó el turismo en Macao tras el periodo más grave de la pandemia causado por el COVID-19, los turistas que daban negativo en la prueba para detectar el virus podían solicitar autorización de aduanas mediante una referencia cruzada del sistema del «código de salud» en línea de la China continental («el código Guangdong»), y su contraparte en Macao. Este procedimiento puede parecer sencillo, pero el reconocimiento transfronterizo involucró algunos problemas técnicos complicados.

La generación y el uso de datos de salud deben cumplir con los requisitos de protección de la privacidad personal y seguridad de datos de ambos países, pero no es lícito que el continente y Macao transmitan datos personales a través de la frontera. Entonces, ¿cómo lograron ambas partes verificar la autenticidad y validez de la información si no estaban basadas en la plataforma de algún tercero?

La tecnología *blockchain* y la computación confidencial ofrecieron soluciones para la difícil tarea de la solicitud transfronteriza, sin transmitir datos a través de la frontera. Estas tecnologías ayudaron a los usuarios a generar y usar la verificación de estado de salud, sin transmitir datos, en el *backend* del código de salud de Macao y del continente. Este proceso garantizó por completo la seguridad de la información y la privacidad de los usuarios, en línea con las normas y reglamentos relevantes. A fin de cuentas, fue posible enviar el resultado negativo de la prueba de COVID-19 a las otras partes, con rapidez y precisión, sin revelar ningún dato personal.[33]

Desde la crisis sanitaria, los códigos de salud de China de amplio uso se han convertido en prototipos de la identidad digital (figura 7-9). Impulsan la rápida transformación del sistema de identidad social y promueven una profunda integración entre la identidad digital y la real. En el metaverso, la computación de confidencialidad se utilizará a gran escala, y el principio de la información verificable, sin que sea posible obtenerla, ayudará a proteger la privacidad personal.

FIGURA 7-9
A RAÍZ DEL COVID-19, LOS «CÓDIGOS DE SALUD» DE CHINA SON PROTOTIPOS DE IDENTIDADES DIGITALES
Fuente: Visual China Group

A medida que el metaverso se construya y evolucione, cada vez más personas participarán y todas necesitarán una identidad digital que sea universal, independiente y privada. Estas identidades pueden integrarse a las reales de manera segura y confiable para garantizar que todos tengan una buena experiencia en la próxima era de la web3.

CAPÍTULO 8

TENDENCIA 5: AUGE DE LA CULTURA DIGITAL

CONFORME LA CULTURA DIGITAL SE CONVIERTA EN LA CULTURA DOMINANTE, LOS NFT SERÁN LOS PORTADORES DE VALOR EN LA CREACIÓN DE LA CULTURA DIGITAL

«Digital» representa racionalidad y precisión, mientras que «arte» simboliza sensibilidad y creatividad; de cualquier manera, el arte digital se ha convertido en una tendencia muy de moda.

Si el arte es una expresión de conciencia cultural –refleja el pensamiento, los sentimientos, las tradiciones y las creencias de una sociedad–, entonces el arte digital es el epítome de la prosperidad de la cultura digital. En el metaverso, cada vez hay menos límites materiales del mundo físico y la creatividad quizá sea el único recurso escaso. Por lo tanto, entramos en una época de gran desarrollo, prosperidad y dominio de la cultura digital. La PI se convertirá en el núcleo de todas las industrias en el espacio virtual.

Hemos dicho que se espera que los NFT se conviertan en la clase fundamental de activos del metaverso y, por lo tanto, serán los portadores de valor de los productos digitales culturales y creativos (figura 8-1).

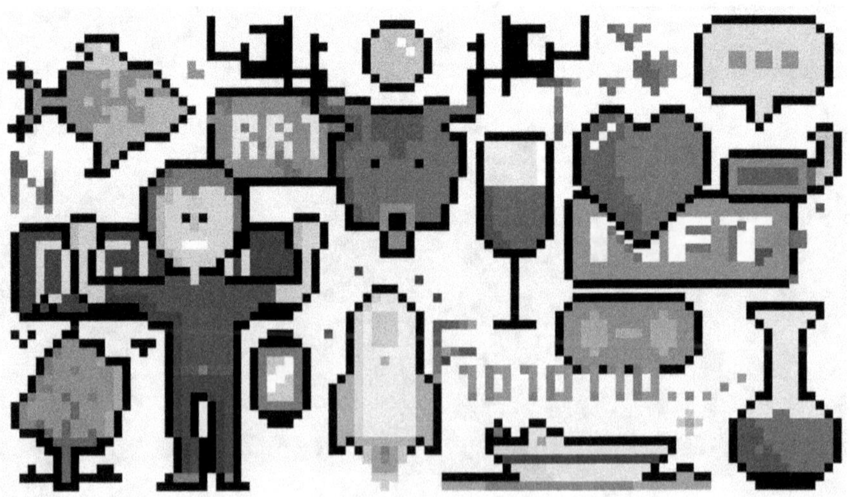

FIGURA 8-1
SE ESPERA QUE LOS NFT SE CONVIERTAN EN EL ACTIVO PRINCIPAL DEL METAVERSO
Fuente: iStock

EL SURGIMIENTO DE LA ERA DEL ARTE DIGITAL

En marzo de 2021, en la ceremonia de inauguración de la exposición de criptoarte «DoubleFat», en Beijing, la pintura *New Bamboo*, del artista Leng Jun, se quemó en las manos de la curadora, Wen Ze, y del autor, Jianing Yu (figura 8-2).

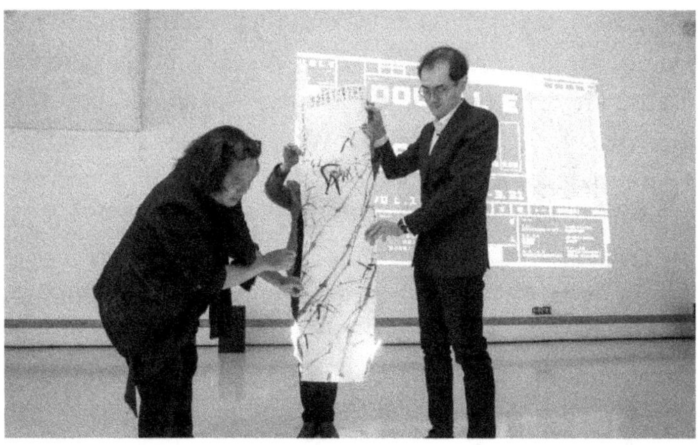

FIGURA 8-2
NEW BAMBOO SE CONVIRTIÓ EN UN NFT DIGITAL EN LA INAUGURACIÓN DE LA EXPOSICIÓN DE CRIPTOARTE «DOUBLEFAT»
Fuente: Huobi University

Cuando la obra física original quedó reducida a cenizas, su versión oficial digital se convirtió en una obra de arte NFT que después se subastó. Un coleccionista identificado como cryptoKingkong compró la obra y tomó posesión de ella en el *blockchain* Ethereum.

¿El hecho de que destruyeran la obra de arte física causó controversia solo para recrearla como una obra digital y venderla? La premisa del proyecto era que se trataba de un acto simbólico de renacimiento; en lugar de considerarse una práctica destructiva, podía verse como un proceso de actualización de la forma y el valor del arte.

En 2018, *Niña con globo*, una pintura de grafiti del artista callejero británico Banksy, se subastó en Sotheby's en Londres. De inmediato después de su venta por 1.4 millones de dólares, la concurrida casa de subastas quedó asombrada cuando la pintura comenzó a bajar lentamente y una trituradora oculta en el marco la cortó en tiras. El provocador artista había preparado la demostración y presionó el botón para activar la trituradora en cuanto cayó el martillo de la subasta. El suceso transformó la pintura «destruida» en una obra de *performance*.

En esta tendencia de arte NFT, también las obras de Banksy se transformaron en obras digitales y las versiones físicas originales fueron destruidas.

En marzo de 2021, una empresa de *blockchain* compró por 95 000 dólares una serigrafía de Banksy titulada *Morons*, con la escena de una subasta de arte en una galería de Nueva York. En un tributo inmediato al *performance* de Banksy, quemaron la obra en un parque cercano y transmitieron en vivo lo sucedido. La imagen original, capturada en un NFT digital, se subastó. Un coleccionista identificado como GALAXY la compró por alrededor de 380 000 dólares.[34] Un burdo truco para ganar dinero, y ni siquiera uno original. De cualquier forma, llegó a los titulares y fue tema de conversación en las comunidades artística y cripto.

En el mundo del arte digital, muchas personas quedan impresionadas en primer lugar por el arte gráfico, pero la combinación de arte y tecnología digital es más que eso. Si los artistas pueden usar sus pinceles para pintar árboles, ríos y animales en un espacio tridimensional, o una galaxia espectacular en la noche oscura, imagínense lo que la audiencia puede observar cuando viven una apreciación inmersiva de este tipo de obras.

Las posibilidades son inimaginables. En 2016, Google lanzó su *software* de pintura de RV, Tilt Brush. Los artistas se colocan un dispositivo de RV, abren la aplicación e ingresan en un espacio 3D para crear y expresar su creatividad; pueden hacer «pinturas» e, incluso, darles vida a efectos especiales dinámicos como estrellas o flamas (figura 8-3).

FIGURA 8-3
LA TECNOLOGÍA DE RV PONE UN MUNDO DE POSIBILIDADES EN LAS MANOS DE ARTISTAS CREATIVOS
Fuente: iStock

Anna Zhilyaeva, una artista francesa de RV que utiliza un teléfono como pincel, ha creado muchas obras de creatividad innovadora. Zhilyaeva ha estudiado arte desde su infancia, y tras el surgimiento de la tecnología para la creación en RV, se sintió atraída por el espacio inmersivo y comenzó a dedicarse a crear obras digitales 3D. Puede completar sus obras con libertad, sin restricciones, y plasmar todas sus ideas en un espacio infinito, sin fronteras. En mayo de 2020, la artista recibió una invitación para recrear la pintura clásica de la Revolución Francesa, *La Libertad guiando al pueblo*, en el Louvre de París. Los espectadores, con equipo de RV, observaron la escena familiar de una sorprendente nueva manera y tuvieron la sensación de estar en realidad en el campo de batalla.

Gracias a la ciencia y la tecnología, el arte digital puede trascender los límites del plano bidimensional, ir más allá de un estado estático y evolucionar y repetirse en el tiempo. Los artistas pueden dar vida a obras de arte gracias a la programación. El arte digital consta de datos, por lo que, naturalmente, podemos dejar que el programa controle los elementos de la pintura. En el caso de una obra basada en programabilidad, el creador puede lograr sorprendentes efectos dinámicos. Por ejemplo, puede programar los elementos del clima en una pintura para presentar un día soleado o lluvioso que cambie a una escena nevada u otra de un vibrante verdor en el verano. Si la obra tiene acceso a datos meteorológicos actualizados en ese momento, incluso puede reflejar las condiciones del clima en tiempo real.

Async Art es una plataforma programable de este tipo, diseñada para la creación de arte visual y en audio. Cada obra digital está compuesta de varias capas y un *master*. Los artistas y coleccionistas pueden editar en diferentes capas; por ejemplo, *First Supplier,* una obra creada en Async Art que se vendió en una subasta en febrero de 2020, consta de 22 capas que incluyen personajes, decoración y otros elementos. Cada capa puede tener un dueño diferente y los tenedores pueden modificar el contenido por su cuenta. Se trata de un ejemplo clásico de arte programable.

Como tal, la pintura cambiará conforme cada capa se modifique de manera independiente, con 31 300 millones de variaciones posibles. Gracias a distintas configuraciones de programa, ahora podemos hacerle alteraciones interactivas a la apariencia y atmósfera general de una obra de arte.

El arte digital también ha reducido las barreras a la participación, pues permite a todas las personas explotar su creatividad y que un número mayor pueda comenzar su jornada de descubrimiento en el arte digital.

Victor Langlois, cuyo nombre profesional es FEWOCiOUS, es un artista digital con residencia en Nueva York. A los 12 años, después de que las autoridades de servicios sociales lo sacaron de su hogar porque sufría abusos, empezó a crear pinturas para sus compañeros de clase, a pintar portadas de discos y carteles para un grupo. Comenzó a ganar algo de dinero con su trabajo artístico y pudo comprar una tableta, y así completó la transición a la creación digital.

En marzo de 2020, un coleccionista de Nueva York le habló de los NFT y del mercado del arte digital. En unos días, su obra *The Ever-Lasting Beautiful* se vendió por 550 000 dólares en la plataforma Nifty Gateway.[35] Terminó vendiendo más de 3000 obras ahí y en plataformas como SuperRare, con ganancias de 22.67 millones de dólares. FEWOCiOUS se convirtió en un artista digital conocido y adinerado en solo un año. No solo se expresa a través de las pinturas, sino a través del diseño de calzado de moda, y sus zapatos se han convertido en artículos coleccionables muy codiciados.

El 23 de junio de 2021, Christie's ofreció sus obras en una subasta en línea. Fueron tantas las personas que quisieron ingresar al sitio web, que este se cayó. Unos días después, en la nueva fecha programada para la subasta, vendió obras de la serie *Hello, I'm Victor (FEWOCiOUS) and this is my life*, que presenta una combinación digital de pinturas, grafiti, fotos y diarios de su niñez. Los NFT se agotaron rápidamente y produjeron otros 2162 millones de dólares en ganancias para el artista de 18 años. En una entrevista, Langlois compartió su sensación de realización: «No esperaba ser yo mismo, agradar y ganar dinero». Se trata de una historia increíble; a pesar de tener una niñez difícil, ahora vive una maravillosa nueva vida gracias al arte digital.

De hecho, en el metaverso, cualquiera puede convertirse en un artista digital, quizá incluso uno increíblemente exitoso (figura 8-4).

FIGURA 8-4
FANTÁSTICOS EJEMPLOS DE ARTE DIGITAL FLORECERÁN EN LA ERA DEL METAVERSO
Fuente: iStock

LA PI SERÁ LA ESENCIA DE TODAS LAS INDUSTRIAS

Si, como hemos dicho, el arte es la expresión de la conciencia cultural, el surgimiento del arte digital ofrece una ventana a la nueva cultura digital. Nos encontramos en el umbral de una era de gran desarrollo y prosperidad en la cultura digital. Como símbolo de visualización cultural, la PI abrirá paso a otra ronda de innovación creativa.

En 2020, en China surgieron varias formas de negocios novedosas e interesantes como la cultura de los zapatos de moda, la colaboración de diseño conjunto y la economía de «cajas sorpresa», centrada en cajas de regalo que las personas compran sin saber qué contienen. La empresa de juguetes de «caja sorpresa», Pop Mart, tuvo una venta anual de 4900 millones de yenes en 2021, un aumento del 78.7 % con respecto al año anterior.

Todo esto se basa en la PI que, en nuestra opinión, es el alma de todas las industrias en el metaverso. Por definición, la PI abarca creaciones intangibles del intelecto humano que cuentan con protección legal contra el uso no autorizado de otros.

El contenido de la PI con vigencia y valor comercial a largo plazo puede brindarles a los participantes ingresos estables y constantes. Personajes icónicos de la cultura pop como Superman y Batman, los actuales Peppa Pig y Pop Mart Molly, así como emoticones faciales clásicos como *doges* y ranas tristes, son PI.

Puede expresarse de muchas maneras: como una marca comercial, un diseño, una historia o la apariencia y rol de un avatar digital. Más aún, es posible combinar un grupo de obras distintas, pero relacionadas, de PI y formar una «visión del mundo», que por lo regular se identifica como «universo XX». Por ejemplo, una serie de roles de PI pertenecientes a Marvel Comics como el Capitán América, Iron Man, Spider Man, Hulk, Thor y Loki, cuyas historias coinciden en una serie temática, constituyen en conjunto el Universo Marvel.

La gente compra objetos físicos relacionados con sus obras de PI favoritas. Los fans de *Harry Potter*, que adoran a Harry, compran la serie de novelas y los DVD de la película, o van a Universal Studios para subirse a la montaña rusa temática de Potter. Pueden comprar atuendos de hechiceros, varitas, figuras de acción y una lista interminable de artículos relacionados. Cuando ingresemos en el metaverso, ¿qué maravillosas manifestaciones nuevas podremos disfrutar?

Para los fans del baloncesto, la National Basketball Association (NBA) es la piedra angular de la PI. En 2009, Panini, una empresa de 61 años de antigüedad dedicada a las tarjetas coleccionables, se convirtió en su socia para la producción exclusiva de tarjetas. Las tarjetas especiales de jugadores superestrella de la NBA son artículos muy codiciados en todo el mundo. Hupu, un sitio web deportivo de China, tiene una popular sección llamada «ball star card» en la que ocurren intercambios rápidos.

Y esto involucra muchísimo dinero. En marzo de 2021, una tarjeta de la temporada 2018, autografiada por Luka Dončić, de los Mavericks de Dallas (la primera copia de salida de la imprenta está marcada «1/1», por lo que es una tarjeta única en el mundo), se vendió por 4.6 millones de dólares.

El problema es que es difícil conservar las tarjetas tradicionales de papel y detectar las falsificaciones, y su intercambio físico es complicado. En 2019, la NBA, el sindicato de jugadores de baloncesto y el desarrollador de *software*, Dapper Labs, se unieron para lanzar el proyecto llamado NBA Top Shot. Este produce paquetes exclusivos de contenido de jugadores en los que aparecen momentos destacados de juegos en vivo y se venden como NFT en el *blockchain*. Cada NFT se presenta como un hexaedro digital, una caja de seis caras en rotación, y cada cara despliega un video de una canasta dramática, conferencias de prensa, estadísticas y datos de las estrellas. Los aficionados solo pueden comprar estos paquetes de información en NFT en la plataforma oficial de la NBA. En esencia, son tarjetas coleccionables multimedia de siguiente generación que no pueden dañarse ni falsificarse, y se espera que su valor aumente con el paso del tiempo.

Los coleccionistas interesados en adquirir estos NFT deben abrir «paquetes de tarjetas» cuyo costo va de 9 a 999 dólares, dependiendo de lo exclusivo que sea el contenido digital. Los propietarios pueden revenderlos a través de transacciones automatizadas realizadas mediante contratos inteligentes en el *blockchain*, lo que garantiza la venta, la entrega y el pago respectivos.

El proyecto ha tenido mucho éxito, con más de 1000 millones de dólares en ventas en los catorce meses siguientes a su lanzamiento. En febrero de 2021, un solo NFT de momentos destacados de clavadas de LeBron James se vendió por 208 000 dólares. En la actualidad, NBA Top Shot se clasifica en el tercer lugar de ventas de NFT, detrás de *Axie Infinity* y *CryptoPunks*.

Anteriormente, Dapper Labs había creado el primer protocolo NFT en el *blockchain* de Ethereum y, en 2017, lanzó la serie pionera de coleccionables NFT, *CryptoKitties*, con caricaturas de gatos que podían coleccionarse, criarse e intercambiarse. En su mejor momento, el proyecto registró 1.4 millones de usuarios y algunos de sus gatos se vendieron hasta en 300 000 dólares.

Poco a poco, la sociedad ha ido aceptando el valor de los productos originales en el mundo digital. Gucci intentó migrar su PI al metaverso en marzo de 2021, cuando lanzó el calzado deportivo digital Gucci Virtual 25. Los usuarios pueden comprar un par de estos tenis digitales por 11.99 dólares en la aplicación de Gucci. Después de obtenerlos, los propietarios que tienen equipo de RA pueden probárselos en el entorno virtual a través de la aplicación, la plataforma social de RV VRChat o el juego *Roblox*.

Al parecer, tanto en el mundo físico como en el digital, el calzado ha ejemplificado la PI popular. Hay una fotografía famosa en la que Elon Musk aparece con zapatos que parecen naves de *Star Wars* en la alfombra roja de la Met Gala de 2018. De hecho, llevaba un par de zapatos normales de piel negros, y el calzado de la era espacial (inspirado en el Cybertruck eléctrico de Tesla) solo se vio en un NFT; este fue creación de RTFKT Studios, agencia de marcas digitales que Nike adquirió más adelante.

El «cibertenis» de Musk nunca estuvo disponible en la vida real, pero la versión digital generó gran revuelo. En agosto de 2021, el precio del NFT era de alrededor de 100 000 dólares en el sitio de RTFKT. La desarrolladora trabaja con los principales proveedores de juegos para que los avatares de los jugadores pueden llevar zapatos digitales geniales. También estableció una alianza con el artista digital FEWOCiOUS, de quien hablamos con anterioridad, para lanzar zapatos digitales salpicados de arte con un precio de hasta 10 000 dólares el par. Se agotaron en unos minutos después de salir a la venta en la tienda virtual.

Además del mundo del calzado, otras marcas prestigiadas han comenzado a extender su PI al espacio digital. Por ejemplo, para celebrar el Día Internacional de la Amistad de las Naciones Unidas en 2021, Coca-Cola estableció una alianza con la desarrolladora de avatares Tafi para lanzar la Caja de la amistad Coca-Cola, un NFT coleccionable. Esta caja contenía cuatro artículos digitales: una chamarra de Coca-Cola, una tarjeta de amistad, un visualizador de sonido y una máquina expendedora retro. En junio de 2021, la marca de superhéroes Marvel cooperó con el mercado de aplicaciones VeVe para lanzar una serie de productos NFT, entre los cuales se encontraban estatuas interactivas en 3D y revistas virtuales de historietas que se venden en cajas sorpresa.

En la era del metaverso, la PI se convertirá en el atributo más importante de la materia prima digital. La mayoría de las empresas con PI de alta calidad ya han comenzado a incursionar en la transformación cibernética; al darles vida a sus marcas a través de la tecnología digital, las han enriquecido.

LOS NFT SON LOS PORTADORES DE VALOR EN LA CREACIÓN CULTURAL DIGITAL

Hemos mencionado muchos tipos de NFT, todos emitidos con tecnología *blockchain*, desde la tierra digital en Decentraland y las mascotas en *Axie Infinity* hasta los avatares de *CryptoPunks*, *CryptoKitties* y el arte digital creación de FEWOCiOUS. También existe la PI digitalizada emitida por grandes empresas como Nike, Coca-Cola y Marvel. La PI de reciente surgimiento, al igual que las marcas clásicas, están adoptando los NFT como vehículo para su renacimiento en el metaverso (figura 8-5).

FIGURA 8-5
LA PI EMERGENTE Y LAS MARCAS CLÁSICAS ESTÁN ADOPTANDO LOS NFT PARA INCURSIONAR EN EL METAVERSO
Fuente: iStock

En julio de 2021, las ventas totales de NFT en el mercado ascendieron a aproximadamente 364 millones de dólares (figura 8-6). Un año antes, esa cifra fue de solo 3.44 millones de dólares. En el segundo trimestre de 2021, el volumen total de transacciones superó los 700 millones de dólares, un aumento del 40 % con respecto al primer trimestre. El número de compradores activos se incrementó un 38 %, mientras que el de vendedores se elevó un 25 %, lo que indica que cada vez más personas están interesadas en los NFT. Esta área representó un crecimiento drástico en 2020 y atrajo una atención considerable.[36] Como ya hemos dicho, los NFT se han convertido en los portadores dominantes de la cultura digital y han extendido las fronteras de esta industria.

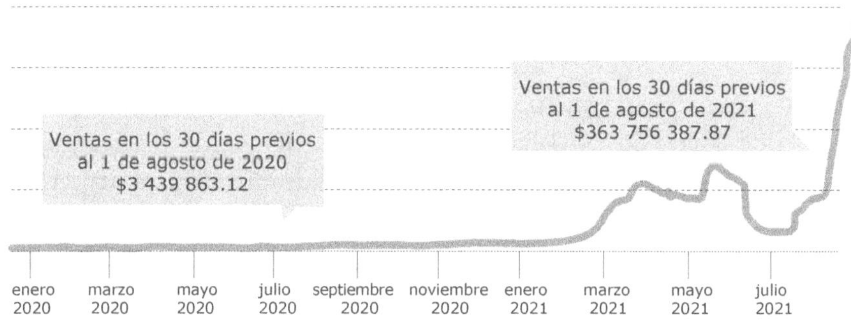

FIGURA 8-6
MOVIMIENTO HISTÓRICO DE TRANSACCIONES EN EL MERCADO DE NFT
Fuente: nonfungible.com

Analicemos el ecosistema industrial y el valor de aplicación de los NFT. En chino, a estos activos se les llama tókenes no homogéneos. ¿Cuál es la diferencia? Si tengo una moneda de un dólar y tú tienes una moneda de un dólar, se considerarán equivalentes y se pueden intercambiar una por otra. Una moneda de un dólar también puede intercambiarse por dos monedas de 50 centavos o diez de diez centavos; es decir, una moneda de un dólar puede dividirse en varias partes. Debido a estas características de ser divisible e intercambiable, decimos que es un bien «homogéneo».

No obstante, en la vida real, la mayoría de los bienes físicos no son divisibles ni intercambiables, son «no fungibles». Por ejemplo, un boleto para el cine en apariencia es similar a otros, pero el nombre de la película, la fecha, la hora de la función y el número de asiento varían de uno a otro. Cada boleto individual tiene un atributo único, por lo que el valor percibido de cada uno será distinto. Para dar otro ejemplo, incluso si todas las casas de un fraccionamiento tienen el mismo modelo, cada una será muy diferente debido a su ubicación, los pisos, el trabajo de carpintería, los electrodomésticos de la cocina, la decoración y otros aspectos. Además, es probable que su precio sea distinto. Se trata de bienes no fungibles, que no son divisibles ni intercambiables, porque cada residencia es única. Si se trasladaran al *blockchain*, formarían NFT.

En el caso de un NFT, por ser un activo digital emitido en el *blockchain*, existe constancia definitiva de su propiedad y del flujo de transacciones realizadas con él en un registro distribuido a prueba de alteraciones. En el futuro, todo podrá ser un NFT. El arte, los bienes coleccionables, los artículos de los juegos, los nombres de dominio, los boletos u otros bienes únicos podrán convertirse en NFT si se colocan en el *blockchain*.

Como ya hemos dicho en repetidas ocasiones, en el metaverso, los NFT se convertirán en creadores de valor capaces de empoderar todas las cosas y de actuar como un puente para conectar activos físicos y digitales. Hasta ahora, los NFT han formado una cadena industrial completa y un ecosistema de control de bucle cerrado que abarca infraestructura, aplicación y mercado de intercambio.

En cuanto a la infraestructura NFT, la mayoría de estos activos digitales son tókenes estándar ERC-721 y ERC-1155, basados en el *blockchain* Ethereum. Sin embargo, debido a la lenta velocidad de transacción de la plataforma y a sus elevadas tarifas de servicio, muchos proyectos intentan también emitir NFT en un nuevo *blockchain*. Por ejemplo, Dapper Labs lanzó en 2020 el *blockchain* Flow para el lanzamiento de NFT; ahí se emitió NBA Top Shot. En febrero de 2021, *Axie Infinity* lanzó la cadena lateral de Ethereum, Ronin, y trasladó ahí los NFT de la serie *Axie*.

En cuanto a las aplicaciones de NFT, los productos que ya se han implementado pueden dividirse en tres categorías principales: arte, coleccionables y artículos para juegos. La tecnología NFT es muy adecuada para la capitalización de contenido digital, por lo que se han implementado rápidamente campos relacionados con la PI digital en su núcleo. Hemos hablado con cierto detalle de ejemplos representativos en capítulos anteriores.

En la cadena industrial de los NFT, el mercado de intercambio desempeña un papel importante. OpenSea es la mayor plataforma de intercambio de NFT (figura 8-7), responsable del 56 % del volumen global de transacciones por una cantidad de 14 000 millones de dólares en 2021. Su fundador, el empresario y ejecutivo tecnológico neoyorquino, Devin Finzer, descubrió los *CryptoKitties* en 2017 y se fascinó con el potencial de los NFT. Así que se sumergió en el espacio y lanzó OpenSea en enero de 2018.

Es un mercado estilo eBay, pero especializado en la compraventa de NFT; también funciona como un navegador del *blockchain* para imágenes y bienes en NFT, y los no fungibles emitidos en Ethereum, Solana y otros *blockchains* tienen una página en él (figura 8-8).

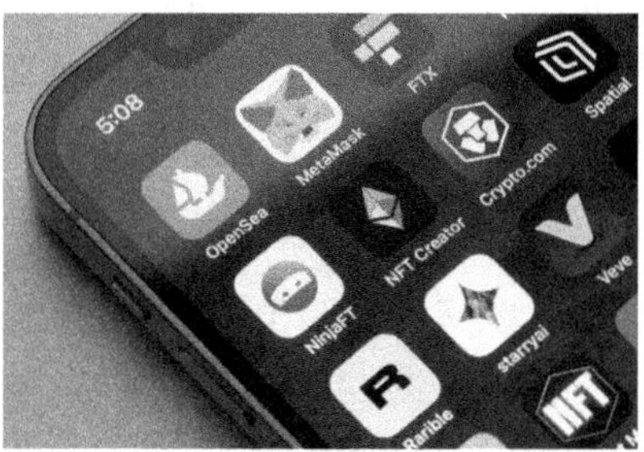

FIGURA 8-7
OPENSEA ES LA MAYOR PLATAFORMA DE INTERCAMBIO DE NFT
Fuente: iStock

FIGURA 8-8
OPENSEA TAMBIÉN ES UN NAVEGADOR DE *BLOCKCHAINS*, CAPAZ DE MOSTRAR CONTENIDO NFT
Fuente: iStock

OpenSea sigue un método descentralizado para la compraventa de NFT. Si tenemos un NFT de arte digital, podemos ver su información y atributos específicos al ingresar la dirección y número de su contrato en la plataforma. Si queremos vender este NFT, podemos dar clic en la opción «en venta» y seleccionar nuestro modelo de intercambio favorito, ya sea «precio fijo» o «subasta». Si alguien hace una oferta, el contrato inteligente bloquea los fondos. Cuando aceptamos la oferta, autorizamos a la plataforma para que realice un intercambio atómico entre el NFT y los fondos bloqueados. Este método facilita la transferencia sin riesgo alguno del NFT y los fondos entre el comprador y el vendedor sin la participación de un tercero centralizado. El intercambio atómico produce solo dos resultados: no se realiza el intercambio del NFT ni de los fondos o el intercambio se realiza con éxito sin falla en el pago y la entrega de los bienes. De esta manera, es una transacción libre de riesgos.

OpenSea también cuenta con un mecanismo de regalías. Los creadores pueden establecer una cuota por regalías de hasta el 10 % cuando crean un NFT. Una vez que se vende una obra, el mecanismo paga a su creador con base en el importe de la transacción y la cifra de regalías fijada con anterioridad. Un creador solo puede obtener regalías cuando se venden sus obras. Si un NFT se regala o transfiere, los usuarios no necesitan pagar regalías ni la tarifa de la plataforma.

OpenSea cobra una comisión por cada transacción con NFT. En julio de 2022, la tasa era del 2.5 %. En marzo de 2021, la plataforma recaudó 23 millones de dólares de financiamiento encabezado por Andreessen Horowitz, empresa californiana de inversión semilla. Solo cuatro meses después, OpenSea anunció que había recaudado otros 100 millones de dólares.

Además de sus actividades de intercambio, la plataforma se dedica a integrar el campo NFT en su conjunto para formar un ecosistema completo. Por ejemplo, Decentraland y OpenSea están conectadas. No solo es posible intercambiar la tierra y los objetos digitales de Decentraland en la plataforma, sino que la mayoría de las obras exhibidas en su galería están ligadas a OpenSea. Cuando van a la galería digital, los visitantes pueden saltar de inmediato a OpenSea para comprar el arte que les interese (figura 8-9).

FIGURA 8-9
EXPOSICIÓN DE ARTE NFT EN DECENTRALAND
Fuente: Decentraland

Otras plataformas de intercambio de NFT se concentran en categorías especiales. SuperRare, Rarible y Nifty Gateway se dedican a la distribución y el comercio de arte digital (figura 8-10). Nifty Gateway y SuperRare cuentan con un mecanismo llamado *whitelist*, que solo permite a artistas certificados previamente por la plataforma crear y vender NFT ahí. Rarible tiene menos requisitos, pues permite al público en general abrir sus alas creativas. Art Block y Async Art, con su gran programabilidad, también son plataformas para crear NFT de arte. Art Block puede ayudar a los artistas a programar, generar y almacenar obras por encargo en Ethereum, incluidos avatares estáticos, modelos en 3D y experiencias interactivas.

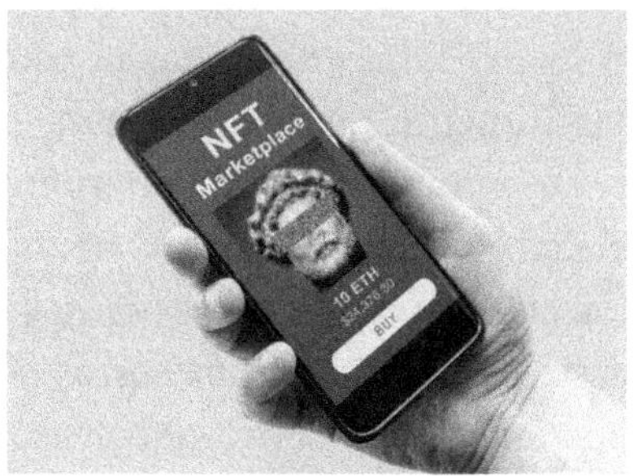

FIGURA 8-10
OPENSEA, Y OTRAS PLATAFORMAS DE INTERCAMBIO DE NFT, SE DEDICAN A CATEGORÍAS ESPECIALES
Fuente: iStock

Con el surgimiento del NFT es fácil para todos poseer objetos digitales en el metaverso. Los NFT no solo se distinguen por ser únicos, inmutables y de conservación permanente; también ayudan a confirmar los derechos de propiedad y en la circulación de transacciones de objetos digitales para lograr un mayor alcance y mejorar la liquidez. Antes de su aparición, los productos creativos y culturales digitales podían copiarse y utilizarse a voluntad, por lo que los creadores no contaban con un mecanismo sencillo para confirmar la propiedad de derechos de autor ni obtener los ingresos correspondientes. Los NFT resolvieron estos problemas: ahora, los verdaderos creadores pueden vender sus obras, en vez de solo autorizarlas, y obtener regalías de transacciones posteriores que se realicen con ellas.

Los NFT pueden desempeñar los siguientes papeles, cuyo efecto es elevar el valor de distintos activos digitales. En primer lugar, como hacen constar el valor de circulación, pueden mejorar la liquidez de los productos culturales y creativos y conectar con el mercado global. Por lo general, las obras de arte tradicionales se venden en ferias de arte, subastas o galerías, espacios muy concretos, por lo que muchos creadores talentosos se ven reprimidos. Al ser activos digitales, los NFT pueden venderse en el *blockchain* a través de contratos inteligentes o exhibirse al público en el mercado global en línea y venderse a coleccionistas de todo el mundo. Lo mejor es que la comisión por transacción es muy baja en comparación con los canales tradicionales, y el método de intercambio es muy transparente y confiable. El vendedor no tiene que correr riesgos de crédito, no hay retrasos por tener que esperar la autorización del crédito ni pérdidas por tipo de cambio. Así, los NFT han mejorado efectivamente la fluidez de las obras de arte.

En segundo lugar, los NFT hacen constar la autenticidad, ya que no pueden fabricarse furtivamente. Esto ofrece una excelente protección contra la falsificación. La omnipresencia de internet ha propiciado el arte de la imitación y facilitado la falsificación. Las obras que no cuentan con registros de circulación claros y organizados por lo general deben ser evaluadas por expertos antes de venderse. Los costos de evaluación pueden ser elevados, los resultados pueden ser segados y no hay ninguna garantía de que alguien que dice ser un experto en realidad pueda verificar la autenticidad de una obra. Cada NFT digital contiene la firma digital inalterable del creador. Garantizada por tecnología de cifrado asimétrico, la firma puede verificarse con facilidad para que no haya obras falsas.

En tercer lugar, los NFT hacen constar la escasez, por lo que pueden ayudar a que los productos culturales y creativos circulen de forma ordenada, de manera que el historial de las transacciones sea de lo más transparente y pueda rastrearse, y exista certeza y credibilidad en cuanto a su escasez. En el pasado, solo los artículos coleccionables ofrecidos por las mejores casas de subasta contaban con registros de transacciones relativamente confiables. La mayoría de los artículos coleccionables no gozan de esa ventaja. Es complicado determinar el número exacto de copias legítimas existentes de un objeto coleccionable y ver los registros de transacciones previas. Incluso, con casas de subasta reconocidas, es difícil garantizar que los registros de transacciones estén completos y sean creíbles y que los artículos se hayan obtenido legalmente. La emisión y los registros de circulación de los coleccionables digitales, en forma de NFT, dejarán rastro en el *blockchain*. Es imposible alterar los registros. La información básica, como la cantidad total de emisión y el historial de transacciones, es clara y transparente, lo que elimina la confusión causada por la asimetría en la información. Es fácil para los coleccionistas realizar análisis y juicios con base en esta información.

En cuarto lugar, los NFT hacen constar la propiedad, por lo que evitan controversias relativas a los derechos. Los NFT proporcionan una confirmación eficiente de la propiedad a un bajo costo, además de reflejar con facilidad otros derechos reales. Por ejemplo, en el pasado, era difícil saber si una obra de arte estaba hipotecada o asegurada. En el *blockchain*, en especial en combinación con las DeFi, esto se resuelve con una interacción con el contrato inteligente. Es posible solicitar toda la información interactiva a través del navegador del *blockchain* y así tener claridad de inmediato sobre el contexto general.

En quinto lugar, mediante reglas de «prueba de ingresos», los creadores de NFT pueden obtener recompensas gracias a la apreciación de los coleccionistas de sus obras. En la mayoría de los casos, las transacciones que involucran arte tradicional, coleccionables o productos culturales y creativos son acuerdos únicos. Después de que un creador vende su obra, ya no participa en los ingresos posteriores que esta genere, independientemente de cuánto aumente su valor en el futuro. Gracias a las plataformas de distribución e intercambio de NFT como OpenSea y Rarible, los creadores pueden establecer y cobrar regalías, además de usar contratos inteligentes para garantizar que reciban ingresos por cada venta y reventa posterior y tengan participación en el valor a largo plazo de sus obras.

En adelante, las aplicaciones NFT no se limitarán al arte, los coleccionables, los juegos y productos similares. En el corto plazo, los NFT se utilizarán principalmente para confirmar derechos y para transacciones de circulación que tengan artículos digitales en la cadena. En el mediano plazo, los activos financieros tradicionales como el capital de inversión, la deuda privada y los fideicomisos, se colocarán en la cadena para formar NFT. A largo plazo, con la ayuda de oráculos (entidades que conectan los *blockchains* con sistemas externos), los NFT acelerarán en gran medida la tokenización y digitalización de activos físicos. Esto mejorará todavía más el «internet de valor» e impulsará una profunda integración de activos digitales y físicos. Los NFT llevarán tipos de activos más ricos y mayor valor, además de que se convertirán en una categoría de activo clave en el metaverso.

Creemos que la cultura digital experimentará un gran desarrollo y prosperidad en el metaverso si la tecnología digital se integra con la creatividad cultural. Los NFT propiciarán la capitalización y garantía económica para esta PI. La integración de la digitalización y la cultura dará sorpresas continuas y poco a poco se convertirá en la cultura dominante en el metaverso.

CAPÍTULO 9

TENDENCIA 6: EMERGEN LAS FINANZAS DIGITALES INCLUSIVAS

LAS DEFI ACELERAN LA DIGITALIZACIÓN DE LOS SERVICIOS FINANCIEROS Y LAS TRANSACCIONES PROGRAMABLES AYUDAN A LOGRAR LA INTELIGENCIA FINANCIERA

La integración total del mundo digital y físico ocurrirá en el metaverso, y todas las actividades económicas cambiarán a una economía digital.

Esto requerirá que los servicios financieros no solo sean más digitalizados en forma, sino también verdaderamente inclusivos, de tal manera que den a todas las personas la oportunidad de utilizar servicios financieros en línea con eficiencia y efectividad a un bajo costo.

Algunos pioneros han intentado reconstruir la infraestructura financiera global de manera digital. Otros proyectos han intentado eliminar intermediarios innecesarios, reducir el umbral de entrada y recortar el costo de los servicios, además de optimizar la forma en que las personas usan los servicios financieros y su experiencia con ellos. Una serie de prácticas innovadoras en el campo de las DeFi constituyen ejercicios de exploración para construir un sistema financiero digital en la era del metaverso.

Como ya hemos mencionado, las DeFi permiten a los propietarios controlar sus activos y posibilitan transacciones automatizadas muy seguras, transparentes y confiables. Existen iniciativas en curso para integrar tecnología de punta, comercio inteligente, organización abierta e intercambios digitales, de tal forma que se faciliten cambios en los portadores de negocios, el modo de distribución, la estructura organizacional y las relaciones industriales. Si se logra, esto podría abrirle paso a una nueva era de la digitalización e inteligencia en el espacio financiero.

HACER LA TRANSFERENCIA GLOBAL DE DINERO TAN FÁCIL COMO CHATEAR

El libro *La tierra es plana: breve historia del mundo globalizado del siglo XXI*, del comentarista político y autor, Thomas Friedman, publicado en 2005, presenta una visión fascinante de la globalización. Friedman sugiere que, a medida que la competencia entre las naciones industriales y los países de mercados emergentes dan paso a un estado de igualdad de condiciones (nuevas tecnologías conectivas, reducción de las estructuras jerárquicas de organización y globalización de las cadenas de suministro), el mundo se hace cada vez más «plano».

La pandemia provocada por el COVID-19 es otro factor que ha producido grandes cambios en la sociedad en todo el mundo, y nos ha colocado en un entorno más simétrico; pero ya no podemos describir esta tendencia como un gran aplanamiento. Por el contrario, cada vez nos convertimos más en un mundo «que fluye». El poder que hace fluir al mundo está en los datos, que penetran profundamente y se pueden desplazar a una gran velocidad de una organización a otra y de un país a otro. Con los cierres recurrentes de actividades debido a la crisis sanitaria, el comercio electrónico, el teletrabajo, la educación en línea, los servicios de *streaming* y los videos cortos han ganado popularidad con rapidez y se han desarrollado en países de todo el mundo. La economía global se apresura a conquistar la integración digital y su destino es convertirse en una comunidad económica digital unificada en la era del metaverso.

La circulación eficiente y a bajo costo de fondos será un importante factor impulsor en el desarrollo y la integración de esta comunidad digital global. Sin embargo, en este momento, con diferencias en monedas, idiomas, sistemas de gobierno, legislación, zonas horarias y otros factores, las transferencias y los pagos transfronterizos deben recorrer muchos nodos y sistemas, por lo que no son muy ágiles y tienen un costo elevado. La actividad transfronteriza representa menos del 20 % del volumen global de transacciones de pago, pero los costos por transacción representan el 40 %.[37] Más aún, en el sistema financiero actual, las transferencias transfronterizas (ya sean a través de la plataforma de un tercero o directas) requieren cuentas bancarias. Por desgracia, alrededor de 1700 millones de adultos en todo el mundo no pueden participar en las actividades financieras más básicas porque no tienen acceso a una cuenta bancaria.[38]

Ahora que nuestra educación, estilo de vida y trabajo poco a poco se desplazan al metaverso, los pagos en línea se han convertido en una necesidad para todos, y los pagos a través de las fronteras se harán cada vez más comunes. Es más, la ineficacia y estructura en múltiples capas del modelo financiero actual no podrá cubrir las necesidades de las personas.

Así que debemos preguntarnos cómo podemos lograr que los pagos globales sean igual de sencillos que un chat en línea. Se trata de un complicado cuello de botella que debemos resolver.

Facebook propuso una solución atrevida con la introducción de la tecnología *blockchain* en el sistema internacional de pagos para hacer más eficientes e inclusivas las finanzas globales. En junio de 2019, la empresa publicó un documento técnico que anunciaba el proyecto Libra, indicando que su misión era construir «una 'moneda' sencilla y una infraestructura financiera sin fronteras para brindarles servicios a miles de millones de personas».

La iniciativa, cuyo nombre cambió más adelante y se convirtió en el proyecto Diem, se propuso optimizar los pagos globales, el cambio de divisas y otros servicios financieros con base en esta nueva infraestructura simplificada. Su propósito era permitirles a los usuarios realizar pagos internacionales y cambios de divisas en tiempo real, incluso si empleaban teléfonos móviles básicos, casi sin costo por servicio. Su misión expresaba con audacia: «Mover dinero por todo el mundo debería ser igual de fácil y barato, incluso más seguro, que enviar un mensaje de texto o compartir fotos, sin importar en dónde vivas, qué hagas o cuánto ganes».

¿Cómo proponía este proyecto actualizar el sistema financiero global? Planteaba innovaciones en la infraestructura técnica, el modelo económico y el mecanismo de gobernanza. En términos de infraestructura técnica, el proyecto Diem se construyó en un *blockchain* seguro, escalable y confiable. Requería edificar un consorcio de *blockchain* como cimiento. Organizaciones reconocidas podrían obtener permiso y convertirse en nodos de validación de la cadena. Los desarrolladores globales también podrían crear distintas DApps en el *blockchain* para prestarles servicios a sus usuarios.

El modelo económico dependía de un tipo de activo digital, la moneda Diem, como medio de pago internacional. El plan la estableció como una «moneda sintética», con base en una canasta de divisas, y su precio estaba ligado con el tipo de cambio promedio ponderado de esas monedas. Esto significa que tendría relativa estabilidad, sin subidas ni bajadas, y así reduciría los riesgos de mercado y las pérdidas por tipo de cambio, además de poderse usar ampliamente en el mundo.

En cuanto al mecanismo de gobernanza, Diem no sería un proyecto centralizado, sino una comunidad virtual independiente llamada Asociación Diem. Los miembros fundadores fueron 28 empresas e instituciones, incluida Calibra (subsidiaria de Facebook en el área de billeteras digitales, cuyo nombre cambió más adelante a Novi), Uber, Lyft, Spotify, Coinbase, Visa, MasterCard y PayPal. Facebook tenía 2500 millones de usuarios en el momento en que se anunció el proyecto y, en combinación con la gran influencia de otros gigantes de internet, el proyecto Diem podría cubrir con facilidad a miles de millones de personas en todo el mundo.

No obstante, algunas organizaciones con sólidos atributos financieros como eBay, Visa, PayPal, Mastercard y Stripe, se retiraron de la Asociación Diem. Las empresas indicaron que reconocían el potencial de la iniciativa, pero habían decidido enfocarse en otros proyectos.

En octubre de 2019, los miembros de la asociación firmaron su documento constitutivo y se estableció formalmente el consejo del grupo, con un voto representativo por cada miembro. Facebook desempeñó un papel clave en la asociación con el desarrollo de tecnología *blockchain*, pero no tenía ningún derecho especial dentro del grupo. Para septiembre de 2021, la asociación había reunido 26 miembros.

El proyecto Diem, con una meta ambiciosa y de gran alcance, no solo esperaba reconstruir digitalmente la infraestructura financiera global, sino que también aspiraba a crear un método de pago global que cambiaría por completo la experiencia de las personas al usar internet. Al hacerlo, su objetivo era crear una estructura financiera totalmente nueva y de inclusión global. El trayecto de su desarrollo sin duda sería difícil y enfrentaría varios obstáculos en el camino.

Algunos creían que el medio de pago era una especie de moneda «supersoberana» y argumentaron que, si se propagaba sin verificación, habría muchos riesgos impredecibles. Los gobiernos también se mostraron cautelosos con respecto al proyecto (y poco después adoptaron una postura de franca oposición), pues creían que, una vez que se lanzara la moneda Diem, causaría problemas para su sistema monetario y estabilidad financiera.

Poco después de que se dio a conocer el documento sobre Diem, varios jefes de Estado y autoridades regulatorias de varios países comenzaron a cuestionar el proyecto en público. En julio de 2019, el presidente estadounidense, Donald Trump, expresó sus inquietudes en las redes sociales. El secretario del Tesoro de Estados Unidos en esa época, Stephen Mnuchin, describió el proyecto como una grave amenaza a la seguridad nacional de Estados Unidos. Dio a entender, por ejemplo, que los delincuentes podrían utilizar el sistema para lavar dinero y financiar actividades terroristas. En agosto de 2019, las autoridades encargadas de la seguridad de los datos en Reino Unido, Australia, Canadá y otros países, dieron a conocer de manera conjunta un comunicado en el que cuestionaban la seguridad y legitimidad del proyecto Diem. En septiembre de 2019, los ministros de Finanzas de Francia y Alemania emitieron un comunicado conjunto en el que insistieron en que evitarían su desarrollo en Europa. Reuters informó que los funcionarios europeos creían que «ningún organismo privado puede tener poder monetario, que es inherente a la soberanía nacional». Los bancos centrales de Japón y Singapur adoptaron una actitud de espera y solicitaron al proyecto información más detallada sobre las medidas de seguridad del sistema.

Ante esta reacción negativa, el proyecto Diem lanzó una segunda edición del documento técnico en abril de 2020. Si bien no contenía ningún cambio en los objetivos centrales, sí hacía énfasis en que el proyecto era un «sistema de pagos», una herramienta para ayudar a cambiar la moneda de curso legal, que no pretendía reemplazar las monedas existentes. El proyecto conservó la moneda Diem, pero añadió un esquema de moneda estable con el propósito de anclar monedas nacionales individuales como el dólar estadounidense, el euro, la libra esterlina y el dólar de Singapur.

Lo inevitable ocurrió el 31 de enero de 2022, cuando la Asociación Diem anunció que había vendido su PI y demás activos relacionados con la operación de la red de pagos Diem, incluidos sus recursos y herramientas de desarrollo, implementación y operación, a Silvergate, un banco de California especializado en criptoactivos, por 200 millones de dólares.

Así llegó a su fin la odisea de casi tres años de Facebook y sus aliados para lanzar una moneda digital y el correspondiente sistema de pagos. Silvergate afirmó que planeaba integrar el proyecto Diem en su red llamada Silvergate Exchange Network y ha anunciado ligeras actualizaciones graduales en su desarrollo y crecimiento.

A pesar de la controversia y agitación, todavía hay proyectos visionarios y ambiciosos similares a Diem que buscan transformar el sistema financiero global, todos ellos prometedores y de gran potencial. Estamos convencidos de que:

- más personas deberían tener acceso gratuito a servicios financieros, con capital barato;
- todos deberían tener el derecho inherente a controlar el fruto de su trabajo legítimo;
- con el flujo abierto, inmediato y a bajo costo de monedas globales se crearán enormes oportunidades económicas y se ofrecerá valor comercial para todo el mundo;
- las personas confiarán cada vez más en la gestión descentralizada;
- la infraestructura monetaria y financiera global debería diseñarse y administrarse como un producto público;
- todos deberíamos tener la responsabilidad y oportunidad de ayudar a promover la inclusión financiera, y apoyar a los usuarios que respetan la ética de la red y mantienen la integridad de este ecosistema.

PERMITIR QUE LOS SERVICIOS FINANCIEROS CUBRAN LAS NECESIDADES DE DESARROLLO DE UNA ECONOMÍA DIGITAL

Los pagos más allá de las fronteras siempre han sido un área que las finanzas digitales han intentado mejorar, y muchas empresas tienen la visión de una moneda estable basada en tecnología *blockchain*. Algunas compañías ya pueden hablar de sus experiencias y logros en esta esfera.

Por ejemplo, Circle, la empresa *fintech* con oficinas en Atlanta, emitió la *stablecoin* USDC (figura 9-1). Circle ha dado gran importancia al cumplimiento de los requisitos legales. Es más, en su posición como una de las principales empresas de activos digitales, con el mayor número de licencias en el mundo hasta la fecha de preparación de este libro, cuenta con licencias de pagos de Estados Unidos, Reino Unido y la Unión Europea. También tiene canales de cumplimiento para tres monedas dominantes: el dólar estadounidense, la libra esterlina y el euro. Además, obtuvo el primer certificado BitLicense en el estado de Nueva York, cuyos requisitos mínimos son considerables y es semejante a una licencia bancaria tradicional. Desde su establecimiento en 2013, Circle ha realizado once rondas de financiación y recaudado 1100 millones de dólares. Algunos de sus inversionistas clave son Goldman Sachs Capital, IDG Capital, Baidu, CICC ALPHA, Everbright Holdings, Fenbushi Venture Capital y Wanxiang Blockchain.

En julio de 2021, la empresa anunció planes para debutar en la bolsa de valores, tras su fusión con Concord Acquisition Corp. Se espera que la OPI se realice a finales de 2022.

FIGURA 9-1
LA USDC ES UNA *STABLECOIN* EMITIDA POR CIRCLE
Fuente: iStock

En un principio, Circle se concentró en un negocio de pagos basado en tecnología *blockchain* que ofreciera servicios de intercambio y depósito de activos digitales. En julio de 2018, la empresa lanzó la moneda estable USDC, anclada al dólar estadounidense y emitida en el *blockchain*. Hasta mediados de septiembre de 2021, había en circulación 29 400 millones de USDC (figura 9-2) y la cantidad acumulada de transferencias en la cadena había alcanzado el billón de dólares.

La USDC se emiten de la siguiente manera: Circle entrega los activos reservados a un banco designado, adopta el sistema de reserva al 100 % y emite los activos a una equivalencia 1:1 en el *blockchain*. Las reservas están constituidas principalmente por dólares estadounidenses en efectivo y bonos del Tesoro de Estados Unidos a corto plazo,[39] que una organización independiente (la firma contable Grant Thornton) audita cada mes y están sujetas a la supervisión del estado de Nueva York. Circle emplea una serie de mecanismos para garantizar que la criptomoneda USDC pueda operar con relativa transparencia. Los usuarios pueden canjear sus USDC en la cadena a una equivalencia 1:1 y convertirlas en dólares. Una vez canjeadas el sistema destruye la cantidad correspondiente de USDC.

Ya hemos hablado con anterioridad de la tokenización de activos. Las USDC de Circle son activos digitales formados por la tokenización del dólar estadounidense.

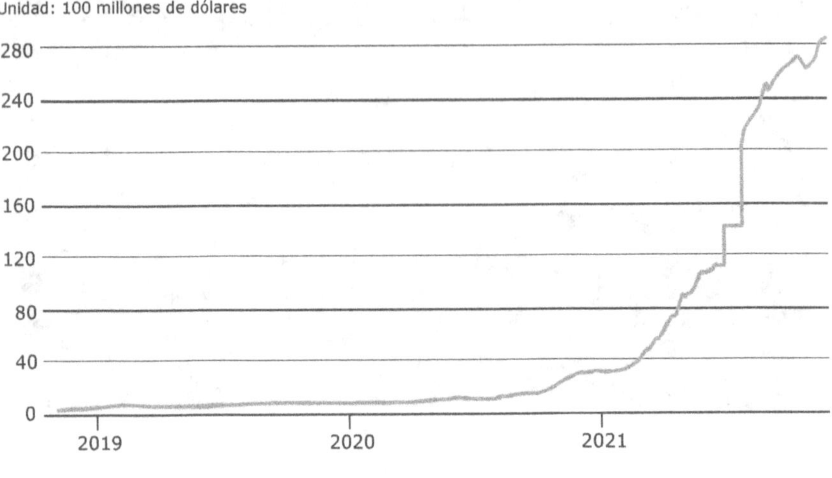

FIGURA 9-2
HISTORIA DE EMISIÓN DE LA *STABLECOIN* USDC DE CIRCLE
Fuente: CoinMarketCap

Además de los gigantes de internet y de las empresas *fintech*, los gigantes financieros tradicionales también intentan utilizar tecnología *blockchain* y monedas estables para mejorar las operaciones transfronterizas de pago y liquidación. En febrero de 2019, J. P. Morgan lanzó su JPM Coin, la primera moneda estable respaldada por Bank of America. La JPM Coin se emite y utiliza en el *blockchain* Quorum y se desarrolló con base en el protocolo del *blockchain* Ethereum (1 JPM Coin = 1 dólar). Aunque la *stablecoin* es un activo emitido en la cadena y garantizado con dólares estadounidenses, se distingue de otros emitidos a clientes individuales como era el caso de USDC y Diem Coin. El libro contable de JPM Coin solo está abierto a algunos nodos específicos. Ningún cliente individual puede tenerlo o utilizarlo, solo aquellos ligados con instituciones financieras y bancos estrictamente limitados. Por lo tanto, se considera una moneda estable creada para las ventas al por mayor, a diferencia del tipo de monedas orientadas al comercio al por menor que pueden utilizar las personas comunes.

JPM Coin resuelve el problema de la liquidación total en tiempo real. Por ejemplo, durante las transferencias transfronterizas, el cliente de J. P. Morgan (la Empresa A) coloca sus depósitos en una cuenta designada para obtener JPM Coins del mismo valor. Entonces, la Empresa A puede utilizarlas para algún intercambio con otro cliente de J. P. Morgan, la Empresa B, en el *blockchain*. Después de recibir esas monedas, la Empresa B puede optar por convertirlas a dólares estadounidenses o a otra moneda local. La Empresa A y la Empresa B, aunque estén en zonas horarias, áreas monetarias o distritos judiciales diferentes, pueden realizar una liquidación en tiempo real, lo que mejora considerablemente la eficiencia y utilidad del fondo.

Por supuesto, este proceso es diferente de la liquidación tradicional transfronteriza entre bancos. El flujo tradicional de liquidación por lo regular requiere la participación de al menos un banco agente. Además, requiere varios sistemas como la SWIFT (Society for Worldwide Interbank Financial Telecommunications), el CLS (Continuous Linked Settlement System), el CHIPS (Clearing House Interbank Payments System) y el TARGET (Trans-European Automated Real-time Gross Settlement Express Transfer System). Se trata de un proceso complejo y poco conveniente, que a fin de cuentas pasa a través de varios nodos. Este tránsito por más nodos involucra más comisiones y un flujo menos eficiente.

Es más, en el sistema basado en tecnología *blockchain*, los activos existen por completo en forma digital, por lo que el proceso de transferencia es sencillo. Es un traspaso directo de un punto a otro. En un principio, la información de la transacción se transmite a un nodo de la red *blockchain*. Luego, se prepara el paquete correspondiente, que registra el operador del nodo (el minero). Sin embargo, este nodo no es un intermediario formal para la transacción, por lo que no maneja ningún activo. Solo opera como «testigo» y es responsable de verificar la autenticidad y efectividad de la información de transferencia. Como haría el encargado de contabilidad, anota la información del traspaso en un registro distribuido y la sincroniza con otros nodos.

Este proceso es sencillo y efectivo, y facilita el «pago como liquidación»; puede agilizar mucho la transferencia y reducir significativamente los costos. Con base en este modelo, los fondos pueden tener un alto grado de penetración y liquidez, y pueden ir a la velocidad de flujo de los datos para fomentar el desarrollo de la economía digital.

Las principales emisoras de estas *stablecoins* para operaciones al mayoreo o menudeo son instituciones comerciales. El mecanismo regulador todavía no es maduro, por lo que es posible que se utilicen como herramienta para el lavado de dinero o para otras actividades ilícitas. No solo eso, sino que el rápido flujo de esos activos puede agravar el flujo de capital en cierta medida, y el desorden resultante puede afectar la soberanía monetaria de los países pequeños. Esto implica nuevos retos para el sistema global de pago y compensación, la gestión de flujos transfronterizos de capital, las políticas monetarias nacionales e, incluso, el sistema monetario internacional.

Para resolver estos problemas, necesitamos confiar en el poder de la tecnología regulatoria y crear poco a poco ese sistema nuevo en el marco regulatorio financiero global.

En abril de 2020, el organismo de coordinación regulatoria internacional designado, Financial Stability Board (FSB), establecido por el G20 (un foro intergubernamental de veinte naciones industrializadas y la Unión Europea), propuso incluir los criptoactivos globales en el marco actual de normas regulatorias, con varias limitantes. Puso énfasis en el hecho de que las *stablecoins* y otros activos digitales no operan en un espacio sin regulación alguna. Estipuló que es necesario analizar y resolver problemas específicos e instó a clarificar las normas y la división de responsabilidades entre los reguladores, según el mecanismo de operación y la función económica de distintas monedas estables.

Con el surgimiento de la crisis derivada de la propagación del COVID-19, los gobiernos nacionales han puesto una atención sin precedentes al desarrollo de la economía digital, que requerirá un sistema financiero totalmente nuevo. En este sentido, la digitalización del dinero se ha convertido en un tema importante. Países de todo el mundo han pisado el acelerador para el lanzamiento de la moneda digital de su banco central (figura 9-3).

FIGURA 9-3
DIVERSOS PAÍSES AVANZAN EN EL DESARROLLO DE MONEDAS DIGITALES DE SU BANCO CENTRAL
Fuente: iStock

A principios de 2021, el Banco de Pagos Internacionales (BIS, por sus siglas en inglés), una institución propiedad de bancos centrales y con oficinas generales en Suiza, realizó su tercera encuesta sobre la CBDC. Esta reveló que el 86 % de los participantes estudiaban activamente el potencial de estas monedas digitales.[40] Bahamas fue el primer país en lanzar oficialmente una de estas, el Sand Dollar. Hasta el verano de 2022, la mayoría de los países todavía tenían el concepto de CBDC a prueba. Por ejemplo, el proyecto Ubin, desarrollado por la Autoridad Monetaria de Singapur, la Asociación de Bancos en Singapur y varias instituciones financieras internacionales, realizó un prototipo basado en el *blockchain* para pagos en moneda digital legal. En julio de 2021, el Banco Central Europeo anunció planes de lanzar su euro digital y arrancó un proyecto de investigación a dos años dedicado al diseño y la emisión de la criptomoneda. Estados Unidos también explora activamente el tema. En mayo de 2020, el grupo asesor del Proyecto Dólar Digital, encabezado por la consultora irlandesa-estadounidense experta en tecnologías de la información, Accenture, publicó un documento técnico que contiene el análisis de algunos aspectos del proyecto dedicado al dólar estadounidense digital.

En China, donde se encuentran en marcha estudios piloto a gran escala, la versión digital del yuan chino (e-CNY) en muchos sentidos lleva la delantera. En diciembre de 2020, este activo se probó en Suzhou, una ciudad de la provincia sureña de Jiangsu. El estudio realizado consideró un pago conveniente, de un toque, entre dos teléfonos móviles, realizado por completo fuera de línea y sin acceso a ninguna red. A finales de 2020, el Banco Industrial y Comercial de China abrió un canal para donaciones en e-CNY y depositó la información en el *blockchain* para garantizar que el proceso fuera legítimo, efectivo y rastreable.

Durante la Feria International de Comercio de Servicios de China, celebrada en Beijin en 2021, el Banco de China demostró un dispositivo prototipo para el intercambio de e-CNY y divisas, que no requiere que los usuarios se conecten con ninguna cuenta o tarjeta bancaria. El aparato permitía el cambio de divisas y e-CNY con solo una tarjeta de identificación o pasaporte. Después de la verificación de la identidad, con reconocimiento facial, un billete de 10 euros se convirtió de inmediato en una tarjeta billetera de e-CNY con un límite de 74 yuanes.

Una característica clave es que el activo e-CNY puede programarse. En un documento técnico publicado en julio de 2021 por un grupo de trabajo del Banco Popular de China, se explicaba con detalle cómo programar la moneda digital y cargar contratos inteligentes sin afectar sus funciones. Para garantizar que sean seguras y cumplan con las normas legales, las transacciones de pagos automatizados se harán de conformidad con las normas y según acuerden ambas partes. Esto se posicionó como un excelente ejemplo de innovación en el modelo de negocio, pues mejora la capacidad de expansión y facilita la integración a profundidad con posibilidades de aplicación.[41]

En el metaverso, es evidente que el papel moneda físico no cubrirá las necesidades de la economía digital. Todos los países necesitan con urgencia un nuevo sistema financiero y la CBDC será la moneda de ese espacio. Esta moneda legal programable se convertirá en la piedra angular de todo tipo de transacciones digitales en la era de la web3.

¿CÓMO PUEDE UNA DOCENA DE PERSONAS MANEJAR GRANDES PROYECTOS CON UN VALOR DE MERCADO DE 10 000 MILLONES DE DÓLARES?

El mercado de valores NASDAQ se estableció en Estados Unidos en 1971. En un principio era solo un sistema de cotización que en 1998 se convirtió en la primera bolsa de valores en línea de Estados Unidos (la bolsa Globex, lanzada en Chicago en 1992, en realidad fue la primera plataforma bursátil en operar en línea, pero solo manejaba derivados como futuros, opciones y contratos de materias primas).

El NASDAQ actualizó el sistema tradicional de operaciones bursátiles con una plataforma digital. Apple, Microsoft, Google, Facebook, Tesla y otros gigantes tecnológicos y de internet decidieron cotizar en él. Para marzo de 2022, cotizaban 3626 valores en esta bolsa, que también es una empresa listada.

En 2015, el NASDAQ anunció su primera transacción bursátil con el *blockchain*. Desde entonces, el mercado ha instalado Linq, plataforma de registro respaldada con el *blockchain* que procesa pagos en minutos en vez de días. En épocas más recientes, las bolsas de Australia, Japón, Corea del Sur, Alemania, Reino Unido, Rusia, Chile y Canadá han comenzado pruebas con sistemas similares.

Como reflejo de la naturaleza automatizada de los sistemas, un proyecto de web3 con una funcionalidad similar a la del NASDAQ, llamado Uniswap, tiene solo diez empleados; mientras que el NASDAQ tenía 5814 en 2021. En términos de eficiencia, Uniswap solo ha operado cuatro años, mientras que el mercado bursátil tradicional ha funcionado por medio siglo.[42]

Uniswap es una plataforma descentralizada de intercambio de activos digitales basada en Ethereum. En diciembre de 2020, su volumen de transacciones bursátiles superó los 50 000 millones de dólares, provenientes de 26 000 pares de negociación diferentes.[43] Para septiembre de 2021, Uniswap registró un volumen diario de transacciones de más de 1000 millones de dólares y las comisiones diarias habían llegado a 2.59 millones de dólares, por encima de las transacciones en la cadena Bitcoin.[44] Encima, la plataforma logró estos resultados con solo 53 empleados en marzo de 2022.

Desde la perspectiva tradicional, una empresa así requeriría un equipo de miles, distribuidos en una organización de varios niveles. ¿Cómo es posible que Uniswap opere, aparentemente de manera automática, un sistema de operaciones bursátiles tan extenso y complejo? Habrá que analizar sus orígenes.

En julio de 2017, Hayden Adams, ingeniero mecánico que trabajaba en Siemens, fue despedido. Era una época que ha descrito como el momento más oscuro de su vida. Karl Floersch, un amigo que trabajaba en la fundación Ethereum, le dijo a Adams que la tecnología *blockchain* era el futuro y lo instó a desarrollar contratos inteligentes en la plataforma. Adams recuerda la conversación en su blog.[45]

Adams: Me acaban de despedir.
Floersch: ¡Felicidades! ¡Es lo mejor para ti! La ingeniería mecánica es un campo que está en su ocaso. Ethereum es el futuro y todavía está en pañales. ¡Tu nueva misión es escribir contratos inteligentes!
Adams: No necesito aprender a programar, ¿verdad?
Floersch: No exactamente. Programar es muy sencillo. Nadie sabe cómo escribir contratos inteligentes, Ethereum, prueba de interés y computación sin confianza en una autoridad centralizada, etc.
Adams: Ok...

Era la primera vez que Adams pensaba en Ethereum y los contratos inteligentes, pero no tenía nada que perder. Aprendió JavaScript y Vyper, uno de los lenguajes de programación de contratos inteligentes de Ethereum, y decidió desarrollar una nueva aplicación. Con ayuda de Floersch, comenzó a trabajar en la creación de una plataforma descentralizada para el intercambio de activos digitales. Se basó en creadores de mercado automatizados (AMM, por sus siglas en inglés), inspirado por un artículo de Reddit[46] escrito por el cofundador de Ethereum, Vitálik Buterin, en 2016.

En marzo de 2018, nueve meses después de su despido, Adams completó una versión de demostración de Uniswap que tenía menos de 300 líneas de código. Tras un poco más de trabajo en la página interactiva de interfaz del usuario, lanzó el proyecto el 2 de noviembre de 2018. El lanzamiento inicial de Uniswap no atrajo mucho interés, pero dos años más tarde, con el auge de las DeFi, aumentó la demanda de los usuarios por los intercambios descentralizados y Uniswap se convirtió en la plataforma preferida.

Para principios de 2020, el volumen diario de transacciones del proyecto y su valor total bloqueado (TVL, por sus siglas en inglés) alcanzaron los 10 millones de dólares.[47] En mayo de 2020, la segunda versión ofreció un predictor de precios y otras funciones mejoradas. En septiembre, el TVL de Uniswap V2 era de más de 1000 millones de dólares, y llegó a 9000 millones en abril de 2021 (figura 9-4). En septiembre de 2021, el TVL bajó un poco, pero se mantuvo por encima de los 5000 millones de dólares. En mayo de 2021, el proyecto lanzó su tercera versión, con herramientas más poderosas para creadores de mercado (MM, por sus siglas en inglés) profesionales y usuarios de operaciones bursátiles.

¿Cómo automatiza las operaciones bursátiles el mecanismo AMM? El principio está en la fórmula del producto creada por Buterin, el llamado modelo XYK ($x * y = k$). Uniswap reemplaza al operador del AMM con un contrato inteligente y la cotización subjetiva con el precio calculado por la fórmula. Por otro lado, con base en el mecanismo justo y transparente para la distribución automatizada de cargos por servicio, cualquiera que cumpla las condiciones puede dar liquidez y así convertirse en AMM.

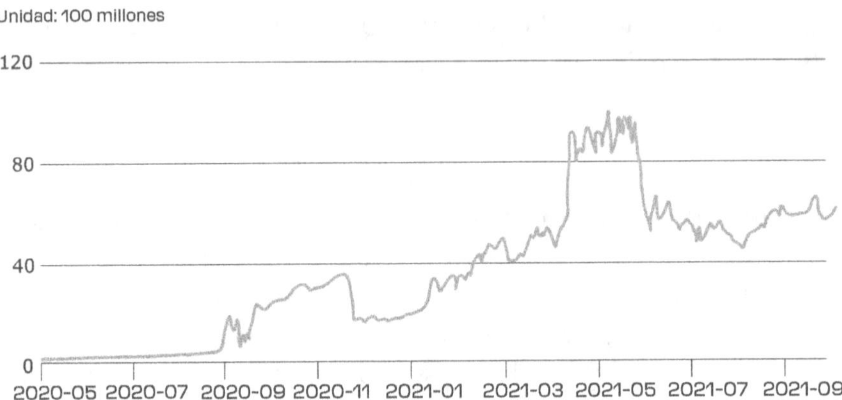

FIGURA 9-4
HISTORIAL DEL VALOR TOTAL BLOQUEADO (TVL) DE UNISWAP V2
Fuente: DeBank

Uniswap nos ha mostrado una nueva práctica de reforma financiera digital, pero este método descentralizado de negociación todavía tiene varios problemas. Por ejemplo, esta plataforma enfrenta problemas significativos de cumplimiento. En julio de 2021, Uniswap Labs, el equipo detrás del protocolo, restringió la negociación de más de cien tókenes y derivados en la interfaz de la web, y dio como razón el «cambiante entorno regulatorio». En septiembre de 2021, *The Wall Street Journal* informó que la Comisión de Bolsa y Valores de Estados Unidos investigaba a Uniswap.

Además, todos los usuarios de la plataforma pueden crear un *pool* de liquidez para cualquier activo, casi sin ningún permiso de acceso o verificación. Por lo tanto, algunos activos problemáticos también pueden negociarse ahí. La manipulación del mercado no es ninguna novedad y es común saber de casos de fraude con valores. Por lo tanto, Uniswap es tan solo el primer paso en un camino que promete ser largo. Todavía hay mucho por hacer para lograr un desarrollo sostenible y saludable, en especial en materia de cumplimiento regulatorio de los activos y lavado de dinero.

COLUMNA

ANÁLISIS DEL PRINCIPIO DEL CREADOR DE MERCADO AUTOMATIZADO

Los creadores de mercado (MM) son instituciones profesionales de inversión que ofrecen cotizaciones del precio de las acciones actualizadas al segundo a los inversionistas interesados en realizar operaciones en el mercado bursátil. Esos inversionistas quieren liquidez y utilidades. En síntesis, si alguien va a vender un valor, necesita esperar a que otro inversionista, que sea su contraparte en la operación, lo compre sin un creador de mercado. Un MM puede fungir como contraparte para cerrar el acuerdo con el inversionista; más aún, puede dar cotizaciones de compra y venta para que también pueda beneficiarse del diferencial entre oferta y demanda.

El NASDAQ es una bolsa para múltiples MM. Según la regulación, cada valor debe tener por lo menos dos MM. De hecho, en promedio hay más de diez MM por cada valor y algunos valores activos pueden tener más de cuarenta. En comparación con el modelo tradicional, los MM automatizados de Uniswap pueden permitirle al robot del algoritmo simular la conducta de cotización e intercambio de los MM a través de contratos inteligentes; pero la cotización del robot se calcula por completo con la fórmula matemática XYK, y el programa completa de manera automática el intercambio, de acuerdo con normas y reglamentos establecidos.

El modelo de MM automatizado de Uniswap difiere del modelo tradicional en varios aspectos significativos.

Cambian los actores principales. En el modelo tradicional, los actores son operadores de valores, empresas de fondos u otras instituciones financieras relevantes. Es más, los ejecutores reales son los operadores. En el MM automatizado, el robot (un programa informático) realiza operaciones bursátiles totalmente programadas que se ajustan a la perfección a las normas establecidas por el código para facilitar la creación de mercado. En este caso, el programa no es ordinario, sino un contrato inteligente en el *blockchain*, es decir, que nadie puede cambiar aleatoriamente la conducta del robot.

El modo de fijación de precios también es diferente, uno de los mayores cambios del mecanismo de MM automatizado. En el modo tradicional, los MM en general adoptan estrategias subjetivas de creación de mercado y los operadores juzgan y fijan el precio de acuerdo con las condiciones del mercado; sin embargo, en Uniswap el robot fija un precio basado en la fórmula XYK.

¿Cómo una fórmula sencilla posibilita la fijación automatizada de precios? En esta fórmula, X es la cantidad de un activo en el *pool* de liquidez[48] y Y es la cantidad de otro activo. K es una constante que es el producto de X y Y. Así que X * Y = K.

Veamos un ejemplo. Si el tipo de cambio de ETH/USDC es 1:3000, «Bob» necesita un depósito de 1 ETH y 3000 USDC en un nuevo *pool* de liquidez según tal razón si quiere convertirse en proveedor de liquidez de esta transacción. De acuerdo con la fórmula, podemos producir 1 × 3000 = 3000, (es decir, K = 3000), que permanecerá sin cambios, para determinar la cotización de ETH y USDC.

Si solo «Bob» proporciona liquidez (es decir, si el *pool* de liquidez solo tiene los activos invertidos por él) y otro operador, «Alice», ingresa a Uniswap y desea intercambiar algunas USDC por 0.1 ETH, el cálculo del programa muestra que, si se completa el intercambio, solo quedan 0.9 ETH en el *pool* de liquidez.

Si la cantidad de K = 3000 se mantiene constante, puede calcularse que se necesitan aproximadamente 3 333.33 USDC (3000 / 0.9 = 3 333.33) en el *pool* de liquidez para mantener K sin cambios (igual a 3000). En un principio, solo había 3000 USDC en el *pool* de liquidez, así que el robot dirá a «Alice» que debe pagar 333.3 USDC para cambiar 0.1 ETH, según los resultados del cálculo. Hasta aquí, podemos ver que el precio de ETH cambió de 1 ETH = 3000 USDC a 1 ETH = 3333.33 USDC porque alguien más solicitó un intercambio. Esta diferencia entre el precio real de la transacción y la cotización inicial se denomina «deslizamiento».

En realidad, se trata de un ejemplo bastante extremo. Dado que el *pool* de liquidez es muy pequeño (solo 1 ETH y 3000 USDC proporcionados por «Bob»), la orden para la operación de «Alice» causó un gran impacto en el precio que, a su vez, provocó ese deslizamiento tan marcado en este. En circunstancias normales, el *pool* de liquidez de pares de activos, como ETH / USDC, es relativamente grande. Si hubiera 10 000 ETH y 30 000 000 USDC en el *pool*, Alice solo tendría que pagar 300.003 USDC para cambiar 0.1 ETH.

También han cambiado las fuentes de activos de los MM. En el modo tradicional, usan principalmente sus propios fondos para crear mercado y no hay disponible una razón de apalancamiento muy alta, por lo que la cantidad de fondos que pueden utilizarse es limitada. Sin embargo, en el modo de MM automatizado, los usuarios que comprenden y pueden controlar efectivamente los riesgos relevantes,[49] y cumplan los requisitos de las normas y reglamentos locales, pueden proporcionar activos al *pool* de liquidez y se convierten en proveedores de liquidez (LP, por sus siglas en inglés). Según las normas preestablecidas del contrato inteligente, el cargo por servicio de transacción obtenido por el robot creador de mercado se le asignará de manera automática a cada LP. El proceso de asignación es abierto y transparente. Es más, mientras más LP haya, más activos habrá en el *pool* de liquidez y menor será el deslizamiento que sufran los usuarios deseosos de intercambiar. Esto atraerá a más usuarios y generará mayores ingresos por cargos de los servicios correspondientes, lo que formará el ciclo positivo de un «ciclo de mejoras».

LAS DEFI GUÍAN A LA INDUSTRIA FINANCIERA HACIA LA TRANSFORMACIÓN DIGITAL

Hemos hablado de la gran fuerza transformadora generada por la combinación del modelo innovador de MM automatizado y la tecnología de contratos inteligentes en el *blockchain*. De hecho, estos ejemplos abundan en el mundo de las DeFi.

Una fuente importante de esta fuerza transformadora es que los activos digitales sean programables. En resumen, consiste en colocar activos digitalizados en el programa informático y permitirle controlar el proceso, de tal forma que estos activos se puedan pagar, hipotecar e intercambiar de conformidad con las reglas establecidas. El código informático se encarga de manejar todo, sin necesidad de participación humana.

En la vida real, hay muchas situaciones que reflejan que los fondos o activos son programables. Por ejemplo, antes de que herramientas de pago digital como Alipay y WeChat Pay se hicieran populares, los estacionamientos comerciales en China cobraban su tarifa en efectivo. Este método de pago tiene varios problemas: un empleado del estacionamiento calcula la cantidad, con lo que se corre el riesgo de fraude y errores de cálculo; la operación requiere mucho cambio y es probable que esto cause fallos o se reciba dinero falsificado, además de que el cargo manual es lento y propicia que haya congestionamientos durante los periodos de mucha actividad.

Con el surgimiento de los pagos a través de terceros, se actualizó el equipo de la mayoría de los estacionamientos en las ciudades chinas y ahora incluyen características como escaneo de placas, facturación sistematizada y deducción automatizada. Si el dueño de un vehículo se registra previamente con Alipay u otro sistema de pagos, el sistema de administración del estacionamiento puede calcular de manera automatizada la tarifa y transferir fondos para pagarla. La transacción completa se concluye en un ciclo cerrado, que resulta conveniente y pocas veces comete errores. Se trata de un ejemplo práctico y cotidiano de la programabilidad de fondos.

No obstante, estas negociaciones dependen de los sistemas del proveedor, a través de «transacciones programables centralizadas». Estas pueden realizarse con base en la premisa de que los usuarios tienen total confianza en esos sistemas, están dispuestos a confiarles sus fondos y confían en que se deducirá la tarifa correcta.

De hecho, implica algunos riesgos. Por ejemplo, cuando se hace la deducción automatizada de tarifas, es posible que el sistema cometa errores, y quizá de manera intencionada. Más aún, este sistema programable y centralizado de transacciones es confuso, sin código abierto, por lo que no se puede juzgar con facilidad la seguridad del mecanismo de transacciones. Por lo tanto, este modo solo se aconseja para montos pequeños y no es probable que se aplique a gran escala.

Tomando en consideración los amplios requisitos de la era del metaverso, este método de transacciones programables centralizadas no se verá en ventas masivas de activos digitales. Necesitamos encontrar un modelo automatizado de intercambio que sea muy seguro, transparente y creíble, y que permita a los propietarios controlar sus activos por su cuenta. Es decir, un enfoque que no sea de gestión centralizada.

El surgimiento de la tecnología *blockchain* y los contratos inteligentes nos ha proporcionado una versión avanzada de programabilidad. Para garantizar la seguridad de los activos y la transparencia de las normas, el contrato inteligente de código abierto basado en el *blockchain* puede realizar no solo transacciones sencillas, como los pagos automatizados, sino también otras más complejas, como la hipoteca y el intercambio de activos. Con base solo en este mecanismo descentralizado de operaciones programables, las DeFi crecen con rapidez y construye un nuevo sistema financiero digital para la era del metaverso. Estas acciones poco a poco nos llevarán a una verdadera forma de «finanzas inteligentes».

Desde hace tiempo, *The Economist* se ha concentrado en el valor del *blockchain* y lo ha comparado con una «máquina confiable». Esta revista publicó en septiembre de 2021 un artículo titulado «Down the Rabbit Hole: The Promise and Perils of Decentralized Finance».[50] Este artículo sugiere que las DeFi son una posibilidad atractiva para la industria financiera, pero resalta que involucran algunos peligros inevitables (figura 9-5). A pesar de los riesgos, el texto afirma que un sistema financiero descentralizado podría ofrecer, en teoría, transacciones creíbles, baratas, transparentes y rápidas, incluso modificar la arquitectura de la economía digital y así cambiar profundamente la forma en que operan diferentes monedas y el mundo digital.

FIGURA 9-5
LAS DEFI SON ATRACTIVAS PARA LA INDUSTRIA FINANCIERA, PERO INVOLUCRAN RIESGOS INEVITABLES
Fuente: iStock

Las DeFi combinan elementos innovadores como la tecnología *blockchain* y los contratos inteligentes, un modelo de tókenes, incentivos mediante algoritmos y una comunidad económica. Integran por completo tecnología de punta y modelos perfeccionados como el comercio inteligente, la organización abierta y las finanzas digitales para traer nuevos cambios al ecosistema financiero y empresarial. Las DeFi han crecido y evolucionado hasta convertirse en un mercado enorme. En septiembre de 2021, su TVL era de 110 244 millones de dólares, un aumento de 9000 millones con respecto al año anterior (figura 9-6).[51] El volumen de operaciones en una plataforma descentralizada de intercambio (DEX) llegó a 405 000 millones en el segundo trimestre de 2021, lo que representó un aumento interanual a una razón de cambio de 117.[52] El número de usuarios que participan en las DeFi también ha experimentado un aumento explosivo desde principios de 2020. En septiembre de 2021, el número de personas que han utilizado aplicaciones DeFi superó los 3.38 millones.[53]

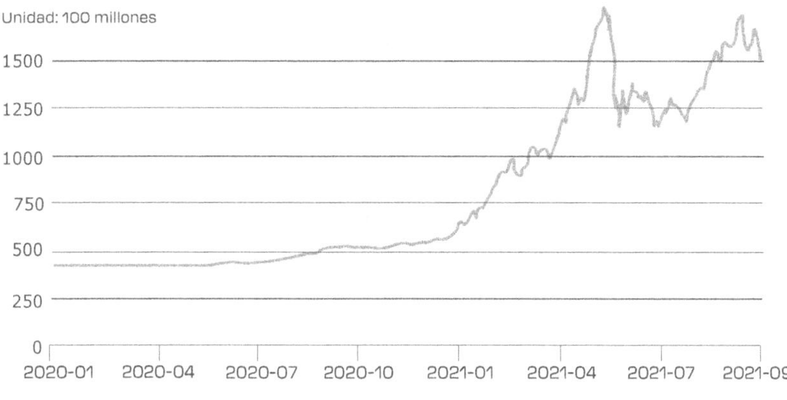

FIGURA 9-6
CAMBIOS EN EL VALOR TOTAL BLOQUEADO DE PROYECTOS DEFI
Fuente: DeBank

Ya hablamos sobre el incidente ocurrido en 2014, cuando delincuentes informáticos robaron bitcoines con un valor de 520 millones de dólares de la casa de cambio de activos digitales Mt. Gox. La plataforma quebró y muchos de los primeros tenedores de activos digitales sufrieron pérdidas considerables. El público comenzó a percatarse de que el *blockchain* permite la descentralización de activos digitales gracias al proceso de confirmación de propiedad y circulación, pero su seguridad no puede garantizarse si el proceso de la transacción involucra centralización. Lo que llevó a la adopción del modelo de contratos inteligentes, que permitió una descentralización más integral. Esto dio lugar a una DEX basada en un libro de órdenes, que representó el primer formato de las DeFi.

Desde la aparición del libro de pedidos DEX, las DeFi se han desarrollado en cuatro direcciones (figura 9-7). En primer lugar, han ampliado el rango de activos, y algunas monedas estables se han creado con base en contratos inteligentes. Entre ellas están la moneda estable criptogarantizada, DAI, y la algorítmica; activos entre cadenas como la representación WBTC en Ethereum y activos sintéticos (la combinación de criptomonedas y activos derivados tradicionales) como Synthetix.

En segundo lugar, para mejorar la eficiencia de las transacciones, surgieron las DEX basadas en un mecanismo de MM automatizado como se observa en Uniswap, PancakeSwap, Sushiswap y Balancer. Otras DEX se concentran en áreas subdivididas, como en el caso de Curve, una plataforma descentralizada de intercambio de *stablecoins*.

En tercer lugar, para cubrir la demanda de préstamos, estos se habilitan con activos digitales, como los contratos de préstamo hipotecario y préstamos *flash* sin garantías,[54] gracias a la discontinuidad del bloque (como el préstamo *flash* que ofrece AAVE).

En cuarto lugar, para mejorar la eficiencia del capital han aparecido agregadores de rentabilidad y otras plataformas especializadas que igualan las mejores oportunidades de ingresos para los activos de manera descentralizada, o realizan reinversiones automáticas para aumentar los ingresos con regularidad (como yearn.finance).

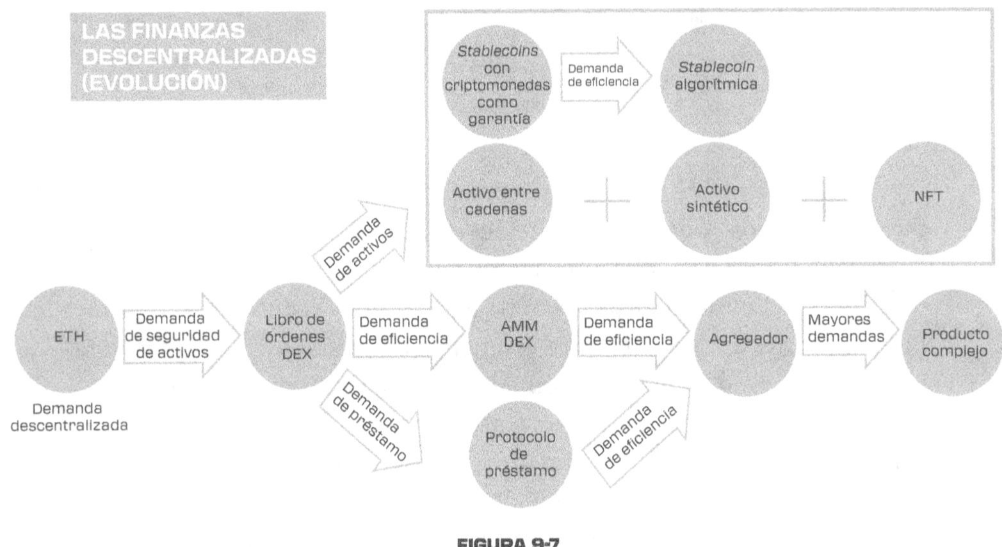

FIGURA 9-7
DESARROLLO DE LAS DEFI

Además de los activos digitales y las aplicaciones específicas mencionados, el marco central de las DeFi incluye infraestructura y herramientas. Algunas de ellas son la cadena pública subyacente (Ethereum, BSC y Solana); redes de capa 2 (Polygon y Arbitrum); billeteras (MetaMask y imToken); herramientas de gestión de activos (DeBank); exploradores de bloques (Etherscan); herramientas de costo de gas (Gas Now) y herramientas de análisis de datos en cadena (Chainalysis, The Graph y Dune Analytics). Más aún, el ecosistema de las DeFi puede experimentar un crecimiento rápido con solo hacer mejoras graduales en la infraestructura, optimizar la experiencia con las herramientas, enriquecer las categorías de activos digitales, ofrecer mejores aplicaciones descentralizadas y extender a distintos entornos.

El surgimiento de las DeFi también demuestra que el modelo de negocio distribuido, basado en el *blockchain*, ha dejado de ser una idea para convertirse en realidad. Ofrece a los usuarios dominio y control total sobre sus activos digitales, con distintas aplicaciones descentralizadas y requisitos mínimos de entrada. El proceso de transacciones también es más seguro, creíble y transparente. Al mismo tiempo, las DeFi se están convirtiendo en un espacio de prueba para la tecnología financiera más avanzada y experimentan mejoras continuas en aspectos como seguridad, independencia, liquidez y eficiencia de transacción de los activos.

Todo esto, acelera la transformación a la digitalización de la industria financiera y la inteligencia para crear verdaderas finanzas digitales.

A lo largo del camino, las DeFi han realizado experimentos de reformas en cinco aspectos de los servicios financieros.

En primer lugar, cambios en los portadores de negocios. Con base en el programa de código abierto de contratos inteligentes en el *blockchain*, los negocios se realizan de verdad de manera descentralizada para minimizar riesgos de contraparte en las transacciones y cambiar fundamentalmente el mecanismo de confianza de la industria. La mayoría de los proyectos DeFi están sujetos al mecanismo de transacción *peer-to-contract* (P2C), en el que el contrato es un contrato inteligente del *blockchain* y las contrapartes de los usuarios son en realidad contratos inteligentes. Es más, la mayoría de esos contratos inteligentes son de código abierto y un tercero audita su código para tener mayor seguridad. Todas las transacciones son muy transparentes y pueden consultarse en la cadena. Cualquiera puede monitorear el estado de los activos en tiempo real para verificar que se encuentren en el contrato inteligente.

De esta manera, las DeFi han cambiado fundamentalmente el mecanismo de confianza. La confianza de los usuarios se debe al *blockchain* y al propio contrato inteligente. Debido a que el efecto de respaldo del crédito de las grandes empresas se ha ido debilitando, las compañías emergentes cada vez encuentran más oportunidades por esta vía.

En segundo lugar, ha habido cambios en el mecanismo de riesgo. Puesto que una transacción DeFi puede completarse de manera automatizada gracias a un contrato inteligente, eliminar los factores humanos subjetivos de la transacción reduce en gran medida los riesgos de operación. Sin embargo, también es cierto que han aumentado significativamente los riesgos relativos a la seguridad de red. Algunos contratos inteligentes han hecho posibles ataques cibernéticos y el robo de activos debido a imperfecciones en la lógica y la escritura de las reglas, fisuras en el código y otros defectos.

En tercer lugar, hemos visto cambios en el modo de distribución. El mecanismo de cultivo de ingresos ha tenido una amplia aplicación en las DeFi porque facilita una distribución justa, automatizada y transparente según la aportación hecha por los usuarios, que eleva el valor a largo plazo de un proyecto.

En cuarto lugar, se han instituido cambios en la forma de organización, de tal manera que comunidades económicas han reemplazado a los organismos centralizados. De hecho, estas comunidades se van convirtiendo en el modo dominante de organización. La mayoría de los proyectos DeFi se controlan mediante el mecanismo de gobierno en cadena, en el que muchos procesos clave se completan gracias a contratos inteligentes.

En quinto lugar, ha habido varios cambios en las relaciones industriales. Las DeFi han abierto paso a una nueva era de financiamiento abierto. Se trata de un sistema financiero muy abierto que promueve la superposición de negocios y la combinación de distintos proyectos. En la cadena pública, cada contrato inteligente puede invocar las funciones de otros contratos inteligentes a través de la interfaz. Es un proceso sencillo, ágil y transparente. Por ejemplo, los agregadores de ingresos no tienen que confiar en ningún activo de los usuarios, y puede haber una configuración combinada y operación automatizada de activos de los usuarios entre múltiples proyectos mediante llamadas de la interfaz. Así, se ofrecen a los usuarios transacciones convenientes con importantes reducciones en los costos y opciones para que las personas seleccionen las carteras con la mejor configuración.

Al mismo tiempo, las transacciones programables descentralizadas pueden crear toda una serie de problemas y riesgos nuevos. Los contratos inteligentes pueden concretarse de forma automatizada, con base en códigos, pero si parte del código es imperfecto, es fácil para los delincuentes informáticos organizar ataques y robar activos digitales. Además, por supuesto, los desarrolladores del proyecto podrían crear una puerta trasera (*back door*) y usarla para apoderarse de los activos de los usuarios. En un periodo de solo seis semanas entre julio y principios de agosto de 2021, ocurrieron once incidentes importantes de seguridad en las DeFi.[55] En un caso, un *hacker* atacó el protocolo entre cadenas Poly Network y transfirió activos digitales con un valor de 610 millones de dólares. Más tarde, el ladrón devolvió los activos y participó en una sesión pública de preguntas y respuestas en Ethereum. Dijo que no tenía malas intenciones, sino que era un *hacker* «bien intencionado» cuya única meta era poner al descubierto vulnerabilidades. Explicó que había transferido los activos digitales a un lugar seguro y, a fin de cuentas, devolvió los fondos. Estos eventos dramáticos pusieron de relieve la importancia de contar con estrategias claras para proteger nuestros datos y su seguridad.

En términos de seguridad en las DeFi, vale la pena destacar dos aspectos. Debemos poner atención si una firma conocida de auditoría de seguridad se encargó de auditar el contrato inteligente de un proyecto. Una auditoría profesional del código puede revelar casi todas las vulnerabilidades conocidas y fortalecer la seguridad de los contratos inteligentes. Algunas empresas que se dedican a realizar auditorías son Certik, PeckShield y SlowMist. De cualquier manera, los proyectos auditados tampoco son a prueba de fallas, pues puede haber nuevas vulnerabilidades que no se descubran. Más aún, si el contrato inteligente se actualiza después de una auditoría inicial, siempre existe la posibilidad de que haya nuevas vulnerabilidades o alguna manipulación malintencionada. Si se actualiza el contrato inteligente o se incluyen nuevos módulos funcionales, es importante realizar una auditoría de seguridad de la versión más reciente.

Además, debemos revocar con frecuencia la aprobación de tókenes que autorizan al contrato inteligente a transferir activos digitales de una billetera. Por lo regular, los proyectos fijan límites para el alcance de las autorizaciones. Sin embargo, algunos contratos malintencionados podrían instar a los usuarios a otorgar, sin darse cuenta, una autorización más amplia de lo que creen y permitir la transferencia de los activos autorizados de su billetera. Siempre es conveniente autorizar solo la cantidad necesaria para la transacción actual, y estar pendientes para identificar si alguien nos quiere engañar para que otorguemos una autorización ilimitada; también necesitamos revocar autorizaciones para proyectos que usemos con regularidad.

El metaverso es un espacio digitalizado, así que el ecosistema financiero también debería estar digitalizado. No solo nos referimos a la digitalización en forma, sino a actuar de conformidad con las características esenciales detrás de las finanzas digitales. Debe ser un espacio verdaderamente incluyente, para que todos puedan utilizar con eficiencia servicios financieros en línea, sin límites y a un costo bajo. Todo puede programarse, los contratos inteligentes pueden reemplazar las operaciones manuales y eliminar riesgos de crédito y de operación.

CAPÍTULO 10

LA INNOVACIÓN TECNOLÓGICA IMPULSA EL GRAN FUTURO DEL METAVERSO

Las soluciones tecnológicas innovadoras son la clave para el desarrollo del metaverso.

Todavía más importante es tener presente que este desarrollo está impulsado por el efecto integrado de la innovación y la aplicación de tecnologías digitales de vanguardia como la computación en la nube, el almacenamiento distribuido, IdC, RV, RA, 5G, *blockchain* e IA. Estamos a punto de vivir una tremenda explosión tecnológica basada en la innovación integrada. Estos avances se conectan en una línea y se fusionan continuamente para crear muchas nuevas especies.

CUATRO PILARES TÉCNICOS DEL METAVERSO

En su discurso inaugural para una conferencia tecnológica en línea en abril de 2021, Jen-hsun Huang, fundador de la multinacional fabricante de *chips* NVIDIA con oficinas en California, apareció en la cocina de su hogar caracterizado como un chef y, con guantes para horno, sacó nuevos productos como si se tratara de los platillos de un banquete.

En cierto momento, la escena cambió a una cocina generada por computadora y los espectadores observaron a un Jen-hsun Huang virtual, que reemplazó por un momento al ejecutivo real de carne y hueso.

Esta escena se concretó con ayuda de la nueva tecnología Omniverse de NVIDIA. En realidad, pocas personas se percataron del cambio en pleno discurso porque las imágenes eran muy realistas. La empresa reveló el truco en una conferencia posterior de gráficos para computadoras y el engaño digital causó revuelo.

NVIDIA concibió Omniverse como una plataforma tecnológica de simulación y colaboración para construir un metaverso. Los desarrolladores pueden simular un mundo digital con detalles muy reales y en tiempo real. «Ingenieros del metaverso», como los animadores encargados de diseñar escenas 3D y los arquitectos que diseñan edificios digitales, pueden crear un mundo virtual con la misma facilidad que se puede editar un documento colaborativo en línea. Esto permite integrar el mundo virtual y el real, y mejorarlo gracias al continuo desarrollo de la ciencia y la tecnología.

«Antes de lanzar algo en el mundo físico», señaló Huang, «podemos simularlo en nuestro gemelo digital del metaverso y emplear RV y RA para entrar y salir. Todas estas cosas serán muchas veces más grandes en el metaverso que en el universo real, posiblemente unas 100 veces».

Las imágenes tan realistas de NVIDIA de una «cocina casera» atrajeron la atención de los medios. Se especuló que todo el discurso se había hecho con modelado de simulación, tecnología de rastreo de rayos (RTX) y generación de imágenes con unidad de procesamiento de gráficos (GPU, por sus siglas en inglés). Incluso, después de que se reveló que la mayor parte del contenido se grabó en la vida real y solo catorce segundos habían sido una simulación por computadora, el ambiente fue de asombro ante el hecho de que la evolución de la tecnología de generación de imágenes hubiera llegado a tal punto que la audiencia no pudiera notar la diferencia.

Si bien la tecnología actual no puede concretar la integración del mundo virtual y el real del metaverso del mañana, la experiencia de NVIDIA muestra que esta meta se encuentra en el horizonte y será muy sorprendente.

La innovación tecnológica ha impulsado todas las etapas de desarrollo de internet. En la era de la web1 y la web2, como predijo la ley de Moore, el incesante progreso de la tecnología ha llevado al mejoramiento continuo y exponencial de la potencia informática tanto en las PC como en los teléfonos móviles. La construcción a gran escala de la infraestructura de la información, incluidas las redes de fibra óptica y las estaciones de base 3G y 4G en todo el mundo, ha acelerado el acceso a la red y reducido los costos, lo que también ha permitido el surgimiento y la prosperidad de internet.

Un informe realizado por ARK Investment Management describió el inicio de una «explosión tecnológica» producida por el traslape e integración de innovaciones (figura 10-1).

A finales del siglo XVIII y principios del XIX, el motor de vapor desencadenó la primera Revolución Industrial. La mecanización y otras innovaciones permitieron la construcción a gran escala de infraestructura ferroviaria, lo que produjo cambios sin precedentes en el transporte. En efecto, se acortaron las distancias geográficas. En 1876, Alexander Graham Bell inventó el primer teléfono del mundo, y gracias él las personas que se encontraban separadas por distancias enormes lograron comunicarse en tiempo real, y se produjo una transformación total de la colaboración y las comunicaciones globales. En 1885, Karl Friedrich

Benz armó el primer automóvil con motor de combustión interna que, en esencia, mejoró la eficiencia con que operaba la economía social.

A finales del siglo XIX, la aplicación a gran escala de la energía eléctrica convirtió en realidad la segunda Revolución Industrial. Entonces, a finales del XX, el nacimiento de las computadoras y de otras tecnologías de la información dieron paso al rápido crecimiento de la era de internet.

A principios del siglo XXI, coincidieron una serie de tecnologías disruptivas. El surgimiento y la integración del *blockchain*, la secuenciación del genoma, la robótica, la tecnología de almacenamiento de energía y la IA produjeron un efecto multiplicador que condujo a una nueva ronda de cambios y oportunidades.

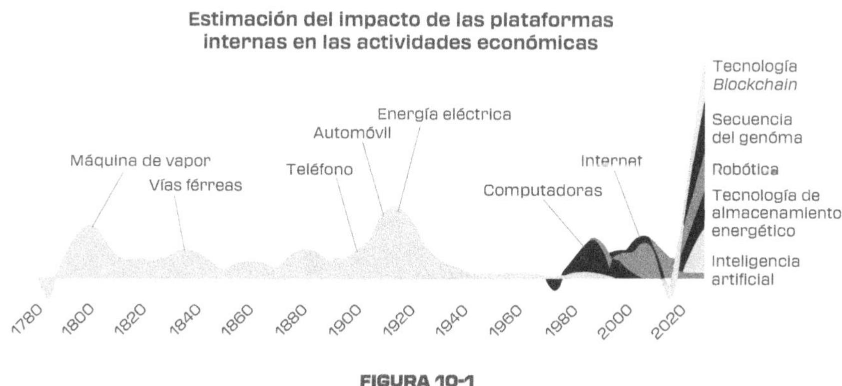

FIGURA 10-1
EL TRASLAPE DE INNOVACIONES EN CINCO TECNOLOGÍAS INDICA UN PERIODO DE GRANDES AVANCES
Fuente: Ark Invest

La innovación, aplicación e integración creativa de estas tecnologías disruptivas ha conducido al nacimiento del metaverso. Un informe del CITICS Research Department describió el metaverso como la suma de la innovación manifestada por la continua acción para «conectar puntos y líneas» de las tecnologías de punta.[56] Por ejemplo, los avances en circuitos integrados GPU, IA, modelado en 3D, computación en la nube y aplicaciones para juegos brindan la base tecnológica para un mundo abierto, con cantidades impresionantes de contenido. Esa integración continúa con plataformas de contacto social 3D, redes de comunicación ultrarrápidas, monitores de precisión y otras tecnologías para crear un mundo digital que sea la base de la web3. Múltiples innovaciones masivas, discretas, *single-point*, se fusionan a una velocidad inimaginable para formar muchas «especies nuevas». Este conjunto es el metaverso.

En la era de la web3, el avance tecnológico y la construcción de infraestructura impulsarán la implementación y popularización del metaverso. Estamos convencidos de que este se erigirá sobre cuatro pilares técnicos: construcción, mapeo, acceso y aplicación (figura 10-2). Cada pilar corresponde a una serie de tecnologías que se desarrollan e iteran juntas, aunque no necesariamente en un orden estricto.

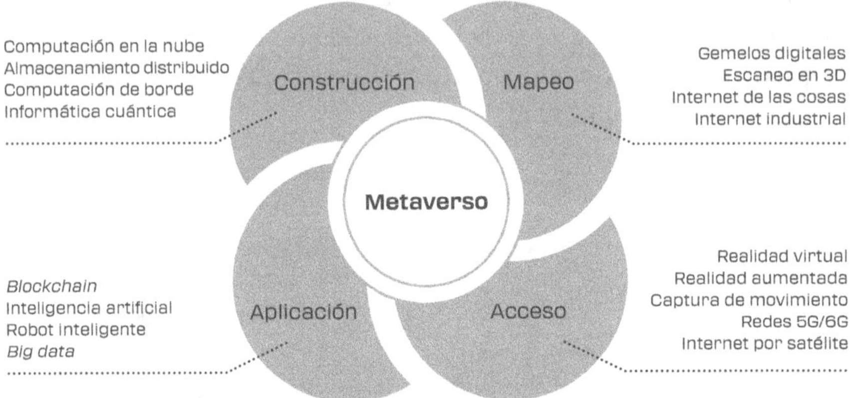

FIGURA 10-2
EL METAVERSO SE ERIGIRÁ SOBRE CUATRO PILARES TÉCNICOS

Las tecnologías de construcción pueden contribuir a que el espacio digital tome forma en el metaverso y se optimice continuamente. Las tecnologías de mapeo pueden conectar y establecer traslapes bilaterales entre el mundo físico y el virtual (representar elementos físicos en el espacio digital y hacer posible que este reaccione al mundo físico). Las tecnologías de acceso permiten el ingreso de los usuarios en el metaverso a gran escala, y que puedan trasladarse con total libertad entre los espacios digital y físico. Las tecnologías de aplicación ofrecen una profunda interacción entre los seres humanos y las computadoras, así como una amplia interconexión de todas las cosas para que el sistema económico inteligente opere continuamente, lo que brinda nuevo valor.

LAS TECNOLOGÍAS DE CONSTRUCCIÓN HACEN POSIBLE UN ESPACIO DIGITAL SOSTENIBLE

Las tecnologías de construcción a las que nos referimos apoyan la creación de un espacio digital en el metaverso lo suficientemente amplio para albergar a una población que funcione de manera paralela. Estas tecnologías generarán un espacio digital con suficientes datos y competencia para tener un desarrollo sostenible.

Esto implica trabajar con una gran potencia informática y un enorme espacio de almacenamiento, que ninguna organización individual puede proporcionar. Por lo tanto, la infraestructura del metaverso debe estar muy distribuida, lo que requiere la coordinación integral de recursos globales para formar un sistema general y, al mismo tiempo, mantener la independencia de los participantes. Por consiguiente, un espacio digital individual no puede designarse metaverso. Más bien, estará integrado por un sinnúmero de espacios digitales independientes, pero compatibles e interconectados, así como por otros nuevos que surgirán de manera continua. En conjunto constituirán el metaverso. La computación en la nube y la de borde, así como el almacenamiento distribuido, serán las tecnologías centrales, y la infraestructura correspondiente será la base para el desarrollo del metaverso.

La computación en la nube desempeñó un papel vital en la era del internet móvil, pues dio a los usuarios acceso en red a servicios informáticos y de almacenamiento desde una plataforma remota. Esta configuración resolvió el problema de rendimiento insuficiente y de la falta de espacio de almacenamiento de los dispositivos móviles. Tener equipos capaces de cooperar y sincronizarse mejoró en gran medida la experiencia de los usuarios.

Sin embargo, la arquitectura centralizada de la era de la web2 (con computación en la nube pública y colaboración de dispositivos) no será suficiente para la impresionante cantidad de datos del metaverso ni para su diversidad de recursos o frecuente actualización. Sin una expansión y actualización total de la infraestructura, los usuarios de la web3 se toparán con una serie de cuellos de botella y problemas relacionados con el ancho de banda de la transmisión, el retardo de esta, la seguridad de los datos y el consumo de energía final.

La potencia informática quizá sea el mayor obstáculo en la construcción del metaverso, pero quizá también represente una gran oportunidad. El mundo digital se construye a partir de esta potencia. Mientras mayor sea el espacio y más abundante sea el contenido, se requerirá mayor capacidad informática. Para construir un mundo digital con un ambiente de gran simulación, capaz de cubrir las necesidades masivas de procesamiento de datos y despliegue de imágenes de un conjunto de personas que podría contarse en decenas de millones al mismo tiempo, se precisa una potencia ultra alta (figura 10-3). Esto representa un gran reto en cuanto al diseño y la fabricación de *chips* y la construcción de sistemas de servidores, sistemas de comunicación y centros de datos. Cuando empiece a operar, los recursos necesarios y la energía requerida serán casi inimaginables.

FIGURA 10-3
HAY MUCHOS RETOS ASOCIADOS A LA CONSTRUCCIÓN DE UN MUNDO DIGITAL QUE OFREZCA UN ENTORNO DE GRAN SIMULACIÓN
Fuente: Visual China Group

En la era del metaverso, la arquitectura centralizada «nube + dispositivo» poco a poco evolucionará hasta convertirse en una arquitectura distribuida «nube + borde + dispositivo», y la computación de borde desempeñará un papel cada vez más significativo. Esto será, por ejemplo, porque muchos dispositivos IdC estarán conectados al metaverso y la nube está lejos de las cámaras, los sensores, otras terminales y los usuarios. Si todas las tareas informáticas se destinan a la nube, se presentarán varios problemas como congestiones en la red y degradación de la calidad del servicio, que no podría cubrir los exigentes requisitos del metaverso en tiempo real. Además, la potencia informática de los dispositivos por lo regular es baja y no se puede comparar con la de la nube.

Por lo tanto, necesitamos aprovechar la computación de borde para extender las capacidades de la computación en la nube y la capacidad de inteligencia a nodos cercanos a los dispositivos. Por ejemplo, en el «lado del borde», cerca del objeto o la fuente de datos, podemos dejar que la plataforma abierta que integra las funciones centrales de la red –computación, almacenamiento y aplicación– preste servicios inteligentes y de informática en las áreas cercanas. Así se aprovecha el «cerebrito» de la computación de borde del IdC y se cumplen los requisitos de inteligencia de las aplicaciones, operaciones en tiempo real, garantía de seguridad y protección de la privacidad.[57] Gartner, la firma de consultoría e investigación informática, calcula que para 2025 el 75 % de los datos se procesará fuera del ambiente tradicional del centro de datos o la nube. La computación de borde y la computación en la nube pueden complementarse entre sí para crear una red con gran disponibilidad, retrasos mínimos y capacidad de procesamiento de grandes volúmenes de datos en tiempo real. En conjunto, constituyen un sistema informático del metaverso.

El almacenamiento de datos también se convertirá en un problema. Como ya dijimos, para garantizar su seguridad y proteger los derechos sobre los datos personales, el metaverso necesita almacenarlos conforme a una estructura distribuida. Con frecuencia decimos que internet tiene memoria, pero cuando buscamos contenido, muchas veces descubrimos que han desaparecido algunas páginas web o ciertas ligas ya no funciona. Mucho contenido se ha modificado o borrado por distintos motivos. El contenido que se encuentra en internet no es muy longevo.

No creemos que ninguna empresa vaya a controlar por completo el metaverso, como proponen las películas *Ready Player One* o *Free Guy*. Será el fruto de las aportaciones de muchas personas y los usuarios serán la fuerza dominante. La comunidad no tolerará que ningún organismo intente borrar o alterar la patria que construyó a partir de una visión compartida y un trabajo duro. En consecuencia, el metaverso debería ser perdurable. Los objetos digitales deben guardarse y no dejar de ser accesibles, su existencia debe ser indefinida.

Con esta meta, la tendencia es que se construyan nuevos sistemas de resguardo con base en tecnología de almacenamiento distribuido. El uso de un sistema con estas características hará posible conservar los datos de manera permanente, confirmar la propiedad con rapidez, compartir datos con confianza, una circulación organizada y la protección de la privacidad. Desde el punto de vista técnico, es clave permitir que los datos se conviertan en activos digitales para poder transferir y maximizar su valor. Así que el almacenamiento distribuido es ideal para el mundo digital de la web3. Por ejemplo, el sistema de archivos interplanetario (IPFS, por sus siglas en inglés) puede registrar datos de manera permanente y separarlos, cifrarlos y guardarlos en varios servidores propiedad de distintas organizaciones. También es posible realizar búsquedas rápidas gracias al almacenamiento direccionado, lo que permite reducir el consumo del ancho de banda de la red y la dependencia del mismo por su estructura de acceso punto a punto e, incluso, borrar archivos duplicados para optimizar y ahorrar espacio de almacenamiento en toda la red.

La innovación y la construcción en el campo de la potencia informática serán grandes impulsores de la funcionalidad y la oportunidad en la era del metaverso.

META ETF es el primer fondo cotizado (ETF, por sus siglas en inglés) del mundo que sigue el desempeño de activos relevantes en el metaverso. Esta cartera incluye acciones de empresas cotizadas en bolsa con una participación activa en la construcción de la web3. Se concentra en tres campos principales. En primer lugar, algunas empresas desarrollan infraestructura para el metaverso como NVIDIA, que ofrece capacidad para el procesamiento de imágenes, y Facebook y Microsoft, que ofrecen *hardware* relacionado con RV y RA. En segundo lugar, existen empresas que crean motores de imágenes y herramientas de desarrollo para el mundo digital, como Unity y Roblox. En tercer lugar, están las que son líderes en áreas como contenido y entorno social y de negocios, como Tencent y la plataforma social Snapchat.

LAS TECNOLOGÍAS DE MAPEO CONECTAN EL MUNDO DIGITAL Y EL FÍSICO EN AMBAS DIRECCIONES

Las tecnologías de mapeo ayudarán a lograr el interfuncionamiento y traslape del mundo físico y el digital, además de permitir que estos espacios se perciban, comprendan e interactúen entre sí. Entre estas tecnologías, los gemelos digitales, el escaneo en 3D, el IdC y el internet industrial son tecnologías clave.

Los gemelos digitales reúnen una serie de tecnologías que permiten a los organismos físicos crear un clon digital y copiar en él su estado y las condiciones ambientales externas en tiempo real.

La revista *Aviation Week & Space Technology* predijo en 2014 que para 2035, cuando las aerolíneas reciban un nuevo avión del fabricante, también obtendrán un modelo por computadora muy detallado de la aeronave. Este modelo identificará desde el fuselaje y el motor hasta el sistema de vuelos. Cada avión tendrá una sombra digital fiel que nunca desaparecerá (figura 10-4).

Los gemelos digitales se han utilizado mucho en el campo de la fabricación inteligente, área que facilita la interacción y la integración entre compañías digitales y físicas.

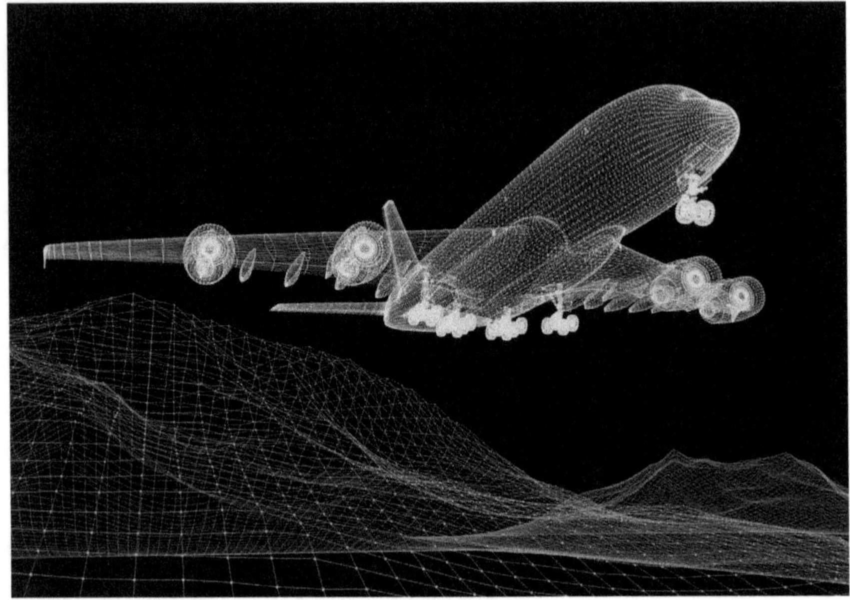

FIGURA 10-4
LOS GEMELOS DIGITALES SE APLICAN EN LA FABRICACIÓN DE AVIONES
Fuente: iStock

La fabricante de automóviles estadounidense, General Motors, que también construye aviones y trenes, entre otras cosas, afirma haber creado 1.2 millones de gemelos digitales que reflejan con exactitud motores de aviones de reacción, plantas eólicas, plataformas petroleras de perforación *offshore* y otros equipos. Según la empresa, esto podría reducir el tiempo de planeación del producto hasta un 20 % y bajar el costo para los clientes hasta un 30 %; también indica que, hasta el momento, ha ahorrado 1600 millones de dólares, aproximadamente.

En la era del metaverso, podrían construirse gemelos digitales todavía más potentes. Por ejemplo, los de ciudades completas serían un aspecto importante para la integración del mundo digital y el físico.

El escaneo en 3D es una tecnología clave que participa en la creación de gemelos digitales. Esta convierte la forma, estructura, superficie, coordenadas espaciales y color de un objeto en señales digitales tridimensionales que pueden procesarse directamente en una computadora y luego trasladarse al metaverso. Algunas herramientas comunes son los dispositivos LiDAR y el escáner láser en 3D. La empresa de inteligencia de mercado, TrendForce, informó en 2020 que la tecnología LiDAR era un negocio de 682 millones de dólares y predijo que crecería hasta 2932 millones de dólares para 2025, con una tasa compuesta de crecimiento anual del 34 %. El equipo LiDAR instalado en drones aéreos ligeros producidos por la empresa francesa, YellowScan, ayuda a las empresas mineras a realizar estudios aéreos a bajo costo y sin riesgos. Este equipo recopila rápidamente datos de toda el área minera y calcula con precisión información sobre la producción y el inventario.

Como ya mencionamos, el IdC ha llevado la comunicación entre personas a la comunicación entre personas y cosas e, incluso, solo entre cosas. El IdC puede utilizar distintos dispositivos de detección de información a través de internet, expandir en gran medida el tamaño del metaverso y transmitir instrucciones y cambios del mundo digital al físico para lograr una interacción de dos sentidos.

Según iResearch, grupo chino de consultoría, el número de conexiones de IdC en China llegó a 5500 millones en 2019 y aumentará a casi 15 000 millones para 2023. En el ámbito industrial, esto podría fortalecer la conexión del personal, las máquinas y los objetos para lograr una interconexión integral dentro y fuera de las fábricas. La empresa General Electric calcula que el internet industrial aumentará la productividad y eficiencia energética de las industrias en China, lo que producirá ahorros de alrededor de 24 000 millones de dólares en industrias como la aeronáutica, la eléctrica, la ferroviaria, la petrolera y la de atención médica en los próximos quince años. Es más, para 2030 podría abrir oportunidades en la economía china con un efecto de crecimiento equivalente a 3 billones de dólares.

En conjunto, el IdC y la red industrial lograrán la interconexión de equipos, integrarán por completo la industria física con el metaverso y acelerarán más la profunda fusión de la economía digital y la real.

LAS TECNOLOGÍAS DE ACCESO PERMITEN EL INGRESO DE LAS PERSONAS EN EL METAVERSO A GRAN ESCALA

Las personas ingresan al metaverso y se desplazan con total libertad entre el espacio digital y el físico gracias a las tecnologías de acceso. En el futuro, los métodos de ingreso estarán muy diversificados; se espera que se popularicen los dispositivos inmersivos y mejore mucho su velocidad y estabilidad. Estas tecnologías, RV, RA, la captura de movimiento, las redes 5G o 6G, el internet por satélite y una serie de capacidades emergentes de interacción y comunicación serán elementos clave.

Tecnologías interactivas emergentes como la RV y la RA permiten que el acceso de los usuarios al metaverso sea muy inmersivo. La RV crea, con simulación computarizada, un ambiente interactivo en 3D que captura los sentidos de los usuarios, ofreciéndoles una experiencia inmersiva. La RA emplea multimedia, modelado en 3D, rastreo en tiempo real, interacción inteligente, detección en 3D y otros medios técnicos para simular y superponer imágenes y otra información del mundo digital en el mundo físico. Este mecanismo «aumenta» el mundo físico y, de hecho, lo integra en el ambiente digital.

De 2015 a 2016, la RV experimentó un gran auge y surgieron muchas *start-ups* que atrajeron un volumen de inversiones que parecía irracional. Sin embargo, el desarrollo del equipo de RV se vio plagado de problemas. Los precios eran elevados, el contenido de RA todavía era escaso y los usuarios decían sentirse mareados y desorientados, además de experimentar náuseas y hasta convulsiones. Debido a esta desagradable experiencia, muchos usuarios dejaron de utilizar el equipo luego de probarlo solo una vez. Después de 2017, el auge se apagó. Muchas empresas de RV sufrieron por una grave falta de capital, tecnología y talento, lo que causó el derrumbe de muchísimas compañías.

A pesar de este decrecimiento, varias empresas siguieron ofreciendo innovaciones. Para 2020, la industria de la RV había llegado a un punto de inflexión con el volumen de envíos de nuevo al alza. Cuando Facebook Oculus lanzó la serie de productos Quest, los usuarios descubrieron una máquina multifunción y un ecosistema de circuito cerrado que brindaba una buena experiencia a un precio aceptable. Las ventas de Oculus Quest 2 superaron las expectativas. La empresa de investigación de mercado, IDC, informó que hasta junio de 2022, se habían vendido 14.8 millones de unidades desde su lanzamiento 18 meses antes. Otras fabricantes también han continuado.[58] Entre mayo y agosto de 2021, HTC, Pico y HP lanzaron cinco productos nuevos de RV, entre ellos, unidades para particulares y equipo comercial para clientes empresariales.

En China, la RV ha ganado popularidad poco a poco en áreas como la seguridad, los bienes raíces, la educación, la atención médica y el entretenimiento, entre otras. IDC calculó que el mercado para la RV comercial en China era de aproximadamente 24 340 millones de yenes en 2020, y proyectó que llegaría a los 92 180 millones de dólares para 2024.

El alza en las ventas de equipo de RV a nivel mundial ayudará a promover la creación de contenido, el cual quedó rezagado en la primera ronda de adopción cuyo tope ocurrió en 2017.

Como hemos descrito, la RA superpone elementos e información digital en el mundo físico, de tal forma que los usuarios puedan ver dichos elementos digitales e interactuar con ellos, logrando integrar ambos mundos. Apple ha dado gran importancia a este campo. «La RA ha integrado el mundo virtual y el real», afirmó su director ejecutivo, Tim Cook, «lo que no significa que los seres humanos prestarán menos atención al mundo físico, sino que mejorará su relación y colaboración».

En la actualidad, las aplicaciones de RA todavía dependen de los teléfonos móviles. Por ejemplo, la función de «prueba de ropa» en RA, lanzada por Snapchat, permite a los usuarios medirse zapatos, ropa, relojes y otros accesorios con filtros de RV para ver cómo les quedan. Esta función mejoró muchísimo la experiencia de compra durante la pandemia de COVID-19 (figura 10-5).

FIGURA 10-5
LA RA PERMITE QUE TE «PRUEBES» LO QUE COMPRAS EN LÍNEA
Fuente: iStock

La tecnología también puede utilizarse en la educación. En marzo de 2019, la Organización Europea para la Investigación Nuclear (CERN, por sus siglas en francés) cooperó con Google para lanzar la aplicación de RA Big Bang, que ofrece una experiencia interactiva de RA para que los estudiantes observen el proceso de nacimiento y evolución del universo (figura 10-6).

FIGURA 10-6
LA RA TIENE APLICACIONES EXITOSAS EN EL CAMPO DE LA EDUCACIÓN
Fuente: Visual China Group

Además de las aplicaciones de RA que emplea el teléfono móvil, también algunos visores sofisticados de RV han ganado popularidad. Este equipo se ha utilizado en espacios industriales. Un ejemplo es la aplicación de servicio remoto de Microsoft llamada HoloLogic Remote Assist, basada en el visor de RV HoloLens de la empresa, que se ha utilizado en inspecciones diarias y diagnósticos de averías en fábricas para supervisar a distancia la instalación y el mantenimiento de equipo de energía solar; también es útil para brindar apoyo de expertos a distancia en operaciones quirúrgicas y en la orientación a distancia para el mantenimiento de embarcaciones en el mar. Estas situaciones son complejas, requieren diagnósticos en tiempo real y muchas veces el personal de campo no tiene la experiencia para resolverlas, así que los especialistas que se encuentran en un lugar lejano pueden aprovechar el equipo de RA para consultar y guiar a quienes están en campo. Esto involucra métodos interactivos como reconocimiento de voz y comentarios en tiempo real.

Estamos en los inicios de la tecnología y aplicación de visores de RV, y la mayoría del trabajo de desarrollo todavía se concentra en la personalización para las empresas. IDC informa que se enviaron alrededor de 11.5 millones de visores de RV de distintos tipos a todo el mundo en 2021, lo que representa un aumento del 92 % con respecto a 2020. Es probable que las ventas de visores de RA experimenten un marcado incremento a medida que la tecnología madure y atraiga a un público más amplio.

Además de la RA y la RV, la realidad mixta (RM) también va en aumento. Con equipo de RM los usuarios, además de colocar contenido digital en su campo de visión, también modifican el efecto visual del mundo físico. Por ejemplo, en construcción/reparación industrial, contar con orientación digital superpuesta mediante un visor de RM podría ayudar a ver un trabajo de soldadura con más claridad que a simple vista, lo que permitiría una operación más precisa y exitosa. En un ambiente clínico, como una sala de operaciones, un médico podría utilizar la función *perspective eyes* con vista de rayos X en tiempo real para reposicionar vasos sanguíneos.[59]

Todavía algunos factores prácticos limitan la aplicación a gran escala de las tecnologías de RV, RA y RM, y se necesita tiempo para adquirir la experiencia ideal de poco retraso y gran inmersión. Si tomamos como ejemplo la RV, la mayor resolución posible con equipo comercial es 4K, y la tasa de actualización no es ideal. En opinión de los expertos, se requiere por lo menos 8K para lograr una experiencia realista convincente (figura 10-7). Para superar estos obstáculos, deben continuar y acelerarse las actividades de investigación y desarrollo de *hardware*, además de hacerse mejoras en las tecnologías de red, almacenamiento, computación y batería. El problema fundamental para desarrollar el metaverso será cómo lograr el efecto de velocidad alta y poco retraso cuando estos dispositivos se conecten a gran escala, además de ser un reto importante para las redes 5G y 6G.

FIGURA 10-7
LA APLICACIÓN A GRAN ESCALA DE LA TECNOLOGÍA DE RV SIGUE ENCONTRANDO DESAFÍOS
Fuente: iStock

En el futuro, también el equipo somatosensorial basado en tecnología de captura de movimiento será una herramienta importante para el acceso al metaverso. Como mencionamos, gracias al uso de guantes digitales y trajes somatosensoriales, los usuarios podrán tener una experiencia táctil real en el mundo digital. La empresa HaptX Gloves, con oficinas en California, produjo guantes de RV con un material parecido a la piel que tiene cientos de poros diminutos. Mediante la expansión de gas, se estimula la percepción de la piel y se transmite una experiencia táctil real. Por ejemplo, si el usuario empuja una ventana para abrirla en el mundo digital, sus dedos experimentan la sensación de tocar y aplicar presión sobre el cristal.

Es más, pueden utilizar una caminadora circular en RV y rotar 360 grados en el mundo físico, con una experiencia realista de movimiento sincronizado en el espacio virtual. En la caminadora universal de Omni, las personas pueden usar zapatos especiales para correr, girar y saltar, mientras que los sensores en los zapatos trasladan de manera sincronizada al mundo digital estas acciones sobre la caminadora.

La red 5G promete servicios de internet móvil a alta velocidad con un retardo de transmisión mínimo, una gran capacidad de sistema y acceso al equipo a gran escala en tres supuestos tecnológicos importantes. Estos son mejor ancho de banda móvil, comunicación artificial masiva y comunicación ultra confiable con latencia baja. Será necesario un desarrollo continuo en la tecnología de la información y la comunicación para que los usuarios tengan acceso al metaverso a gran escala. Las primeras aplicaciones 5G en el campo van madurando poco a poco, como los «juegos en la nube», a partir de computación en la nube y tecnología de emisión en continuo. Un juego en la nube la utiliza para la lógica del juego y para hacer el proceso, y permite a los jugadores interactuar en tiempo real porque transmite el acceso a sus dispositivos a través de la red.

Los requisitos del mundo virtual abierto del metaverso tienen paralelismos con los juegos en la nube, pero la web3 tiene mayores demandas de red. El contenido y las operaciones que observa cada usuario en el espacio digital son totalmente diferentes, y el sistema no puede predecir su conducta. Imagina que disfrutas un paisaje maravilloso en el mundo digital y cuando te das vuelta, la resolución de la imagen baja de 4K a 480p por un retraso de la red. La imagen se hace borrosa, se fragmenta y se queda en pausa, y tarda unos segundos en aclararse de nuevo. Este efecto no ayuda a que los usuarios disfruten la experiencia y quieran repetirla, así que una red estable y de alta velocidad es totalmente necesaria (figura 10-8).

FIGURA 10-8
LAS NUEVAS INFRAESTRUCTURAS DE LA INFORMACIÓN, COMO LA RED 5G, SON PIEDRA ANGULAR DEL METAVERSO
Fuente: Visual China Group

LAS TECNOLOGÍAS DE APLICACIÓN PERMITEN AL METAVERSO CREAR NUEVO VALOR CONTINUAMENTE

Las tecnologías de aplicación facilitarán una interacción profunda y significativa entre los seres humanos y las máquinas, una amplia interconexión, la operación continua de la economía inteligente y la creación de nuevo valor. *Blockchain*, IA, robótica inteligente, *big data* y otras tecnologías serán elementos claves para la construcción de la infraestructura.

El *blockchain* es una de las tecnologías más elementales en el metaverso. En esencia, es un ejemplo de innovación «cuatro en uno», con cimientos en los avances tecnológicos, impulsada por las finanzas digitales, organizada por comunidades económicas y valorada por aplicaciones industriales (figura 10-9).

FIGURA 10-9
EL *BLOCKCHAIN* ES UN INNOVADOR PAQUETE DE FUNCIONALIDADES «CUATRO EN UNO»

Ya mencionamos que el metaverso no es un solo espacio digital, sino un conjunto de un sinnúmero de espacios digitales. El *blockchain* hace posible interconectar todo el sistema y garantizar su independencia en el espacio. Uno de los atributos básicos del metaverso es la innovación de código abierto, incluida tecnología y plataformas de código abierto. Con solo establecer una serie de normas y protocolos, podemos hacer realidad la interoperabilidad de distintos mundos digitales en el protocolo y las capas de valor para formar un metaverso general.

Tim Sweeney, director ejecutivo de Epic Games, dijo en cierta ocasión: «El ecosistema del metaverso necesita competencia benigna en todos los aspectos y el empuje de normas técnicas de interoperabilidad. Sin normas abiertas, las plataformas monopólicas recibirán más beneficios por las obras que los propios creadores; las historias de Apple y Google son lecciones del pasado». Con contratos inteligentes descentralizados, las personas, las organizaciones, incluso los objetos, pueden lograr una cooperación amplia, eficiente y «sin confianza». Además, todos los contratos están automatizados para formalizarse, así que la economía inteligente en el metaverso puede seguir operando con gran creación de valor.

En años recientes, el rápido desarrollo de la IA ha producido descubrimientos tecnológicos e innovaciones de aplicación en el procesamiento del lenguaje natural, la visión artificial y las imágenes generadas por computadora, el reconocimiento semántico del discurso, los vehículos autónomos y mucho más. En consecuencia, las computadoras pueden realizar tareas que en el pasado hacían los seres humanos. La IA es una de las tecnologías básicas en que se fundamenta el metaverso.

En 2020, la escala de la industria de la IA global llegó a 156 500 millones de dólares, un aumento interanual del 12.3 %. La industria de la IA en China representó alrededor del 30 % del mercado global ese año, con ingresos de 303 100 millones de yenes. Estas cifras reflejaron un aumento anual del 15.1 %.[60]

El concepto del «humano digital» es una aplicación importante de la tecnología de IA y desempeñará un papel central en el metaverso (figura 10-10). Los NPC en el mundo digital se combinan con IA para convertirse gradualmente en «humanos digitales», con imágenes, identidades, historias, emociones e, incluso, pensamientos.

FIGURA 10-10
EL «HUMANO DIGITAL» ES UNA APLICACIÓN IMPORTANTE
DE LA TECNOLOGÍA DE IA EN EL METAVERSO
Fuente: Visual China Group

Los primeros «humanos digitales» adoptaron la forma de personajes de dibujos animados o ídolos virtuales. En 1982, la serie animada *Macross Frontier*, de la televisión japonesa, era muy popular. Su tema musical se lanzó en un disco con el nombre de la heroína, Lynn Minmay, y llegó a los primeros diez lugares de éxitos en la lista musical Oricon, de Japón. En esa época, los humanos animados en su mayoría se producían con dibujos hechos a mano. Con el desarrollo de las imágenes generadas por computadora (CGI, por sus siglas en inglés), la captura de movimiento, la representación en 3D, la proyección holográfica y la IA, los «humanos digitales» han acabado con las limitaciones de la forma original. Los creadores pueden utilizar herramientas tecnológicas muy precisas para producir expresiones faciales, extremidades, ropa y otros detalles que les permiten realizar imágenes cada vez más realistas. Además, con los avances en la tecnología de IA, los «humanos digitales» se han hecho más «inteligentes» y pueden ofrecer una retroalimentación más personalizada basada en información en tiempo real.

Hatsune Miku es una representante importante de esta innovación. Este personaje de los dibujos animados japoneses fue la primera estrella pop virtual en dar un concierto gracias a la tecnología de proyección holográfica. También hay varios anfitriones de programas virtuales que aparecen en plataformas de videos y transmisiones en vivo. En noviembre de 2016, la estrella virtual japonesa, Kizuna AI, debutó en canales de YouTube y otras plataformas de emisión en continuo y conquistó a casi tres millones de seguidores. La presentadora virtual china, Xiao Xi, comenzó sus transmisiones en el sitio web de videos Bilibili en 2017, donde obtuvo 600 000 seguidores. Para 2020 había 32 412 *streamers* virtuales que hacían transmisiones en vivo en la plataforma Bilibili, un aumento del 40 % con respecto al año anterior. La empresa de investigación iiMedia predijo que los ídolos virtuales y sus mercados periféricos en China generarían más de 100 000 millones de yenes en 2021.

Aunque estrellas virtuales como Lynn Minmay, Hatsune Miku, Luo Tianyi y Kizuna AI por ahora están limitadas a un mundo bidimensional, a medida que progrese la tecnología comenzarán a hacerse cada vez más presentes en nuestra vida social.

En 2018, la empresa tecnológica, Sogou, y la agencia de noticias, Xinhua, unieron fuerzas para crear al primer presentador inteligente del mundo totalmente simulado con IA, capaz de generar de manera automatizada videos de noticias a partir de textos en chino y en inglés. El audio coincide con las expresiones faciales y el movimiento de los labios del presentador digital. Otro ejemplo es AYAYI, creada por Ranmai Technology, desarrolladora líder de productos de «humanos digitales». Se promociona como la primera *influencer* digital «meta-humana» de China. En cuanto a su apariencia, AYAYI tiene un gran parecido con una mujer real de unos 20 años de edad. Además, AYAYI ahora tiene trabajo. En septiembre de 2021, la plataforma de comercio electrónico, Tmall, anunció que AYAYI se convertiría en la primera empleada digital del grupo Alibaba y ocuparía el cargo de directora digital del evento promocional, Super Brand Day, de Tmall. Ese día, AYAYI compró su primer regalo: un NFT de un pastel de luna. También se tiene planeado que asuma cargos como curadora digital, artista NFT y gerente de marca de moda.

Xiao Zheng, reportera digital de la agencia de noticias Xinhua y astronauta virtual, en una ocasión siguió a tres astronautas a bordo del cohete Shenzhou XII y reportó desde el espacio exterior. También tenemos a Hua Zhibing, estudiante digital que pertenece al Departamento de Ciencias Informáticas y Tecnología de la Universidad Tsinghua.

Estos «humanos digitales», basados en IA y con identidades reales e interesantes, desempeñarán un papel importante para crear y habitar el metaverso con nosotros.

Gobiernos de todo el mundo también tienen un interés activo en explorar el desarrollo de la web3. En julio de 2021, el Ministerio de Economía, Comercio e Industria de Japón dio a conocer un informe en el que analizó los retos (y también las oportunidades) que podrían encontrar las empresas al ingresar al entorno virtual.

En mayo de 2021, el Ministerio de Ciencia, Información y Tecnología de la Comunicación de Corea del Sur anunció el establecimiento de la Alianza del Metaverso, con el propósito de apoyar el desarrollo de tecnología para el metaverso y un ecosistema. El grupo consta de 17 miembros, entre los que se encuentran SK Telecom Co., Hyundai Motors y la asociación Korean Mobile Internet Business Association. Tres meses después, Corea del Sur divulgó su presupuesto nacional para 2022, que incluía un proyecto llamado Digital New Deal, con el compromiso de invertir 20 millones de dólares en el desarrollo de la plataforma para el metaverso y 26 millones de dólares en tecnología *blockchain* relacionada con valores digitales. El plan de desarrollo económico y social de China hasta 2035 contempla el fortalecimiento de la transformación digital, la actualización inteligente y el apoyo integrado a la innovación; la construcción de nueva infraestructura de información de alta velocidad, interconectada, segura y eficiente, y el mejoramiento de las capacidades de detección, transmisión, almacenamiento y cómputo de datos. También invita a acelerar la industrialización digital; cultivar y expandir las industrias digitales emergentes, como IA, *big data*, *blockchain*, computación en la nube y seguridad de red; mejorar el equipo de comunicación industrial, componentes electrónicos básicos y *software* clave; construir un esquema de aplicación y ecosistema industrial con base en redes 5G y poner en marcha proyectos piloto en áreas como transportación inteligente, logística inteligentes, energía inteligente y tecnología de la información inteligente en los servicios médicos.

En línea con las políticas y planes nacionales, se concentrarán esfuerzos en la innovación y construcción rápida de tecnologías e infraestructura básicas, con el propósito de abrir paso a una nueva y emocionante era del metaverso.

CAPÍTULO 11

CÓMO APROVECHAR LAS OPORTUNIDADES DE LA ERA DEL METAVERSO

En el futuro cercano, todos estaremos relacionados con el metaverso de una u otra forma.

Las industrias experimentarán cambios significativos en la era de la web3 que afectarán a todos, y las oportunidades serán mucho mayores que los retos. Podremos aprovechar al máximo este mejor futuro si tenemos la suficiente valentía para cambiar y mantener el ritmo de los tiempos.

Necesitamos «mentalidad de metaverso» (pensamiento tecnológico × pensamiento financiero × pensamiento comunitario × pensamiento industrial). Adquirir las habilidades necesarias para interactuar eficazmente con el mundo digital y convertirnos en un «talento combinado» que conjunte las competencias profesionales con las digitales. También debemos ser audaces y explorar las oportunidades empresariales del metaverso, convertirnos en participantes activos, prosperar y tener éxito en él.

La importancia de explorar el metaverso es históricamente comparable con descubrir nuevos continentes y aventurarse en el espacio. Como hemos dicho, el metaverso es una nueva especie, y la madre de más especies nuevas, que llevará a la humanidad a un nivel superior de civilización digital. Cada era de progreso humano tiende a pasar por siete etapas: nueva tecnología, nuevas finanzas, nuevos negocios, nueva organización, nuevas reglas, nueva economía y nueva civilización. En cada salto evolutivo abundan oportunidades épicas.

OPORTUNIDADES DE TRABAJO EN LA ERA DEL METAVERSO

La convicción de que no hay dos hojas exactamente iguales en todo el mundo, defendida por el científico y filósofo alemán, Gottfried Leibniz, ciertamente no aplica en el mundo digital.

Las personas esperan que sus avatares, la manifestación de sí mismos en dicho universo, sean únicos y perfectos. Sin embargo, muchos intentos de crear un *alter ego* virtual ideal fallan. Así que han aparecido en escena «creadores de personajes» profesionales. Estos creadores de imágenes digitales utilizan herramientas de *software* para diseñar el avatar ideal con base en tu descripción, o pueden ayudarte a confeccionar la vestimenta y los accesorios adecuados, tarea que llamamos «personalización de personajes».

Por lo regular, los jugadores invierten más tiempo en crear su personaje que en jugar, por eso se bromea con aquello de «tres horas de personalización por un minuto de juego». Sin embargo, los avatares digitales en cuyo diseño invertimos tiempo y esfuerzo no siempre satisfacen nuestras necesidades estéticas, por eso muchos recurren a los prestadores de estos servicios. Taobao es un mercado electrónico chino donde los creadores de personajes han desarrollado un nicho lucrativo con elevadas ventas por cliente.

La plataforma de videos Bilibili y la empresa de inversiones DT Finance dieron a conocer en 2021 la interesante «Guía de nuevos empleos para los jóvenes», en la que identificaron algunas profesiones novedosas que requieren creatividad como *uploader*, creador de videos cortos, selector de *live commerce*, valuador de tenis, trazador de juego, probador de hoteles y jugador de rol en vivo (LARP, por sus siglas en inglés) (figura 11-1).

En la era del metaverso, la IA y los robots inteligentes serán componentes indispensables de nuestra sociedad digital, por lo que es inevitable que reemplacen los empleos existentes (figura 11-2). Un estudio realizado en 2017 por la consultora McKinsey calculó que, para 2030, los robots o la IA realizarán entre 400 y 800 millones de los empleos actuales. El documento indica que los puestos que requieren atributos sólidos de dirección, profesionales y de comunicación se verán menos afectados por la automatización y la IA, pues las máquinas todavía no se comparan con el desempeño humano en esas áreas.

De manera paralela, se espera que aumente la demanda de algunos tipos de «empleos para personas reales», con oportunidades para proveedores de servicios de salud, ingenieros, expertos en tecnología de la información, gestores y administradores, educadores y trabajadores creativos.

FIGURA 11-1
EL LARP ES UNA DE LAS NUEVAS PROFESIONES DE LA ERA DE LA WEB3
Fuente: Visual China Group

Las personas creativas serán cada vez más valiosas, pues no es fácil que los robots reemplacen sus habilidades y talentos. Por ejemplo, los LARP, que actúan como directores y conductores de la trama en los juegos en línea, aplican su creatividad, empatía y habilidades de composición en el trabajo, y forjan un vínculo emocional entre el jugador y su rol para lograr que se meta de lleno en el juego.

FIGURA 11-2
SERÁ INEVITABLE QUE LOS ROBOTS INTELIGENTES SUSTITUYAN A LOS SERES HUMANOS EN ALGUNOS EMPLEOS
Fuente: Visual China Group

Más aún, surgirán profesiones totalmente nuevas como la de artista digital, guía de turistas del metaverso y arquitecto de paisaje digital. Ya en 2018 las personas se dedicaban al negocio de la valuación de terrenos digitales en Decentraland, basándose en factores como su ubicación, las atracciones cercanas y lo agradable del entorno.

Hemos dicho que el mundo digital del futuro estará muy integrado con el mundo físico y que todos los objetos físicos se trasladarán en forma de datos y operarán conforme a las reglas del código del programa. En todos los empleos en el metaverso, las competencias digitales serán cada vez más importantes. Para asegurar nuestra posición, debemos dominar las habilidades necesarias para tener una interacción eficaz con el mundo digital, incluso si no manejamos la programación tradicional.

Hemos hablado de cómo la pandemia causada por el COVID-19 aceleró la digitalización en todas las industrias. No obstante, la falta de capacidades se ha convertido en un gran impedimento para la aplicación de nuevas tecnologías. En consecuencia, las empresas con visión a futuro han comenzado a capacitar a sus empleados para que desarrollen habilidades digitales (figura 11-3).

FIGURA 11-3
APTITUDES EN ÁREAS COMO EL ANÁLISIS DE DATOS Y LA PROGRAMACIÓN SON CADA VEZ MÁS IMPORTANTES EN LAS INDUSTRIAS
Fuente: Visual China Group

Un artículo que apareció en el *Financial Times* advertía que, «al igual que muchos grupos financieros, Bank of America (BOA) ha sufrido cierta escasez de empleados especializados en tecnología para sus operaciones digitales. Su respuesta fue concentrarse al interior e inscribirlos en una 'universidad' interna en línea». BOA estableció en 2018 un departamento dedicado a capacitar a todos sus trabajadores y ayudarles a desarrollar habilidades digitales en áreas como la programación y el análisis de datos.

J. P. Morgan se concentró en formar a sus empleados en programación. Ha invertido cientos de millones de dólares en proyectos educativos, incluso hizo obligatoria la capacitación en Python (un lenguaje de programación) para los nuevos analistas gestores de activos contratados después de 2018. El banco reconoce que el código es el idioma del futuro para las empresas, y que dominar estas habilidades es necesario para mantener su competitividad en el siglo XXI.

Un conocimiento profundo de los programas informáticos permite a los grupos de trabajo utilizar el mismo lenguaje que los equipos técnicos, y así colaborar para ofrecer a los usuarios mejores herramientas y soluciones.[61] LinkedIn también cree que la demanda de empleos con genes digitales crecerá rápidamente en el futuro, y el análisis de datos será una competencia necesaria para muchos. Los candidatos con aptitudes profesionales y digitales serán más atractivos en el mercado laboral.[62]

Desarrollar este tipo de competencias desde cero no es fácil, y para muchas personas es complicado adquirir una perspectiva integral y sistemática de las aplicaciones digitales. Otro aspecto que agudiza el problema es la falta generalizada de cursos y materiales didácticos confiables. En la era del metaverso, los métodos de conocimiento de las aplicaciones digitales se sistematizarán e integrarán más, por lo que las escuelas deben incluir formación relevante en sus cursos.

COLUMNA

¿CÓMO RESPONDER ANTE LOS NUEVOS RETOS PROFESIONALES DEL METAVERSO?

El desarrollo tecnológico eliminará algunas categorías de empleo y dará pie a muchas oportunidades nuevas. Con tremendos cambios en el horizonte y la expectativa de que la IA y los robots inteligentes se encargarán de gran parte de nuestro trabajo actual, nos toca adoptar una mentalidad de cambio activo, estar dispuestos a aprender y ponernos al día. A continuación, presentamos cinco sugerencias para poder hacerlo.

- Desarrollar una «mentalidad de metaverso». En la era de la web3, algo esencial para la transformación de las profesiones es que cambiemos nuestra forma de pensar. Esta nueva mentalidad tiene cuatro niveles. El primero es el pensamiento tecnológico, pues el desarrollo del metaverso está marcado por las innovaciones en tecnología digital. Para poder comprenderlo verdaderamente, necesitamos entender por completo la tecnología y captar su trayectoria evolutiva, porque solo así podremos visualizar el contexto general. El segundo nivel es el pensamiento financiero, pues se requerirá visión financiera para desplegar recursos con efectividad. Como ya dijimos, las finanzas digitales serán una fuerza impulsora clave para el desarrollo sostenible del metaverso con el traslado de los activos físicos al *blockchain* y la capitalización de los datos. Solo si dominamos la mentalidad financiera podremos hacer buen uso de este nivel. Luego tenemos el pensamiento comunitario, porque las comunidades económicas serán el principal modo de organización en la web3. Ya mencionamos que las comunidades son muy distintas de las grandes empresas y de otras organizaciones tradicionales en su forma de gobierno, su lógica de distribución y su forma de operación. Solo si comprendemos a fondo esta nueva noción podremos manejar nuestro valor. El cuarto nivel es el pensamiento industrial, pues el metaverso producirá una profunda integración de la economía digital y la real. Un valor clave de la web3 es el empoderamiento de la economía real, por lo que vale la pena intentar una reestructuración en todas las industrias con base en el concepto de metaverso. Solo si comprendemos esta lógica industrial podremos identificar las oportunidades que nos depara el futuro. Es importante destacar que la «mentalidad de metaverso» no es solo el traslape de estos cuatro submodos de pensamiento, sino que tiene un efecto multiplicador para conseguir una unión profunda y un apalancamiento recíproco (figura 11-4). Esta mentalidad es un mapa para explorar el nuevo universo digital, por lo que será absolutamente necesaria en el futuro.

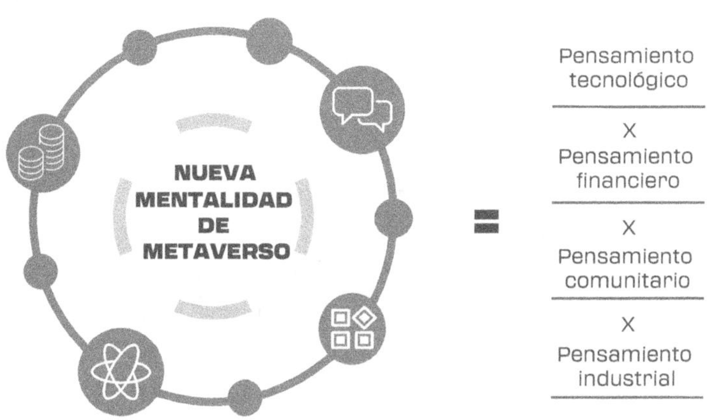

FIGURA 11-4

MAPA PARA EXPLORAR EL NUEVO UNIVERSO DIGITAL

- Planear con anticipación tu transición personal de profesión. La llegada del metaverso tendrá un impacto considerable en todos, así que debemos reflexionar mucho sobre nuestras habilidades y capacidades, desarrollo profesional y competitividad básica. El metaverso será un espacio gratuito, abierto y diversificado en el que se esfumarán los factores que limitan los recursos del mundo físico. Todos tendremos la oportunidad de convertirnos en lo que queramos ser, y la creatividad será el factor de éxito más importante. Al planear para el futuro debemos escuchar nuestra voz interior y determinar qué dirección nos provoca más entusiasmo desarrollar; además, hay que asumir el compromiso de por vida de aprender a adaptarnos a los retos del metaverso. Eso sí, no solo necesitaremos el conocimiento «maduro» de los libros, sino estar decididos a explorar sin parar las posibilidades infinitas del vasto mundo de la web3. Podríamos resumir nuestra experiencia en nuevos conocimientos y divulgarlos ampliamente para que todos en el metaverso los acojan.
- Participar activamente en la colaboración comunitaria. Muchos estamos bien adaptados a operar en una organización corporativa, pero el surgimiento de comunidades económicas traerá cambios fundamentales en la manera en que trabajamos y colaboramos. Deberíamos intentar empezar a participar en la configuración de la comunidad, descubrir nuestro lugar y la manera de contribuir, en lugar de conformarnos con ser espectadores. En la colaboración comunitaria, todos pueden utilizar sus fortalezas; por ejemplo, los programadores pueden sugerir mejoras a un determinado proyecto a través del código, mientras que quienes tienen el don de la comunicación pueden ayudar a organizar eventos comunitarios para extender su influencia. En la nueva relación de colaboración, todos podemos generar valor y disfrutar de cómo este se comparte, independientemente de nuestra habilidad o recursos.
- Mantener tu crédito y avatar digitales, y construir una red social virtual. En el metaverso, la huella digital de todos se condensará poco a poco en el crédito y estará ligada a la identidad virtual. No tenemos que preocuparnos por filtraciones de privacidad, pero es probable que nos pidan verificar nuestro crédito digital de alguna manera cuando participemos en la colaboración comunitaria o

establezcamos alianzas con otros residentes del metaverso. Es por ello que tener buen crédito digital será un «pase» crucial en este espacio. El avatar también es importante, pues representa la primera impresión que damos. La identidad digital incluye avatares, las obras de arte que pudiéramos crear o coleccionar, la arquitectura virtual en la que nos situemos, incluso los contratos inteligentes con los que nos relacionen; también cambiará nuestra manera de interactuar con los demás. Conforme la vida digital se integre a la social, tendremos amigos cercanos en el metaverso cuya residencia física se encuentre a miles de kilómetros de distancia, y a quienes quizá no habríamos conocido nunca en persona. Nuestra red social digital será cada vez más importante.

- Prestar atención a los riesgos, evitar el fraude e invertir con prudencia. El metaverso también es un caldo de cultivo para ideas y actividades innovadoras, y sin duda ha atraído a personas interesadas en darle mucha publicidad a ciertos conceptos. Evitemos caer ciegamente en problemas. Este espacio todavía no ha madurado, es posible que fracasen algunas iniciativas de aplicación, tanto empresas como proyectos viven la incertidumbre de los primeros años de existencia y las inversiones relacionadas pueden ser riesgosas. Las compañías y las iniciativas de aplicación que hemos abordado aquí sirven para ilustrar lo que es posible, pero esos ejemplos no deben considerarse promoción de ningún tipo ni recomendaciones de inversión. Todos debemos cumplir la ley, estar al pendiente de posibles actividades ilícitas o fraudulentas y evitar las estafas. De hecho, varios de los ejemplos que hemos utilizado muestran que en el metaverso también hay ladrones al acecho, en busca de su próximo botín. Es muy fácil convertirnos en víctimas.

ÚNETE A LA OLEADA EMPRESARIAL EN LA ERA DEL METAVERSO

Una de las personas influyentes más conocidas en China fue Ms. Li Ziqi, bloguera que se hizo popular por los videos en que aparecía realizando distintas tareas en su granja. Tiñó ropa con la cáscara de unas uvas, hizo colorete con flores, armó un sofá con bambú, hizo tallarines a mano, secó caquis, preparó fécula de raíz de loto, fermentó vino, hizo salsa de soya y muchas cosas más. Esta joven mujer llena de ingenio, trabajadora y hábil, demostró con elegancia cómo bordar, montó un caballo y jaló una carreta. Sus videos atrajeron a una audiencia global y la atención de los medios por su manera de presentar una vida idílica y tranquila, inmersa en la cultura china tradicional. En 2020 registró ventas anuales de productos de marca por aproximadamente 1600 millones de yenes. En enero de 2021 estableció el récord para el mayor número de suscriptores en un canal en idioma chino en YouTube, con 14.1 millones.

Nacida en Sichuan en 1990, Li Ziqi quedó huérfana cuando era pequeña y se mudó con sus abuelos después de sufrir maltrato a manos de su madrastra. Se fue del campo a los 14 años en busca de un mejor futuro, pero regresó cuando su abuela enfermó. Fue entonces que comenzó a interesarse en las plataformas de videos de reciente aparición y en la tendencia de los *influencers*, aprendió a grabar videos y a editarlos en su teléfono móvil y comenzó a producir segmentos sobre su sencillo estilo de vida rural. Incluso, después de que aceptó trabajar con un equipo de contenido, Li Ziqi se encargó de dirigir las producciones. Tardó casi un año en preparar un video de dieciséis minutos sobre el proceso para teñir de azul tela con un diseño, según la técnica batik, desde plantar las semillas de añil hasta alistar la tela, pigmentarla y secarla varias veces. Con toda paciencia y persistencia, logró producir hermosas blusas, capas, colchas, fundas para almohada y cortinas.

Aunque se retiró de la profesión de bloguera y publicó su último video en julio de 2021, tras una controversia legal con sus socios, todavía es un símbolo del espíritu emprendedor, el éxito y la imagen de celebridad que son posibles gracias a internet.

El desarrollo de la web1 y la web2 trajo enormes «dividendos de TI» con la aparición de plataformas como WeChat, YouTube, Taobao, Instagram, Meituan, Pinterest y TikTok. Muchos encontraron oportunidades de emprendimiento en la red, hecho del que Li Ziqi es un excelente ejemplo. La era del metaverso generará una nueva oleada nunca antes vista de emprendimiento en línea, gracias a la evolución del espacio de innovación y de los proyectos. Vale la pena realizar una reestructuración con base en el concepto del metaverso en todas las industrias; emprendedores de todo tipo con visión a futuro ya se han aventurado y comienzan a sembrar las semillas del éxito.

Facebook compró Oculus, la compañía de RV fundada por Palmer Luckey a los 20 años. Este californiano tenía las tres características implícitas del empresario estadounidense: abandonó los estudios, vivía en Silicon Valley y arrancó su *start-up* en un garaje. En su infancia y adolescencia, Luckey experimentó con complejos proyectos de electrónica, incluidos cañones de riel, bobinas de Tesla y láseres, afición que le causó heridas graves. En 2009, cuando tenía 16 años, quería un visor de RV y compró unos cuantos modelos comerciales baratos, pero no encontraba ningún producto que lo dejara satisfecho, así que decidió crear uno. Comenzó a desarmar sus compras anteriores en el garaje de sus padres, descubrió cómo funcionaban y empezó a desarrollar su propio dispositivo. Dedicó todo su tiempo libre a trabajar en un prototipo y, a fin de cuentas, abandonó sus estudios para lanzar Oculus.

En agosto de 2012, la primera versión de Oculus recaudó 2.43 millones de dólares en la plataforma de financiamiento colectivo Kickstarter, nueve veces más de lo que esperaba. Luckey le puso el nombre de Rift como alusión a un puente que une el mundo digital con el físico. Un año después, el visor de RV Oculus Rift salió al mercado. Un mes más tarde, fue nominado como el Game Hardware of the Year at E3, el mayor espectáculo de entretenimiento interactivo del mundo.

Con la compra de Facebook y una rápida serie de productos Oculus nuevos y mejorados, Zuckerberg y Luckey fueron aclamados como constructores instrumentales y líderes del metaverso.

Entonces, ¿cómo pueden aprovechar los emprendedores la ola de oportunidades de emprendimiento que llegará al metaverso? Debemos seguir las tres claves para el éxito: reflexión, acción y perseverancia. A continuación, presentamos tres recomendaciones para tomar la dirección correcta y mantenerse en curso.

Para empezar, reflexionen a conciencia. El metaverso ofrece un sinfín de oportunidades y representa un ambiente competitivo a largo plazo, así que más nos vale comprender muy bien su naturaleza antes de abalanzarnos sobre él. Es necesario invertir suficiente tiempo y energía en estudiar todo para poder forjarnos una posición y una dirección. Es útil hacer un inventario de los recursos disponibles y determinar cómo y dónde aplicarlos para lograr el máximo efecto. Solo así podemos alistarnos, arrancar y movernos al frente para ganar esta larga carrera.

En segundo lugar, actúen con rapidez. Después de investigar y evaluar con detenimiento, si encuentran el rumbo adecuado en vista de sus recursos y habilidades y confirman que de verdad es un campo al que están dispuestos a dedicarse, vayan con todo. Las grandes oportunidades están escritas en el agua, son fugaces. Las personas audaces que reconocen la ventana de oportunidad y asestan el golpe en el mejor momento serán quienes tengan éxito. La ventana crítica para el emprendimiento en el metaverso ya llegó, y todos estamos en las mismas condiciones en la línea de salida. Con el sentido de dirección adecuado, una preparación inteligente y el deseo de lograr que sucedan cosas increíbles, cualquiera puede progresar en este espacio.

En tercer lugar, se requiere perseverancia. Los empresarios de internet que ríen al último en general no son aquellos que heredaron una fortuna ni las *start-ups* soñadoras que se pusieron metas demasiado ambiciosas, sino los participantes a largo plazo capaces de regularse y permanecer enfocados. Ninguna carrera que valga la pena se gana fácilmente; incluso, las mejores oportunidades traen contratiempos, así que quienes se comprometan a cumplir metas a largo plazo disfrutarán de los enormes dividendos producidos por el metaverso.

TRABAJAR JUNTOS PARA CREAR UNA GRAN CIVILIZACIÓN DIGITAL

A las personas siempre les da curiosidad conocer nuevas cosas. Es un aspecto fundamental de la naturaleza humana.

El 20 de julio de 2021, el fundador de Amazon, Jeff Bezos, su hermano Mark, el pionero de la aviación de 82 años de edad, Wally Funk, y el egresado de preparatoria de 18 años, Oliver Daemen, despegaron en una nave hecha por Blue Origin, empresa de exploración espacial financiada por Bezos. Fueron al espacio, experimentaron cuatro minutos de ingravidez y regresaron a salvo a la Tierra, convirtiéndose en uno de los primeros equipos de exploración espacial integrados solo por ciudadanos civiles. Otro aficionado del espacio es el magnate de la industria tecnológica, Elon Musk, quien fundó la empresa de cohetes SpaceX y en 2017 compartió sus planes de construir una base lunar y una colonia permanente en Marte.

Los seres humanos hemos explorado el universo desde hace décadas, y el desarrollo de tecnología espacial ha causado cambios profundos en la vida de todos. Utilizamos servicios de navegación y localización por satélite en nuestros teléfonos móviles. Enviamos semillas al espacio y creamos los primeros sistemas de detección para monitorear datos de salud de los astronautas, que más adelante se convirtieron en prácticas vitales para el cuidado de la salud que salvan la vida a las personas.

La Era de los Descubrimientos, del siglo XV al XVII, llevó a los navegantes a nuevos continentes, contra viento y marea, lo que permitió intercambios culturales y comerciales sin precedentes que realmente integraron al mundo. Esta maravillosa expansión geográfica y los consecuentes descubrimientos llevaron a la invención de nuevas tecnologías y nuevas revoluciones económicas. Dieron origen a los bancos centrales y a las empresas con accionistas cuyo modelo de negocio y prácticas de organización moldearon nuestra forma de vida.

Ahora, nuestra naturaleza exploradora nos lleva al metaverso en busca de un nuevo espacio digital en el que la humanidad continuará su desarrollo. El proceso de descubrimiento y expansión se repetirá cuando entremos en esta fase de nueva creación y crecimiento de la web3 (figura 11-5). Una vez más, cambiará por completo nuestra forma de vida, se abrirá una nueva era de gran creatividad que llevará a la humanidad a un nivel superior de «civilización digital».

FIGURA 11-5
ESTAMOS POR COMENZAR LA ERA DEL METAVERSO, UNA NUEVA FASE DE CIVILIZACIÓN DIGITAL
Fuente: Visual China Group

Si observamos el pasado, veremos que cada paso evolutivo en la civilización humana tiende a atravesar siete etapas. Observamos nueva tecnología, nuevas finanzas, nuevos negocios, nueva organización, nuevas reglas, nueva economía y, a fin de cuentas, una nueva civilización (figura 11-6). El proceso comienza con la exploración, innovación y aplicación de nuevas tecnologías, seguido por el establecimiento de los sistemas financieros y modelos de negocio correspondientes. Estos se normalizan con el paso del tiempo con nuevas formas de organización, nuevas reglas y nuevos sistemas económicos que llevan a la sociedad a una forma de civilización distinta.

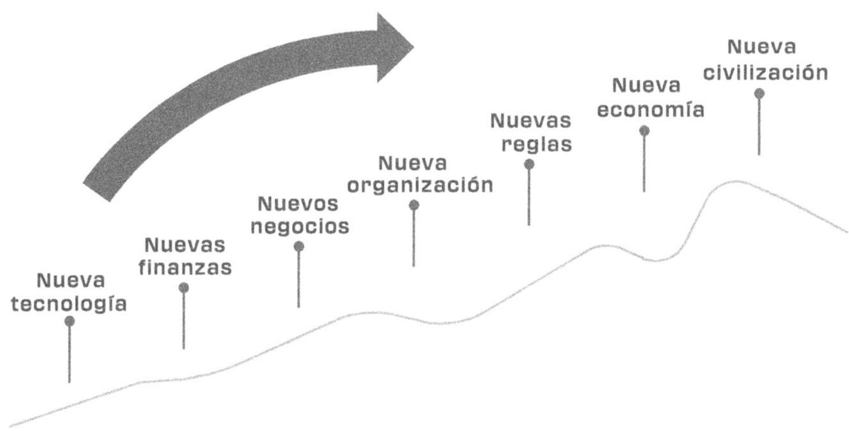

FIGURA 11-6
SECUENCIA DE LA CREACIÓN DE UNA NUEVA CIVILIZACIÓN DIGITAL

Si así han ocurrido los avances en la historia humana, ¿cómo nos guiará el metaverso a una nueva civilización digital?

El primer paso es nueva tecnología. Como el impulso del metaverso es la tecnología digital, la clave para construir este nuevo futuro es la innovación tecnológica. *Blockchain*, RV, RA, IA, la computación en la nube, el IdC, *big data* y otras tecnologías han madurado poco a poco y alcanzado un desarrollo integrado, sentando bases firmes para el metaverso. El proceso de surgimiento, progreso, adopción y aplicación de tecnologías no tiene fin, por lo que se seguirá repitiendo y evolucionando. La clave para el crecimiento del metaverso radica en acelerar la innovación independiente de tecnologías básicas.

El segundo paso son las nuevas finanzas. Poderosas instituciones de capital de riesgo de Sand Hill Road, en Silicon Valley, y el sistema electrónico de negociación presentado por el NASDAQ, permitieron la innovación y el emprendimiento con base en la web, lo que impulsó la prosperidad de la era de la web1 y la web2. Nuestro sistema financiero global ha alimentado una innovación tecnológica excepcional y su aplicación en toda la sociedad. Un sistema financiero hecho a la medida, de operación eficiente, también funcionará como motor del metaverso. Un sistema financiero digital descentralizado y programable, basado en activos digitales y en las DeFi, será un impulsor clave del desarrollo sostenible en esta nueva era.

El tercer paso son los nuevos negocios. La innovación disruptiva de la era de internet dio pie a la creación de modelos de negocio novedosos, como los mercados bilaterales y las economías de plataforma, que hacen posible que compradores y vendedores de todo el mundo se conecten directamente. Con una mayor desintermediación de los sistemas de negocio de la vieja guardia, se formará un mercado global unificado totalmente distinto, y se crearán innumerables empleos y oportunidades. Somos testigos de la integración de la economía digital y la real en la web3, donde es posible alcanzar la digitalización industrial total y la capitalización digital. Observamos el surgimiento de un mecanismo digital totalmente nuevo para crear riqueza en la esfera empresarial -sin las limitaciones tradicionales de recursos- que es el catalizador de otra revolución en los modelos de negocio.

El cuarto paso es una nueva organización. El poder detrás del auge de internet ha sido la innovación en la organización y la distribución, así como la explosión de vitalidad que lograron las empresas de la web al permitir a los empleados participar en el valor mediante opciones de acciones. En la era del metaverso, las comunidades económicas se convertirán en el modelo dominante; el mecanismo de gobierno de la DAO es de amplia popularidad. Esto permitirá que muchos contribuidores digitales participen en la distribución justa y a largo plazo del producto del capital. Todos tendrán la oportunidad de participar en las excelentes causas que cambien al mundo. De este modo, el valor del ecosistema de las comunidades en línea experimentará una rápida expansión, impulsando el desarrollo y la prosperidad del metaverso.

El quinto paso son nuevas reglas. En años recientes, muchos países y regiones han promulgado leyes, reglamentos y políticas para la industria de internet. Estas promueven la evolución de la economía digital, además de guiar a la red hacia buenas condiciones gracias a la protección de la privacidad personal y el combate de conductas monopólicas. Como el metaverso es un espacio digital autónomo, poco a poco los países aplicarán nuevas reglas, y la implementación de leyes y ordenamientos se basarán cada vez más en contratos inteligentes.

El sexto paso es una nueva economía. Contar con mejores reglas permitirá el surgimiento gradual de un nuevo sistema económico. En la era de internet, la economía digital se convirtió en la fuerza impulsora detrás del desarrollo económico global. En la era del metaverso, surgirá una versión actualizada, y se formará una economía de verdad inteligente, que abra las puertas a un nuevo ciclo económico.

El séptimo paso es la nueva civilización. Con base en los primeros seis pasos, la web3 cambiará la forma de vida de las personas y el paisaje social, permitiendo la integración del mundo digital y el físico, la economía digital y la real, la vida digital y la vida social, los activos digitales y los físicos y la identidad digital y la física. A medida que esto ocurra, la humanidad avanzará a una forma todavía más impresionante de civilización digital.

Como dijo el escritor William Gibson: «El futuro ya está aquí, solo que no se distribuyó de manera uniforme». La siguiente década será un periodo de descubrimientos para la web3 y desencadenará una nueva era de riqueza digital. La ventana de oportunidad para la innovación se ha abierto silenciosamente.

Esperamos que este libro los haya inspirado a reflexionar sobre las promesas y el potencial del metaverso, y los motive a crearlo y a participar en él.

Emprendamos un nuevo viaje al metaverso, y juntos podemos crear una nueva civilización digital (figura 11-7).

FIGURA 11-7
EL METAVERSO LLEVARÁ A LA HUMANIDAD A UNA NUEVA CIVILIZACIÓN DIGITAL
Fuente: Visual China Group

Animémonos unos a otros en nuestros esfuerzos. Comprender conduce a la fe, la fe da lugar a la persistencia y la persistencia eventualmente trae logros.

ANEXO

EL METAVERSO DESDE LA PERSPECTIVA DEL CAMINO DEL *BLOCKCHAIN*

ESPACIO VIRTUAL

Los proyectos de RV basados en tecnología *blockchain* como Decentraland, Sandbox, Cryptovoxels y NFT Oasis crean un espacio virtual gracias a que establecen un mercado para vender y rentar «terrenos», generan contenido en el mundo digital y realizan distintas actividades.

SANDBOX

Lanzamiento: 2020.

Breve introducción: Basado en la tecnología *blockchain* y en tókenes no homogéneos, Sandbox empodera a los creadores, artistas y jugadores. Con solo 166 464 terrenos disponibles, los usuarios pueden utilizar la caja de herramientas del ecosistema para crear un mundo de juegos en 3D, de manera gratuita y sin necesidad de usar código. Los módulos incluyen el editor (para crear modelos y animaciones), el mercado de intercambio (para vender NFT hechos por los creadores) y mapas (para comerciar y rentar terrenos). Los usuarios pueden generar ingresos en este mundo, pero su concepción todavía está en proceso.

Mapa y experiencia: Sandbox vendió tókenes en 2020. Subastó los terrenos y se dedica principalmente a la creación de juegos. Cuando se anuncie el centro principal, con el desarrollo de juegos de experiencia, el plan es tener una plataforma de mundo virtual con más de 5000 juegos.

CRYPTOVOXELS

Lanzamiento: abril de 2018.

Breve introducción: Construido en el *blockchain*, Cryptovoxels es un mundo virtual que se posiciona como metaverso. Aquí los jugadores pueden comprar terrenos digitales en forma de NFT y construir sus propios edificios. Los gráficos son del estilo de un pixel simple y se ejecutan sin problema en distintos dispositivos. El proyecto es popular entre los criptoartistas que crean galerías, y los coleccionistas pueden comprar directamente las obras de arte expuestas en NFT.

JUEGOS

La combinación de tecnología *blockchain* y juegos no solo permite a los usuarios ser los verdaderos propietarios de los activos del juego en forma de NFT, sino que también facilita el modelo *play-to-earn*. Ha evolucionado de los *CryptoKitties*, el primer éxito de este tipo, a una serie de juegos como *Axie Infinity*. Los jugadores pueden divertirse y también generar ingresos considerables. Esto ha dado origen a gremios de juegos *play-to-earn* como el llamado Yield Guild Games.

GALA GAMES

Lanzamiento: julio de 2019.

Breve introducción: Gala Games es una plataforma de tecnología *blockchain* compatible con los juegos lanzados por la empresa y con los desarrollados por otros proveedores; ofrece una serie de colecciones de NFT. Sus activos existen en forma de NFT, y pueden venderse en el *blockchain*. A diferencia de los estudios y plataformas de juegos tradicionales, los usuarios de Gala Games pueden obtener ingresos en tókenes si se convierten en nodos, y pueden influir en el desarrollo del ecosistema mediante sus votos.

Mapa y experiencia: Su popular juego, *Town Star*, fue lanzado en marzo de 2020; *Mirandus* se encuentra en proceso y otros equipos trabajan en el desarrollo de diversos juegos. El token GALA se lanzó en septiembre de 2020.

PLATAFORMAS DE INTERCAMBIO

En el capítulo 8 hablamos sobre las plataformas de intercambio de NFT como OpenSea, Super-Rare, Rarible y Nifty Gateway, y describimos sus funciones. Existe un claro efecto de líder de mercado en las plataformas de intercambio de NFT, y unas cuantas acaparan la mayor parte del volumen negociado; pero con la llegada de nuevos jugadores y un mercado creciente, se espera que la competencia sea aguerrida. Coinbase lanzó un mercado de operaciones con NFT en el que los usuarios pueden generar, coleccionar y vender no fungibles dentro de la plataforma. Se espera que una gran parte de las operaciones de estas plataformas sea con NFT, incluidas las finanzas, los juegos y los coleccionables, por mencionar algunos.

Entre los jugadores que utilizan en la actualidad plataformas de compraventa de NFT se encuentran los del campo *blockchain* original, así como personas e instituciones que han migrado del mercado tradicional. En abril de 2021, Sotheby's celebró su primera serie de subastas de NFT, en colaboración con la plataforma de intercambio Nifty Gateway. La serie *The Fungible Collection*, con obras del artista Pak, generó 16.82 millones de dólares y estableció un récord por el mayor número de pujas por un solo artículo de Nifty Gateway en ese momento.

Plataforma	SuperRare	OpenSea	Rarible
Establecida en:	2017	2018	2020
Cantidad de transacciones	$165.52M	$9.84B	$257.45M
Número de personas involucradas en la transacción	5110	601 770	82 434
Características	Artistas selectos pueden crear en la plataforma	Plataforma descentralizada con el mayor volumen de intercambio de activos NFT	Plataforma descentralizada de intercambio de NFT
Forma de participación	Sistema de invitaciones	Sin restricciones	Sin restricciones
Porcentaje de comisión	2.50 %	3 %	3 %-15 %

TABLA 11-1
PLATAFORMAS REPRESENTATIVAS DE INTERCAMBIO DE NFT
Fuente: DappRadar

EL *BLOCKCHAIN* PÚBLICO

Entender este gran libro contable es esencial para comprender la plataforma de intercambio de NFT. Los tres principales *blockchains* son Ethereum, Ronin y Flow, con un volumen en transacciones de 837 millones de dólares, 270 millones de dólares y 764 millones de dólares, respectivamente, hasta octubre de 2021.

RONIN

Lanzamiento: febrero de 2021.

Breve introducción: Ronin es una cadena lateral del *blockchain* Ethereum y se diseñó específicamente para *Axie Infinity*. Su propósito es resolver el problema de las elevadas tarifas del gas y el número reducido de transacciones por segundo en la cadena pública. Puede mejorar muchísimo la adaptabilidad de *Axie Infinity* y hacerlo más fácil de jugar. Los activos de la cadena lateral pueden transferirse a la principal de Ethereum; sin embargo, debido a ciertos cuestionamientos en torno a la seguridad de la cadena lateral, es un tema controvertido.

FLOW

Lanzamiento: mayo de 2020.

Breve introducción: El proyecto *CryptoKitties*, lanzado en 2017, causó gran alboroto y produjo un aumento en el tráfico equivalente a más del 16 % de las transacciones totales de Ethereum. Flow fue desarrollada por Dapper Labs, el equipo responsable de *CryptoKitties*, con el objetivo de construir aplicaciones descentralizadas para juegos y así reducir la congestión y el costo por transacción en la red Ethereum. El número de operaciones por segundo a través de Flow puede alcanzar las cien, con tarifas de gas mucho menores que las de Ethereum.

IMMUTABLE

Lanzamiento: noviembre de 2021.

Breve introducción: Immutable es una solución de escalabilidad de capa 2 para NFT construida en Ethereum, su finalidad es mejorar la experiencia del usuario. Los desarrolladores afirman que es posible acuñar y vender NFT en esta capa 2 sin pagar tarifas de gas; además, gracias a una cooperación con la empresa de *software* Starkware, en Immutable es posible completar 9000 transacciones por segundo.

PLATAFORMAS DE CONTENIDO

La publicación de contenido en la era del metaverso puede combinarse con el *blockchain* y los NFT para estructurar un modelo económico descentralizado que dé poder a los creadores. Han surgido plataformas de contenido descentralizadas, como Mirror, que integra la publicación, incentivos para los autores y el financiamiento colectivo de proyectos.

MIRROR.XYZ

Lanzamiento: noviembre de 2020.

Breve introducción: A diferencia de Medium, Substack y otras plataformas tradicionales de publicación de contenido, las cuentas de Mirror son controladas por los usuarios con llaves privadas que sustituyen el sistema tradicional de registro con cuentas o correo electrónico, y todo el contenido se guarda en la plataforma descentralizada de almacenamiento Arweave. Mirror también lanzó una herramienta integrada de financiamiento colectivo con tókenes que permite a los interesados incentivar a los creadores y participar en su valor comprando FT y NFT. Permite que proyectos del criptomundo y celebridades publiquen contenido en una plataforma descentralizada de blogs y atrae a creadores de contenido. Muchas de las nuevas DAO recurren a Mirror para recaudar fondos por primera vez y para distribuir tókenes.

Mapa y experiencia: La presentación oficial de la versión beta de Mirror ocurrió en noviembre de 2020. Su token nativo, WRITE, da a los creadores el derecho de publicar, pues cada escritor necesita consumir uno de estos tókenes para poder subir contenido. En octubre de 2021, Mirror anunció el desbloqueo progresivo de funciones de publicación para los creadores y la oportunidad de tener acceso ilimitado. En teoría, en el futuro ofrecerá funciones como una plataforma de edición actualizada, soporte para Ethereum Name Service (ENS), suscripciones, *feeds* de blogs y elementos de descubrimiento, fechas personalizadas y más.

FINANZAS SOCIALES

Como parte importante del mecanismo económico del metaverso, las finanzas sociales ocupan un lugar central en proyectos como Deso, Rally y Whale, que permiten a los usuarios emitir sus propios tókenes para crear redes económicas personales y círculos sociales. Esto se hace mediante la construcción de una arquitectura subyacente y módulos de plataforma social.

DESO

Lanzamiento: marzo de 2021.

Breve introducción: Deso es una red social descentralizada que planea construir 140 proyectos de redes sociales. Su visión es permitir a mil millones de usuarios gozar de la conveniencia y de los beneficios de la comunidad descentralizada. Bitclout, producto central de Deso, se lanzó en marzo de 2021 y recaudó 200 millones de dólares de financiación.

Mapa y experiencia: El mecanismo central de las transacciones es la «moneda del creador». Los usuarios pueden comprar las monedas de sus creadores favoritos para tener derechos como acceso a contenido *premium*, comentar en sus publicaciones, enviar mensajes *premium* directamente a su buzón, opciones para publicar el contenido de otro aficionado o publicaciones patrocinadas y priorizar comentarios. Además, pueden recompensar a sus creadores favoritos con «diamantes», marcadores que permiten cobrar por cada «me gusta» que obtengan. El precio de estos se correlaciona positivamente con el de Deso. Su moneda ofrece funciones relacionadas que permiten a los usuarios exhibir sus obras y comprarlas en NFT en subastas. Los creadores también pueden darles sus NFT a otros como beneficio otorgado a los compradores de fan tókenes. Es decir, solo quienes tienen uno de estos pueden comprar NFT.

DEPORTES

En el *blockchain* deportivo han surgido una serie de proyectos innovadores que ofrecen oportunidades para relacionar a los aficionados, los organizadores deportivos y los participantes a través de fan tókenes.

Breve introducción: Chiliz, proveedora de *fintech* para el *blockchain* de deportes y entretenimiento, tiene alianzas para emitir fan tókenes de diversos equipos de futbol y de otros clubes de actividades atléticas y de entretenimiento de todo el mundo. También desarrolló una plataforma de conexión con aficionados al deporte, Socios.com, a través de la cual los seguidores participan en distintas actividades y pueden votar en temas relacionados con el club.

CHILIZ

Lanzamiento: octubre de 2018.

Breve introducción: Chiliz ha trabajado continuamente para ampliar su alcance en el sector deportivo y del entretenimiento con distintas organizaciones aliadas, entre las que se encuentran muchos de los principales clubes de Europa. La transferencia de la superestrella del futbol, Lionel Messi, al Paris Saint-Germain (PSG) incluyó un pago en $PSG, un fan token emitido por Chiliz para el equipo parisino.

AVATARES

Esta sección se ocupa específicamente de avatares en 3D capaces de desplazarse por distintos metaversos sin restricciones y transferirse de un proyecto a otro. Quienes tienen parte de un avatar también pueden disfrutar de muchos otros beneficios y generar ingresos.

VOX

Lanzamiento: 9 de agosto de 2021.

Breve introducción: Vox es un NFT en 3D lanzado por Gala Lab. Cada uno es único, con rasgos aleatorios. La serie inaugural tenía 8888 personajes. Cuando los usuarios tienen un VOX, obtienen el archivo FBX, que les permite dar vida a sus VOX a través de animación, aplicaciones de RA o impresión en 3D, y jugar con ellos en el metaverso.

DERIVADOS DE LOS NFT

Ahora que la capitalización general de mercado de los NFT es de unos miles de millones de dólares, y los NFT individuales que surgen valen hasta decenas de millones, la demanda de liquidez de dichos activos va en aumento. Han surgido numerosos proyectos de derivados financieros en NFT como Fractional, NFTX, Unicly y Xcarnival, que ofrecen soluciones de liberación de liquidez en NFT.

FRACTIONAL

Lanzamiento: 2021.

Breve introducción: Fractional permite a los propietarios de NFT fragmentarlos, construir nuevas comunidades a su alrededor, descubrir su valor de mercado y crear nuevas formas de participar en las comunidades ya existentes. Los usuarios compran tókenes fragmentados para acumular y poseer parte de un NFT, con derecho a voto en ciertas decisiones, transferencias o reservas sobre el precio mínimo de los NFT.

Mapa y experiencia: En el protocolo de Fractional, proyectos como *Kabosu*, *Etherrock*, *CryptoPunks* y *Coolcat*, fragmentan los NFT de su propiedad. Por ejemplo, *The Doge* NFT, propiedad de *Kabosu*, formó una comunidad tras su fragmentación, y su valor total, que era de alrededor de 5.5 millones de dólares, pasó a cientos de millones de dólares.

NOTAS Y REFERENCIAS

1. Bloomberg Technology. Investing in the «Metaverse» [boletín en línea]. 2021-07-02. [2021-09-01]. https://www.youtube.com/watch?v=k8USncWsHIo

2. Roblox. Informe financiero de Roblox correspondiente al primer trimestre de 2021 [boletín en línea]. 2021- 05-10. [2021- 09-01]. https://ir.roblox.com/news/news-details/2021/Roblox-Reports-First-Quarter- 2021-Financial-Results/default.aspx

3. Minecraft. Hoja de información básica de Minecraft Franchise [informe en línea]. 2021-04-02. [2021-09- 01]. https://news.xbox.com/en-us/wp-content/uploads/sites/2/2021/04/Minecraft-Franchise-Fact-Sheet_April-2021.pdf

4. MANA es el token basado en el *blockchain* de Decentraland, y puede verse como una base digital universal en el mundo.

5. El mecanismo de funcionamiento descrito es anterior a la actualización de Ethereum 2.0. La versión de Ethereum 1.0 adopta PoW como mecanismo de consenso, que se basa en la potencia de cálculo generada por computadoras físicas para verificar transacciones y crear nuevos bloques. Ethereum 2.0, en cambio, adopta PoS como mecanismo de consenso, y depende de verificadores que se comprometen a aportar ETH para crear nuevos bloques.

6. El indicador *stock-to-flow* se calcula dividiendo las existencias de los activos por el incremento anual esperado. Un valor numérico mayor indica que la materia prima es más escasa y la tasa de aumento de su suministro es más baja.

7. El periodo de la estadística es del 4 de agosto al 4 de septiembre de 202. https://ultrasound.money

8. Fuente: https://ethhub.io/

9. Tim Roughgarden. Transaction Fee Mechanism Design for the Ethereum Blockchain: An Economic Analysis of EIP-1559 [base de datos en línea]. 2020-12. [2021-9]. https://timroughgarden.org/papers/eip1559.pdf

10. McKinsey Global Institute. China's digital transformation: The Internet's Impact on Productivity and Growth [informe en línea]. 2014- 07-01. [2021-09-01]. https://www.mckinsey.com.cn/wp-content/uploads/2014/08/CN-MGI-China-ES.pdf

11. China Academy of Information y Communications Technology. A New Vision of the Global

Digital Economy (2020) [informe en línea]. 2020-10-01. [2021- 09-01]. http://www.caict.ac.cn/kxyj/qwfb/bps/202010/P02020101- 4373499777701.pdf

12. China Academy of Information y Communications Technology. White Paper on Global Digital Economy – a New Dawn of Recovery Under the Impact of the Pandemic [informe en línea]. 2021-08-02. [2021-09-01]. https://mp.weixin.qq.com/s/G3Mi8GlNOV-RygGEfGsAiHw

13. China Internet Network Information Center. The 48th Statistical Report on China's Internet Development [informe en línea]. 2021-08-27. [2021-09]. https://tech.sina.com.cn/zt_d/nnic48

14. Liu Dandan. BMW group: Embed Intelligence in the Present Car Business [boletín en línea]. 2020-05-25. [2021-08-01]. https://www.sohu.com/a/397562045_294030

15. Xie Wenjun. «Digital Loan for Moveable Property» helps develop Jiangxi Wine [boletín en línea]. 2021-07-23. [2021-08-01]. https://www.financialnews.com.cn/qy/dfjr/202107/t20210723_224110.html

16. Esta capacidad de programar se explicará con detalle en el capítulo 9.

17. Zhiyan Consultancy. How is the trade situation of the global online virtual goods compared with the continuously hot Chinese game market? [boletín en línea]. 2021-07-30. [2021-09-01]. https://www.chyxx.com/industry/202107/966003.html

18. Después de que los *hackers* robaran alrededor del 30 % de los activos de la DAO, un grupo de *white hat* transfirió los fondos restantes a varios contratos inteligentes específicos (estos son llamados *white hat DAO* para proteger los activos del robo) de una manera forma similar a la de los *hackers*. A los contratos inteligentes controlados por *hackers* que han robado activos se les denomina *dark DAO*. Por lo tanto, las *hard forks* en realidad influyen en contratos inteligentes anteriores.

19. Vitálik Buterin. DAO, DAC, DA y More: An Incomplete Terminology Guide [boletín en línea]. 2014-05-06. [2021-07-01]. https://blog.ethereum.org/2014/05/06/daos-dacs-das-and-more-an-incomplete-terminology-guide

20. El cultivo de rendimientos es una metáfora que no tiene ninguna relación con la agricultura, aunque usa la palabra cultivo.

21. De hecho, existen muchos otros riesgos, como el riesgo tecnológico de los ataques de *hackers* y el riesgo de mercado por la fluctuación de los activos. Además, algunos contratos que usan las DeFi pueden tener programas *backdoor*. Es posible que los desarrolladores del programa malversen fondos; por lo tanto, las empresas independientes de auditoría de seguridad son cada vez más importantes para realizar informes sobre el código de los contratos inteligentes.

22. El caso de Xiaomi es único por su uso de dos tipos de acciones. Las acciones de la clase A se definen como las de más votos. Los accionistas de la clase A tienen diez votos por acción, mientras que los de la clase B solo tienen uno.

23. La DAO es un modelo de gobierno. Cuando al principio de este capítulo se menciona a The DAO, se trata de un proyecto específico de aplicación con este mecanismo. The DAO se disolvió después del incidente de hackeo y no desempeña ningún papel. No debemos confundir estos dos términos.

24. El mecanismo *slash* es un castigo dirigido a nodos de validación malintencionados en internet. Por ejemplo, los nodos de validación que atacan a la red fuera de línea y usan *software* modificado perderán cierto porcentaje de los DOT aportados.

25. Larva Labs. CryptoPunks Overall Stats [base de datos en línea]. 2021-08-21. [2021-08-21]. https://www.larvalabs.com/cryptopunks

26. Vivaldi Partners. Business Transformation Through Greater Customer-Centricity – The Power of Social Currency [base de datos en línea]. 2016-09. [2021-08-21]. https://vivaldigroup.com/en/%20en/wp-content/uploads/sites/2/2016/09/Social-Currency-2016_Main-Report.c.pdf

27. Se refiere al proceso DIY (hazlo tú mismo) de creación de avatares digitales.

28. Wu Xiaobo. The Story of Tencent: The Evolution of China's Internet Companies from 1998 to 2016 [M]. Hangzhou: Zhejiang University Press. 2017.

29. Sensor Tower. Top Grossing Mobile Games Worldwide for August 2021 [boletín en línea]. 2021-09-08. [2021-09-10]. https://sensortower.com/blog/top-mobile- games-by- worldwide-revenue-august-2021

30. Sensor Tower. Genshin Impact Races Past $1 Billion on Mobile in Less Than Six Months [boletín en línea]. 2021-03-23. [2021-09-10]. https://sensortower.com/blog/genshin-impact-one-billion-revenue

31. Zhang Nina. Xiaomi's 11 Mi Ultra smartphone comes with FaceUnity Technology's digital avatar feature as a standard configuration [boletín en línea]. 2021-04-15. [2021-08-05]. https://www.doit.com.cn/p/438376.html

32. En la actualidad, MetaMask soporta principalmente el *blockchain* Ethereum y *blockchains* compatibles que están con la máquina virtual Ethereum.

33. Li Hualian. Sending Trust Within One Second at Both Sides of Haojiang [boletín en línea]. 2020-10-26. [2021-08-10]. https://www.163.com/dy/article/FPRT7JD00550037C.html

34. Burnt Banksy. Original Banksy Morons [base de datos en línea]. 2021-05-01. [2021-08-01]. https://opensea.io/assets/0xdfef5ac9745d24db881fef3937eab1d2471dc2c7/1

35. CryptoArt. TOP ARTISTS [base de datos en línea]. 2021-9-13. [2021-9-13]. https://cryptoart.io/artists

36. Non-fungible. Non-Fungible Tokens Quarterly Report Q2 2021 [informe en línea]. 2021-07-31. [2021-08-01]. https://nonfungible.com/subscribe/nft- report-q2-2021

37. McKinsey & Company. Global Payments 2016: Strong Fundamentals Despite Uncertain Times [informe en línea]. 2016-09. [2021-08-21]. https://www.mckinsey.com/~/media/mckinsey/industries/financial%20services/our%20insights/a%20mixed%202015%20for%20the%20global%20payments%20industry/global-payments-2016.ashx

38. Banco Mundial. Global Financial Inclusion Index Database 2017 [base de datos en línea]. 2018. [2021-08-20]. https://openknowledge.worldbank.org/bitstream/handle/10986/29510/211259ovCH.pdf

39. En julio de 2021, Circle dio a conocer que de los 22 100 millones de dólares de reserva de las USDC, el 47 % son efectivo y equivalentes a efectivo, el 16 % son bonos corporativos, el 15 % son certificados de depósito Yankee, el 13 % son bonos del Tesoro de Estados Unidos, el 8 % es papel comercial y el 1 % son bonos municipales y bonos institucionales de Estados Unidos. El 22 de agosto de 2021, Circle anunció que convertiría todas sus reservas en USDC a efectivo y bonos del Tesoro de Estados Unidos a corto plazo.

40. BIS. BIS Innovation Hub Work on Central Bank Digital Currency (CBDC) [boletín en línea]. 2021. [2021-08-20]. https://www.bis.org/about/bisih/topics/cbdc.htm

41. E-CNY Research and Development Working Group of the People's Bank of China – White Paper on E-CNY Research and Development Progress [informe en línea]. 2021-07. [2021-08-20]. http://www.pbc.gov.cn/goutongjiaoliu/113456/113469/4293590/2021071614200022055.pdf

42. Debido a las grandes diferencias entre los dos mecanismos de intercambio, los datos anteriores quizá no sean totalmente comparables, por lo que solo se presentan para dar una idea general a los lectores.

43. Adams, H. [@haydenzadams]. (2020, December 14). Looks like *@UniswapProtocol passed $50b in all time volume last week. This is split across 26,000 unique trading pairs.* [Tweet]. https://twitter.com/haydenzadams/status/1338582286112092162?lang=en

44. David Mihal. Crypto Fees [base de datos en línea]. 2021-09-20. [2021-09-20]. https://cryptofees.info

45. Hayden Adams. Uniswap Birthday Blog—V0 [boletín en línea]. 2019-11-02. [2021-08- 20]. https://medium.com/uniswap/uniswap-birthday-blog-v0-7a91f3f6a1ba

46. u/vbuterin. Let's run on-chain decentralized exchanges the way we run prediction markets [boletín en línea]. 2016-10-03. [2021-08-20]. https://www.reddit.com/r/ethereum/comments/55m04x/lets_run_onchain_decentralized_exchanges_the_way

47. El volumen total bloqueado (TVL) representa el total de activos bloqueados en el contrato inteligente. Un TVL más alto indica una mayor capacidad de servicio.

48. Para mayor información sobre el *pool* de liquidez consultar el caso de Compound en el capítulo 4.

49. El principal riesgo que enfrentan los proveedores de liquidez es la «pérdida impermanente». Si no comprenden este riesgo o no lo logran controlar de manera efectiva, la conducta de ofrecer liquidez podría hacer que el valor de los activos regrese a cero, es decir, que se pierdan todos los activos.

50. *The Economist.* Down the Rabbit Hole, The Beguiling Promise of Decentralized Finance, y its Many Perils [boletín en línea]. 2021-09-18. [2021-09-20]. https://www.economist.com/leaders/2021/09/18/the-beguiling-promise-of-decentralized-finance

51. DeBank. TVL (USD) [base de datos en línea]. 2021-09-20. [2021-09-20]. https://debank.com/ranking/locked_value

52. Ryan Watkins & Roberto Talamas. Q2'21 DeFi Review [informe en línea]. 2021-07-13. [2021-08-20]. https://messari.io/article/q2-21-defi-review

53. rchen8. DeFi Users Over Time [base de datos en línea]. 2021-09-20. [2021-09-20]. https://dune.xyz/rchen8/defi-users-over-time

54. A diferencia de los préstamos con activos pignorados, los préstamos *flash* pueden concretarse sin aportar activos. Para un préstamo *flash*, las operaciones deben completarse en una transacción (dentro del tiempo de preparación de un bloque); es decir, todos los pasos (el préstamo, la transferencia, la suscripción y el reembolso) deben escribirse en la misma transacción.

55. Coin98 Analytics. [@Coin98Analytics]. (2021, August 10). *The cost of Poly Network exploitation has been the largest compared to the others up until now.* [Tweet]. https://twitter.com/coin98analytics/status/1425118397587595265

56. CITICS Research Department – Topic | Metaverse Illustrations [boletín en línea]. 2021-09-16. [2021- 09-16]. https://mp.weixin.qq.com/s/9wrBeMnGSsoCsR39AC7cTg

57. Huawei Cloud. IoT Edge Products [boletín en línea]. 2021-07-08. [2021-09-01]. https://support.huaweicloud.com/productdesc-iotedge/iotedge_01_0001.html

58. Wang Guanran, Zhu Huasheng. Special Research Report on the Metaverse: Start from Experience to Break the Virtual and Real Boundary. [informe en línea]. 2021-06-24. [2021-08-01]. https://www.eet-china.com/mp/a70274.html

59. Ai Tao. Cool Facts and New Concepts That You Don't Know About Smart Glasses. [boletín en línea]. 2016-01-09. [2021- 08-01]. https://36kr.com/p/1721009455105

60. Zhang Hanqing. Artificial intelligence accelerates economic leap to intelligence [noticia en línea]. 2021-01-28. [2021-08-01]. http://www.jjckb.cn/2021-01/28/c_139703262.htm

61. Tom Loftus. The Morning Download: JPMorgan Chase Makes Coding Literacy a Requirement [boletín en línea]. 2018-10-08. [2021-08-01]. https://www.wsj.com/articles/the-morning-download-j-p-morgan-makes-coding-literacy-a- requirement-1539000360

62. LinkedIn. Report on the Trend of New Jobs in China in 2021 [informe en línea]. 2021-06. [2021-08-01]. https://business.linkedin.com/content/dam/me/business/zh-cn/talent-solutions/Event/2021/june/emerging-job/2021-emerging-job-report.pdf

JIANING YU es doctor en Economía y uno de los principales expertos en economía digital, con particular interés en el *blockchain*, el metaverso y la web3. Es fundador y presidente de Uweb (Universidad de la web3).
China Weekly destacó su «liderazgo en el desarrollo del pensamiento de *blockchain*», y ha ganado diversos reconocimientos en la industria como el Premio Global al Liderazgo en *Blockchain*, el Premio por Contribución Especial en el Desarrollo de *Blockchain* y el Premio Chino por Liderazgo en el Metaverso.

CIARA SUN es fundadora de C^2 Ventures, un fondo de inversión para etapas tempranas de la web3. Su firma apoya a creadores con el capital y los conocimientos operativos necesarios para poder desarrollar la siguiente generación de elementos de infraestructura de la web3.
También fundó Women Who Crypto, una organización no gubernamental dedicada al empoderamiento de las mujeres en el ámbito de las criptomonedas.

30 AÑOS

nos queda mucho por hacer

- 1993 Madrid
- 2008 Ciudad de México
- 2010 Londres
- 2011 Buenos Aires
- 2012 Bogotá
- 2014 Shanghái

www.ingramcontent.com/pod-product-compliance
Lightning Source LLC
LaVergne TN
LVHW080845170826
845678LV00006B/1719

9786078704736